¡Claro que sí!

Student Activities Manual

Student Activities Manual
Workbook / Lab Manual
Sixth Edition

¡Claro que sí!

An Integrated Skills Approach

Lucía Caycedo Garner
University of Wisconsin–Madison, Emerita

Debbie Rusch
Boston College

Marcela Domínguez

Houghton Mifflin Company
Boston   New York

Publisher: Rolando Hernández
Senior Sponsoring Editor: Glenn A. Wilson
Development Editor: Erin Kern
Editorial Assistant: Erin Beasley
Project Editor: Amy Johnson
Executive Marketing Director: Eileen Bernadette Moran
Marketing Assistant: Lorreen Ruth Pelletier

CREDITS

Page 19, *Cosmopolitan en Espanol* & Editorial Televisa; page 19, courtesy of Humberto Hincapié Villegas; page 37, from http://www.plus.es/codigo/television/television.asp(photo: Corbis Sygma); page 69, excerpt on Machu Picchu from http://traficoperu.com/machupicchu.htm; page 69, excerpt on Hiram Bingham from http://www.infoweb.com.pe/villarreal/fdcp0f.htm; page 85 (top), Nevada Wier/Corbis; page 85 (bottom), Tony Arruza/Corbis; page 101 (top and bottom), courtesy of author; page 116, Robert Fried/robertfriedphotography.com; page 167, Copyright © 1986 by Houghton Mifflin Co.; page 179, © Mary Altier; page 190, from "El Mundo a Su Alcance con Hertz", reprinted by permission of Hertz System Inc.; © Hertz System, Inc. Hertz is a registered service mark and trademark of Hertz System, Inc.; page 209, Kentucky Fried Chicken/Yum! Brands; page 222, Jim Fox/Photo Researchers; page 226, Asociación CONCIENCIS - Folleto de Campaña "Vivamos en un paisaje limpio", Argentina; page 255, Miguel Fairbanks/Material World; page 358, Art Resource, NY

Printed in the U.S.A.

ISBN 10: 0-618-80299-1
ISBN 13: 978-0-618-80299-9

123456789-CRS-10 09 08 07 06

Contents

To the Student

The *Student Activities Manual* to accompany *¡Claro que sí!*, *Sixth Edition* is divided in two parts: Workbook Activities and Lab Manual Activities.

Workbook

The Workbook activities are designed to reinforce the chapter material and to help develop your writing skills. Each chapter in the Workbook parallels the organization of your textbook so that you can begin doing the activities after studying each **Vocabulario esencial** and **Gramática para la comunicación** section in the text.

Un poco de todo sections in the middle and at the end of each chapter include activities that focus on more than one concept. This helps you apply your learning to more real-life like situations in which multiple topics come into play at once. At the end of the chapter, reading activities reinforce the strategies introduced in the textbook as you read about the Hispanic world. Becoming a better reader can also help you in other aspects of the language, such as increasing your vocabulary.

The **Repaso** sections after odd-numbered chapters (except Chapter 17) will help you review some key concepts and are especially useful for review prior to midterm or final exams.

Answers to the Workbook activities may be made available to you by your instructor.

Here are some tips to follow when using the Workbook:

- Before doing the exercises, study the corresponding vocabulary and grammar sections in the textbook.

- Do the exercises with the textbook closed and without looking at the answer key.

- Write what you have learned. Be creative, but not overly so. Try not to overstep your linguistic boundaries.

- Try to use dictionaries sparingly.

- Check your answers against the answer key, if provided by your instructor, marking all incorrect answers in a different color ink.

- Check any wrong answers against the grammar explanations and vocabulary lists in the textbook. Make notes to yourself in the margins to use as study aids.

- Use your notes to help prepare for exams and quizzes.

- If you feel you need additional work with particular portions of the chapter, do the corresponding exercises on the *¡Claro que sí!* Online Study Center.

Lab Manual

The activities in the Lab Manual are designed to help improve your pronunciation and listening skills. Each chapter contains two main parts:

- **Mejora tu pronunciación:** Contains an explanation of the sounds and rhythm of Spanish, followed by pronunciation exercises. This section can be done at the beginning of a chapter.

- **Mejora tu comprensión:** Contains numerous listening comprehension activities. As you listen to these recordings, you will be given a task to perform (for example, completing a telephone message as you hear the conversation). This section should be done after studying the last grammar explanation. It will help prepare you for the listening comprehension sections of the exams and quizzes.

The audio program for each chapter ends with the corresponding conversations from the text, which you may also listen to on the audio CD packaged with the textbook or on the *¡Claro que sí!* Online Study Center.

Tips for improving pronunciation and listening skills:

- While doing the pronunciation exercises, listen carefully, repeat accurately, and speak up.

- Read all directions and items before doing the listening comprehension activities.

- Pay specific attention to the setting and type of spoken language (for example, an announcement in a store, a radio newscast, a conversation between two students about exams, and so forth).

- Do not be concerned with understanding every word; your goal should be to do the task that is asked of you in the activity.

- Replay the activities as many times as needed.

- Listen to the recordings again after correction to hear what you missed.

Conscientious use of the Workbook and Lab Manual will help you make good progress in your study of the Spanish language. Should you need or want additional practice, the Online Study Center exercises are excellent review tools for quizzes and exams.

Workbook

Capítulo preliminar
¡Bienvenidos!

■■■

Las presentaciones
■■■

Actividad *1* **¿Cómo te llamas?** Complete the following sentences with the correct word or words (**me, te, se, llamo, llamas, llama**).

1. Ud. se ___llamo___ Pedro Lerma, ¿no?
2. Me ___llamo___ Francisco.
3. ¿Cómo te ___llamas___ ?
4. ¿Cómo se ___llamas___ Ud.?
5. Ud. ___me___ ___llamas___ Julia Muñoz, ¿no?
6. ___Me___ llamo Ramón.
7. ¿Cómo ___te___ ___lama___ tú?
8. Hola, tú ___se___ ___llamas___ Patricia, ¿no?

Actividad *2* **El origen.** Complete the following sentences with the correct word (**soy, eres, es**).

1. Yo ___soy___ de Cali, Colombia.
2. ¿De dónde ___eres___ Ud.?
3. Tú ___es___ de California, ¿no?
4. Tomás, ¿ ___eres___ de México?
5. Ud. ___eres___ de Valencia, ¿no?
6. ¿De dónde ___soy___ tú?
7. Yo ___es___ de San José.

Actividad *3* **¿Cómo se llama Ud.?** Two business people are sitting next to each other on a plane, and they strike up a conversation. You can hear the woman, Mrs. Beltrán, but not the man, Mr. García. Write what you think Mr. García is saying.

SRA. BELTRÁN   Buenas tardes.

SR. GARCÍA   ___Buenas tardes___ .

SRA. BELTRÁN   Me llamo Susana Beltrán, y ¿cómo se llama Ud.?

Continued on next page →

SR. GARCÍA	Me llamo Sr Garcia.
	¿ de donde es Usted?
SRA. BELTRÁN	Soy de Guatemala, ¿y Ud.?
SR. GARCÍA	Soy de kansas
SRA. BELTRÁN	Encantada.
SR. GARCÍA	Encantada

Actividad 4 **Buenos días.** Today is Pepe's first day at a new school. He is meeting his teacher, Mr. Torres, for the first time. Complete the following conversation. Remember, when Pepe speaks to his teacher he will use **usted.**

SR. TORRES	Buenos días.
PEPE	Buenos dias.
SR. TORRES	¿ Como se llama usted ?
PEPE	Me llamo Pepe.
SR. TORRES	¿De dónde eres ?
PEPE	Soy de Buenos Aires.
SR. TORRES	Ahhh... Buenos Aires.
PEPE	Señor, ¿ Cómo se llama ud. ?
SR. TORRES	Soy el Señor Torres.

Actividad 5 **¿Cómo estás?** Complete the following sentences with the correct word (**estás, está**).

1. ¿Cómo estás Ud.?
2. Pepe, ¿cómo estás ?
3. Sr. Guzmán, ¿cómo estás ?
4. Srta. Ramírez, ¿cómo estás ?

Actividad 6 **En la universidad.** Finish the following conversation between two college students who are meeting for the first time.

ÁLVARO	¿Cómo te llamas ?
TERESA	Me llamas Teresa. ¿Y tu ?
ÁLVARO	Soy Álvaro.
TERESA	¿De dónde eres?
ÁLVARO	Soy de Córdoba, España. ¿Y tu ?
TERESA	Soy de Ponce, Puerto Rico.
ÁLVARO	Encantado
TERESA	Igualmente.

Nombre _____ Sección _____ Fecha _____

Actividad 7 ¡Hola! Parte A. Two friends see each other on the street. Complete their brief conversation with what you think they said.

MARIEL Hola, Carlos.

CARLOS <u>Hola Mariel,</u> _____.
¿ <u>Como estas</u> _____?

MARIEL Bien, ¿ <u>y tu</u> _____?

CARLOS Muy bien.

MARIEL Hasta luego.

CARLOS <u>Adios</u> _____.

Parte B. Rewrite the preceding conversation from **Parte A** so it takes place between two business acquaintances who meet at a conference.

SR. MARTÍN   <u>Bueno días</u> , <u>Camacho</u> .

SR. CAMACHO <u>Buenos días</u> , <u>Martín</u> .
¿ <u>Como esta ud</u> ?

SR. MARTÍN   <u>Bien</u> . ¿ <u>y tu</u> ?

SR. CAMACHO <u>Muy bien</u>

SR. MARTÍN   <u>Hasta luego</u>

SR. CAMACHO <u>Adios</u>

Países y sus capitales

Actividad 8 La capital es... Mr. Torres is teaching Latin American capitals and asks students the following questions. Write the students' answers using complete sentences.

1. ¿Cuál es la capital de Panamá? <u>La capital de Panamá es Panamá.</u>
2. ¿Cuál es la capital de Honduras? <u>La capital de Honduras es Tegucigalpa.</u>
3. ¿Cuál es la capital de Colombia? <u>La capital de Colombia es Bogota.</u>
4. ¿Cuál es la capital de Puerto Rico? <u>La capital de Puerto Rico es San Juan.</u>
5. ¿Cuál es la capital de Chile? <u>La capital de Chile es Santiago.</u>

Actividad 9 **Países.** As a student, Luis Domínguez has many opportunities to travel. Look at the button collection on his backpack and list the countries he has visited.

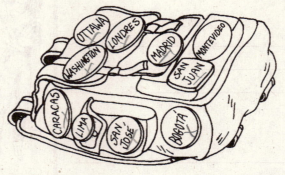

Colombia, Costa Rica, Peru, Venesuela, USA, Canada, England, Spain, Puerto Rico, Uruguay.

Actividad 10 **Población.** Look at the following data provided by the United States Census Bureau. Then answer the questions that follow.

POBLACIÓN DE LOS ESTADOS UNIDOS		
Proyección para el año 2010		
Número total de habitantes	308.936.000	100%
Blancos (no hispanos)	201.112.000	65,1%
Negros (no hispanos)	40.454.000	13,1%
Hispanos (todas las razas)	47.756.000	15,5%
Proyección para el año 2020		
Número total de habitantes	335.805.000	100%
Blancos (no hispanos)	205.936.000	61,3%
Negros (no hispanos)	45.365.000	13,5%
Hispanos (todas las razas)	59.756.000	17,8%
Proyección para el año 2050		
Número total de habitantes	419.854.000	100%
Blancos (no hispanos)	210.283.000	50,1%
Negros (no hispanos)	61.361.000	14,6%
Hispanos (todas las razas)	102.560.000	24,4%

1. Do all groups mentioned increase in number of inhabitants from 2010 to 2050? __X__ yes _____ no
2. In terms of percentage of the overall population, which group is increasing quickly?
   Hispanos _____ Which is declining? __Blancos_____

Nombre _____ Sección _____ Fecha _____

Actividad 11 **Opinión.** In English, briefly discuss what you think may be some of the implications for the United States of the population trends seen in **Actividad 10**. When considering what the implications may be, think about them at the national, state, local, and even personal levels.

Some of the changes that will arise by a larger Hispic population would include a rise in the spanish speaking population and a mixing of cultures.

El alfabeto

Actividad 12 **¿Cómo se escribe?** Write out the spellings for the following capitals.

➤ Asunción *A-ese-u-ene-ce-i-o con acento-ene*

1. Caracas *Ce-a-ere-a-ce-a-ese*
2. Tegucigalpa *Te-e-ge-a-ce-i-ge-a-ele-pe-a*
3. San Juan *eSe-a-ene Jota-u-a-ene*
4. Quito *Cu-u-i-te-o*
5. Santiago *Ese-a-ene-te-i-a-ge-o*
6. La Habana *Ele-a Hache-a-be larga-a-ene-a*
7. Managua *Eme-a-ene-a-ge-u-a*
8. Montevideo *Eme-o-ene-te-a-uve-i-de-e-o*

Acentuacíon y puntuación

Actividad 13 **Los acentos.** Write accents on the following words, if needed. The stressed syllables are in boldface.

1. televi**sor**
2. **fá**cil
3. impor**tan**te
4. **dis**co
5. Ra**món**
6. **Mé**xico
7. ri**dí**culo
8. conti**nen**te
9. fi**nal**
10. fan**tás**tico
11. ciu**dad**
12. invita**ción**

Actividad 14 **Puntuación.** Punctuate the following conversation.

MANOLO ¿Cómo te llamas?
RICARDO Me llamo Ricardo. ¿Y tú?
MANOLO Me llamo Manolo.
RICARDO ¿De dónde eres?
MANOLO Soy de La Paz.

Study Tips

Two common sentences one can hear from people over 30 are the following:

I wish I had studied a foreign language.
I wish I had spent time in college studying abroad.

Learning a new language takes time, but the rewards are many. To avoid having any regrets, buckle down, study, and start to plan for a period of study abroad in a country where Spanish is spoken.

When studying a language, always remember that the goal of language study is communication. Learning a language does not mean memorizing vocabulary lists and studying grammar points. While grammar is one of the keys to communication, knowing grammar rules is not an end, but rather a means that enables you to express yourself in another language. As you learn more grammar rules and vocabulary, try to make your studying relevant to you as an individual. Each day ask yourself one question: What concepts can I express today in Spanish that I couldn't yesterday? For example, after studying the Preliminary Chapter, you might say, "Now I can greet someone and find out where he/she is from."

!Claro que sí! is based on the premise that we **learn by doing.** Trying to think in the language, without relying on translation, is the most effective way to learn. Try some of the following techniques to make the most of your study time.

1. **Have a positive attitude.**

2. **Study frequently.** It is better to study for a short while every day than to "cram" for an exam. If you learn something quickly, you tend to forget it quickly. If you learn something over time, your retention will improve.

3. **Focus on what function is being emphasized.** The word *function* refers to what you can do with the language. For example, *saying what you did yesterday* is a function, and in order to perform this function, you need to know how to form the *preterit tense* of verbs. Knowing the function makes it easier to see the purpose for studying a point of grammar.
   - Focus on the title of each grammar explanation to understand the function being presented.
   - Read examples carefully, keeping in mind the function.
   - Create sentences of your own, using the grammar point presented to carry out the function emphasized.

4. **Idle time = Study time.** Try to spend otherwise nonproductive time studying and practicing Spanish. That will mean less "formal" studying and more time for other things. These spontaneous study sessions are a good way to learn quickly and painlessly while retaining a great deal.
   - When learning numbers, say your friends' phone numbers in Spanish before dialing them, read license plates off cars, read numbers on houses, say room numbers before entering the rooms, etc.
   - When learning descriptive adjectives (i.e., *tall, short, pretty,* etc.), describe people as you walk to class; when watching TV, make up a sentence to describe someone in a commercial; etc.

5. **Make personal flash cards that contain no translation.** Carry the flash cards with you and go through them as you ride the bus, use an elevator, watch commercials, etc. Once you learn a word, put that card on top of your dresser. At the end of each week, look through the pile of cards and take out any word you may have forgotten and put it in your active file. The growing pile of cards on your dresser will be a visual reminder of how many words, phrases, and verb conjugations you have learned.
   - Draw a picture on one side of the card and write the Spanish equivalent on the other.
   - Use brand names that mean something to you: If you use Herbal Essences shampoo, write Herbal Essences on one side of the card and **champú** on the other.
   - Write names of people who remind you of certain words: If you think that Dave Chappelle is funny, write Dave Chappelle on one side and **cómico** on the other.

NOTE: You can also practice using the flash cards on the *¡Claro que sí!* Online Study Center.

6. Study out loud. Verbalizing will help you retain more information, as will applying what you are studying to your own life.

- When you wake up in the morning, talk to yourself (in Spanish, of course): "I have to study calculus and I have to go to the bank. I'm going to write a letter today. I like to swim, but I'm going to go to the library."

7. Write yourself notes in Spanish. You can write shopping lists in Spanish, messages to your roommate, a "things-to-do list," etc.

8. Speak to anyone who speaks Spanish.

9. Prepare for class each day. This will cut down on your overall study time. It will also improve your class participation and make class more enjoyable for you.

10. Participate actively in class.

11. Become a risk taker. Don't be afraid to make mistakes. When you learn a language, you form hypotheses about what is correct and what is incorrect usage. When you speak or write in the language, you will make mistakes. Making mistakes and learning from them is part of the learning process.

12. Listen, watch, read, and enjoy. As you study the language, start watching Spanish TV or movies and listen to a Spanish-language radio station in the car. Read all that you can in the language: labels on products, instructions for the cell phone you just bought, Internet articles, and when you are ready, literature. This will increase your vocabulary, improve your listening comprehension and pronunciation, and open your eyes to new cultures and ways of life.

Tips for Using the Workbook and Lab Manual

See pages vii–viii for tips on using the Workbook and Lab Manual.

Tips for Using the Online Study Center

The Online Study Center accompanying *¡Claro que sí!* contains a wealth of material to help you perfect your knowledge of the Spanish language while gaining insight into Hispanic cultures. A site map and a list of resources is provided for ease of use.

The following two sections of the Online Study Center are of particular interest to help you master the material presented in class:

Improve Your Grade

- Web Search Activities
  These activities ask you to access specific Spanish-language sites in a number of countries written for and by Spanish-speakers. The activities use chapter vocabulary and grammar to ask you questions about the sites. While doing these activities you will obtain additional language practice while learning about the Spanish-speaking world.
- Web Links
  While studying each chapter, you will be introduced to a number of cultural themes. To learn more about a specific topic, simply access the links provided.
- Flashcards
  To obtain additional practice with the nitty-gritty of language learning, you may want to use the Flashcard activities. These practice both grammar and vocabulary in a rapid-fire fashion with immediate feedback. No English is used in these activities. You may click on the answer to hear the word(s) pronounced. It is best to use these activities while studying material for the first time. Note that this section can also be used to review for quizzes and exams.

- MP3 files of textbook conversations
  For additional practice with listening comprehension, you can download the textbook conversations and listen to them from your computer or on an MP3 player.
- More Practice
  This section contains interactive activities in a variety of formats to help you practice concepts presented in your textbook. Some activities are based on audio and/or drawings. You will receive immediate feedback on responses. You may do these activities while studying the chapter to ensure mastery of concepts. They may be done prior to or after doing the workbook activities or as a review for quizzes and exams.

ACE the Test

- ACE Vocabulary and Grammar Quizzes
  It is best to do these activities when studying chapter vocabulary and grammar either prior to doing the workbook as preparation or after doing it as review. You will receive immediate feedback on responses to best gauge your progress and mastery of the material being practiced. The activities also provide excellent review material before exams and quizzes.
- ACE Video Quizzes
  This section contains activities based on short video clips. While doing these activities, you will enhance your knowledge of Hispanic cultures, improve listening skills, and review chapter vocabulary and grammar.

Do not confuse the web site activities with *busy work*. Remember that it is through constant work with language that vocabulary and knowledge of grammatical rules pass from short to long-term memory. Consistent work with the Online Study Center will make you a better speaker of Spanish, and will also help to improve your grade in the course as well as in subsequent Spanish courses.

Tips for Learning about New Cultures

When using *¡Claro que sí!*, you will learn about other people and their cultures. When learning about the Spanish-speaking world, you will be confronted with stereotypes. Dr. Saad Eddin Ibrahim, a sociologist, states that "Stereotypes . . . are categorical beliefs about groups, peoples, nations, and whole civilizations. They are over-generalized, inaccurate, and resistant to new information."

There are many stereotypes surrounding Spanish-speakers. Many are simply myths caused by years of misperceptions. For example, many people feel that Spanish-speakers in the United States are resistant to learning English. Some use personal history to defend this point of view, making statements like "When my grandfather came to the United States, he . . ." These observations are commonly used to criticize and compare different immigrant groups. Statistics show that Spanish-speaking immigrants are learning English as fast or faster than other immigrant groups in the United States have, and that eventually they do assimilate. But the constant influx of Spanish-speaking immigrants over the years may create the illusion of a lack of assimilation to the culture of the United States. Therefore, a stereotype is created and it is through the tinted glasses of misperceptions that people are judged.

Remember that knowledge of a people gained through personal contact and speech, studying how they express themselves, reading newspapers and literature, watching movies, surfing the net, and listening to music can all help you to get a picture of the people and the cultures that comprise the Spanish-speaking world. In short, keep an open mind and learn all that you can.

Capítulo **1** ¿Quién es?

Vocabulario esencial I

Los números

Actividad 1 **¿Qué número es?** Write out the following numbers.

a. 25 _____

b. 15 _____

c. 73 _____

d. 14 _____

e. 68 _____

f. 46 _____

g. 17 _____

h. 82 _____

i. 54 _____

j. 39 _____

k. 91 _____

Actividad 2 **¿Cuál es tu número de teléfono?**
You are talking to a friend on the phone, and she asks
you for a few phone numbers. Write how you would say
the numbers.

➤ Juana
   dos, cincuenta y ocho, setenta y seis, quince

Nombre	Teléfono
Juana	258 76 15
Paco	473 47 98
Marisa	365 03 52
Pedro	825 32 14

1. Paco _____

2. Marisa _____

3. Pedro _____

Las nacionalidades

Actividad 3 **¿De qué nacionalidad es?** Indicate the nationality of the following people in complete sentences.

➤ Juan es de Madrid. *Juan es español.*

1. María es de La Paz. _____

2. Hans es de Bonn. _____

3. Peter es de Londres. _____

4. Gonzalo es de Buenos Aires. _____

5. Jesús es de México. _____

6. Ana es de Guatemala. _____

7. Irene es de París. _____

8. Marta es de Quito. _____

9. Frank es de Ottawa. _____

10. Soy de los Estados Unidos. _____

Actividad 4 **¿De dónde son?** Look at the accompanying map and state each person's nationality using adjectives of nationality and complete sentences.

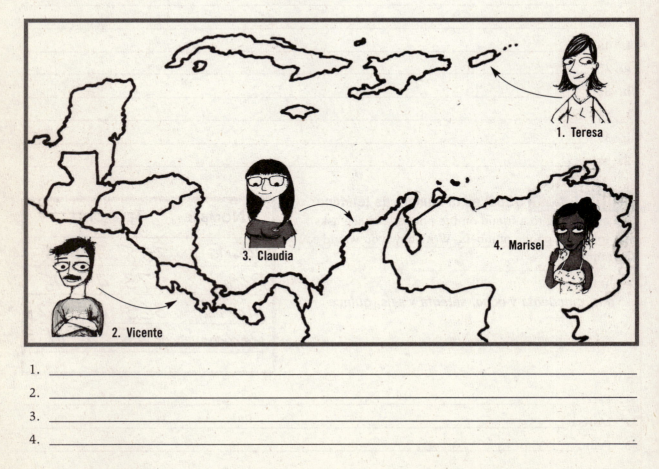

1. Teresa
2. Vicente
3. Claudia
4. Marisel

1. _____

2. _____

3. _____

4. _____

Gramática para la comunicación I

Stating Name and Origin: *Llamarse* and *ser*

Actividad 5 *Llamarse* **and** *ser.* Complete the following sentences with the appropriate form of the indicated verbs.

1. ¿Cómo _____ _____ él? (llamarse)

2. ¿De dónde _____ ella? (ser)

3. David _____ de Lisboa, ¿no? (ser)

4. ¿Cómo _____ _____ Ud.? (llamarse)

5. Yo _____ Ramón y _____ de España.
   (llamarse, ser)

6. Felipe _____ boliviano, ¿no? (ser)

7. ¿Cómo _____ tú? (llamarse)

8. Sra. Gómez, ¿de dónde _____ Ud.? (ser)

Actividad 6 **En orden lógico.** Put the following conversation in a logical order by numbering the lines from 1 to 10.

_____ ¿De dónde es?   _____ Bien... ¿Cómo se llama?

_____ ¿España?   _____ Es de Córdoba.

_____ ¿Quién, ella?   __*1*__ Hola, Carlos.

_____ ¡Ah! Hola, ¿cómo estás?   _____ No, Argentina.

_____ Antonio.   _____ No, él.

Indicating One's Age: *Tener*

Actividad 7 **¿Cuántos años tienes?** Complete the following sentences with the appropriate form of **tener.**

1. ¿Cuántos años _____ tú?

2. Ud. _____ treinta y siete años, ¿no?

3. Ella _____ veinticinco años.

4. Yo _____ dieciocho años.

5. Laura, ¿cuántos años _____?

6. ¿Cuántos años _____ la señora Madariaga?

7. Ana _____ diecinueve años y Pepe _____ veinte.

Un poco de todo

Actividad 8 **¿Quién es?** Write a brief paragraph saying all that you can about the two people shown in the accompanying student I.D.s.

Universidad Complutense de Madrid	Universidad Complutense de Madrid
Nombre: Claudia	**Nombre:** Vicente
Apellidos: Dávila Arenas	**Apellidos:** Mendoza Durán
Ciudad: Bogotá **País:** Colombia	**Ciudad:** San José **País:** Costa Rica
Edad: 21 **Pasaporte:** 57968	**Edad:** 26 **Pasaporte:** 83954

_____
_____
_____
_____
_____
_____

Vocabulario esencial II

Las ocupaciones

Actividad 9 **¿Masculino o femenino?** Change the following words from masculine to feminine or from feminine to masculine. Note that some words may not change.

1. ingeniero _____
2. doctora _____
3. actriz _____
4. abogada _____
5. secretaria _____
6. artista _____
7. profesora _____
8. director _____
9. camarero _____
10. vendedora _____
11. comerciante _____
12. economista _____

Nombre _____ Sección _____ Fecha _____

Actividad 10 **¿Qué hacen?** Associate each of the following words or groups of words with an occupation; then write your answer. Include both masculine and feminine forms if applicable and use the articles **el** or **la**.

1. Steven Spielberg, Sofía Cóppola, Pedro Almodóvar _____

2. Colgate, Crest _____

3. hospital, clínica _____

4. Alex Rodríguez, Shaquille O'Neal, Mia Hamm _____

5. Hoover, Lysol, Betty Crocker _____

6. IBM, Macintosh _____

7. Hollywood, los Oscars _____

8. Wall Street _____

9. micrófono, música _____

10. J.C. Penney, Bloomingdale's, comisión _____

11. British Airways, hoteles, tour _____

12. examen, universidad, quince créditos _____

Gramática para la comunicación II
■■■

Talking About Yourself and Others

Actividad 11 **Verbos.** Complete the following sentences with the appropriate form of the indicated verbs.

1. Ellos _____ paraguayos. (ser)

2. ¿Cuántos años _____ Uds.? (tener)

3. Nosotros _____ abogados. (ser)

4. Él _____ veinticinco años y _____

   ingeniero. (tener, ser)

5. Juan y yo _____ veintiún años. (tener)

6. ¿De dónde _____ Clara y Miguel? (ser)

7. Ella _____ Pilar, _____

   veinticuatro años y _____ artista. (llamarse, tener, ser)

8. El Sr. Escobar y la Sra. Beltrán _____ ecuatorianos. (ser)

Actividad 12 **¿De qué nacionalidad son?** Rewrite the following sentences using subject pronouns (**yo, tú, Ud., él, ella, nosotros/as, vosotros/as, Uds., ellos, ellas**) and adjectives of nationality. Remember that an adjective of nationality agrees with the noun or pronoun it modifies (**él/mexicano; ella/mexicana; ellos/mexicanos; ellas/mexicanas**).

➤ Los dentistas son de México. *Ellos son mexicanos.*

1. Tus padres son de Ecuador. _____

2. El economista es de Venezuela. _____

3. Las señoras son de Francia. _____

4. Alberto y yo somos de Paraguay. _____

5. Las ingenieras son de Chile. _____

6. Laura es de Portugal. _____

7. Los deportistas son de la República Dominicana. _____

8. Mi padre es de Honduras. _____

9. Los vendedores son de Cuba. _____

10. Las profesoras son de España. _____

11. Las periodistas son de Costa Rica. _____

12. El cantante es de Irlanda. _____

13. El Sr. Moreno y yo somos de Inglaterra. _____

14. Mis padres son de los Estados Unidos. _____

Actividad 13 **Un párrafo.** Write a paragraph about yourself and your parents. Tell your names, nationalities, how old you are, and what each of you does.

_____

_____

_____

_____

_____

Asking Information and Negating

Actividad 14 **Preguntas y respuestas.** Answer the following questions both affirmatively and negatively in complete sentences.

1. ¿Eres de Chile? Sí, _____

    No, _____

2. Ud. es colombiano, ¿no? Sí, _____

    No, _____

Continued on next page →

3. Ella se llama Piedad, ¿no? Sí, _____

No, _____

4. ¿Son españoles Pedro y David? Sí, _____

No, _____

5. Uds. tienen veintiún años, ¿no? Sí, _____

No, _____

Actividad 15 **Las preguntas.** Write questions for the following answers.

1. —¿_____?

—Sí, es Ramón.

2. —¿_____?

—Ellos son de Panamá.

3. —¿_____?

—Tenemos treinta años.

4. —_____ , ¿no?

—No, me llamo Felipe.

5. —¿_____?

—Se llaman Pepe y Ana.

6. —¿_____?

—Es abogado.

7. —_____ , ¿no?

—No, es abogada.

8. —_____ , ¿no?

—No, no es abogado.

9. —¿_____?

—Soy guatemalteca.

Actividad 16 **¿Recuerdas?** How many characters from the text can you remember? Try to answer the following questions in complete sentences. You might have to scan the text for answers.

1. ¿De dónde son Marisel y Juan Carlos? _____

2. ¿Es Álvaro de Perú? _____

3. ¿Cuántos años tiene Marisel? _____

4. ¿Qué hace el padre de Claudia y de dónde es él? _____

_____

5. ¿Es Juan Carlos el Sr. Moreno o el Sr. Arias? _____

6. Teresa es colombiana, ¿no? _____

7. ¿De dónde es Diana? _____

Continued on next page →

8. ¿Qué hace el padre de Vicente? ¿Y su madre? _____

_____

9. ¿De dónde son los padres de Vicente y cuántos años tienen? _____

_____

Un poco de todo

Actividad 17 La respuesta correcta. Select the correct responses to complete the following conversation.

PERSONA A	¿Quiénes son ellas?		
PERSONA B	a. Felipe y Juan.	b. Felipe y Rosa.	c. Rosa y Marta.
PERSONA A	¿De dónde son?		
PERSONA B	a. Soy de Ecuador.	b. Son de Ecuador.	c. Eres de Ecuador.
PERSONA A	Son estudiantes, ¿no?		
PERSONA B	a. No, son abogadas.	b. No, no son abogadas.	c. No, son estudiantes.
PERSONA A	Y tú, ¿qué haces?		
PERSONA B	a. Soy economista.	b. Soy doctor.	c. Somos ingenieros.
PERSONA A	¡Yo también soy economista!		

Actividad 18 En el aeropuerto. You are in the airport, and you overhear bits and pieces of five different conversations. Fill in the missing words.

1. —¿De dónde eres?

   —_____ de Monterrey, México.

2. —¿De dónde _____ Uds.?

   —_____.

   —Yo también _____ de Panamá.

3. —¿Cómo se _____ ellos?

   —Felipe y Gonzalo.

4. —¿_____?

   —¿Cómo?

   —¿_____?

   —¡Ah! Yo tengo veinte años y ella veintidós.

5. —¿_____ hacen Uds.?

   —_____ cantantes.

Actividad *19* **La suscripción.** Fill out the accompanying card to order *Cosmopolitan* magazine for yourself or a friend.

Suscríbete a **COSMOPOLITAN**

¡Y te regalamos este kit de champú y acondicionador de Roselyn Sánchez!

ACTIVATE®
LO MÁXIMO EN HIDRATACIÓN

¡Suscríbete Ya!

12 números por solo $12*

Ahorra *66%* del precio de portada.

Nombre _____

Dirección _____

Ciudad/Estado/Código Postal

Teléfono _____ **E-mail** _____

☐ Envíanos la factura por $12 * (+$3 de gastos de envío)

Para servicio más rápido suscríbete online en: www.editorialtelevisa.us

Actividad *20* **La tarjeta.** Look at the accompanying business card and answer the questions that follow in complete sentences.

Sociedad Industrial de Productos Siderúrgicos S.A.

HUMBERTO HINCAPIÉ VILLEGAS
INGENIERO INDUSTRIAL

CARRERA 13 No. 26-45. OF. 1313　　　TELS. 828-10-76 - 828-14-75
TELEX 044-1435　　　　　　　　　　　BOGOTÁ. D. E.
hicapivill@correo.com

1. ¿Es el Sr. Hincapié o el Sr. Villegas? _____

2. ¿Qué hace Humberto? _____

3. ¿De qué país es? _____

4. ¿Cuáles son sus números de teléfono? _____

Actividad 21 ¿Quién es quién? Read the clues and complete the following chart. You may need to find some answers by process of elimination.

Nombre	Primer apellido	Segundo apellido	Edad	País de origen
Ricardo	López	Navarro	25	Venezuela
Alejandro				
		Martínez		
			24	
				Argentina

La persona de Bolivia no es el Sr. Rodríguez.

La persona que tiene veinticuatro años es de Chile.

Su madre, Carmen Sánchez, es de Suramérica pero su padre es de Alemania.

Miguel es de Colombia.

La madre de Ramón se llama Norma Martini.

La persona de Chile se llama Ana.

La persona que es de Argentina tiene veintiún años.

El primer apellido de Ramón es Pascual.

El Sr. Rodríguez tiene veintidós años.

El segundo apellido del Sr. Fernández es González.

El primer apellido de Ana es Kraus.

La persona que tiene veintiún años no se llama Miguel.

El señor de Bolivia tiene diecinueve años.

Actividad 22 Jorge Fernández Ramiro. Jorge is a contestant on a TV show and is being interviewed by the host. Read the following description of Jorge and his family. Then complete the conversation between Jorge and the host.

Se llama Jorge Fernández Ramiro. Tiene veinticuatro años y es ingeniero civil. Su padre también es ingeniero civil. Él también se llama Jorge. Su madre Victoria es ama de casa. Ellos tienen cincuenta años. Jorge tiene una novia que se llama Elisa. Ella es estudiante y tiene veinte años. Ellos son de Managua, la capital de Nicaragua.

ANIMADOR   Buenas tardes. ¿_____?

JORGE   Buenas tardes. Me llamo _____.

ANIMADOR   ¿_____?

JORGE   Jorge, también.

ANIMADOR   ¿_____?

Continued on next page →

JORGE	Victoria.
ANIMADOR	¿_____?
JORGE	Tienen cincuenta años.
ANIMADOR	¿_____?
JORGE	Veinticuatro.
ANIMADOR	¿_____?
JORGE	Sí, tengo novia. Se llama Elisa. (¡Hola, Elisa!)
ANIMADOR	¿_____?
JORGE	Soy ingeniero civil y ella es estudiante.
ANIMADOR	¿_____?
JORGE	Él es ingeniero también y ella es ama de casa.
ANIMADOR	¿_____?
JORGE	Somos de Managua.
ANIMADOR	Muchas gracias, Jorge.

Capítulo 1 Repaso

Geografía

Actividad 1 **Zonas geográficas.** Match the following countries with their geographic area.

1. _____ Venezuela
2. _____ Honduras
3. _____ España
4. _____ México
5. _____ Cuba

6. _____ Chile
7. _____ Panamá
8. _____ La República Dominicana
9. _____ Ecuador
10. _____ El Salvador

a. Norteamérica
b. Centroamérica
c. El Caribe
d. Suramérica
e. Europa

Actividad 2 **Países y capitales.** Label the Spanish-speaking countries (one is actually a Commonwealth of the United States) and their capitals.

La Península Ibérica

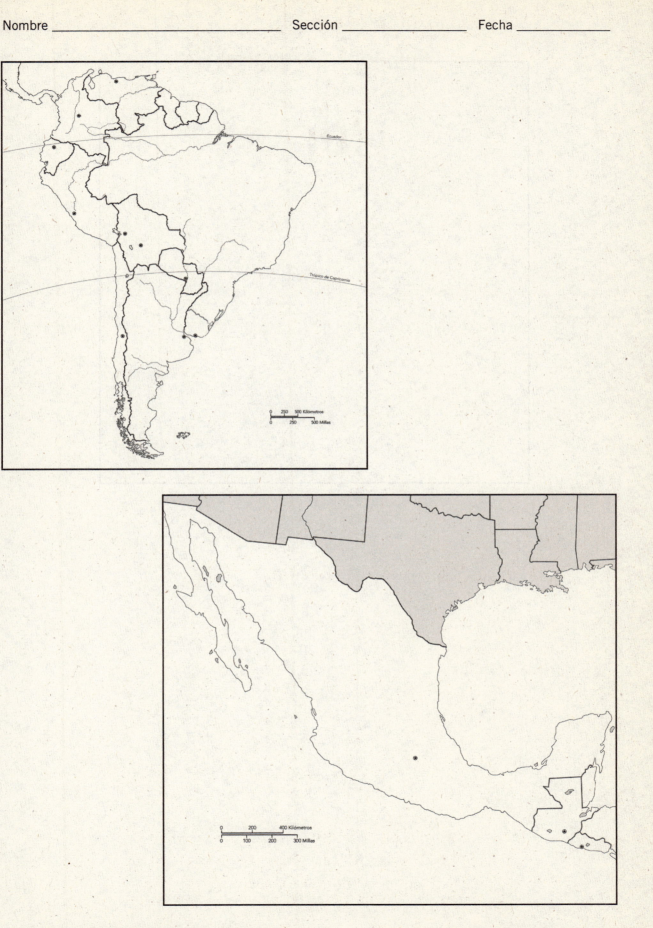

Capítulo 2 ¿Te gusta?

Vocabulario esencial I

La habitación de Vicente

Actividad 1 **La palabra no relacionada.** In each of the following word groups, select the word that doesn't belong.

1. champú, pasta de dientes, crema de afeitar, silla

2. cama, mesa, disco compacto, sofá

3. periódico, lápiz, revista, papel

4. equipo de audio, jabón, radio, televisor

5. cepillo, lámpara, escritorio, libro

6. novela, diccionario, peine, periódico

7. reproductor de DVD, CD, radio, reproductor de MP3

8. toalla, mochila, jabón, agua de colonia

Actividad 2 **¿Qué es?** Write the word that you would associate with each of the following names or products. Include the definite article **el** or **la**.

1. Crest _____

2. New York Times, Washington Post _____

3. Time, Rolling Stone, Newsweek _____

4. (3452 ☐ 897) – 798 _____

5. Webster's, Oxford _____

6. Ivory, Dove _____

7. 800-555-1212, Nokia, Samsung _____

8. Dell, Compaq, MAC _____

9. Finesse, Pantene, Paul Mitchell _____

10. Sealy, King Koil, Serta _____

11. Rolex, Timex _____

Continued on next page →

12. Isabel Allende, Stephen King, Agatha Christie, Gabriel García Márquez _____

13. NPR, 1430AM, 980FM _____

14. NBC, CNN, HBO, Sony, plasma _____

15. Sony, Casio, Canon, zoom óptico, 7 megapíxeles _____

Gramática para la comunicación I

Using Correct Gender and Number

Actividad 3 *El, la, los o las.* Add the proper definite article for each of the following words.

1. _____ calculadora
2. _____ plantas
3. _____ papel
4. _____ discos compactos
5. _____ lámparas
6. _____ escritorios
7. _____ reproductor de DVD
8. _____ días

9. _____ cama
10. _____ champú
11. _____ equipo de audio
12. _____ guitarras
13. _____ jabón
14. _____ clase
15. _____ mochilas
16. _____ peines

Actividad 4 **Plural, por favor.** Change the following words, including the articles, from singular to plural.

1. la ciudad _____

2. la nación _____

3. un estudiante _____

4. una revista _____

5. un reloj _____

6. el papel _____

7. el artista _____

8. el lápiz _____

9. el televisor _____

10. un problema _____

Nombre _____ Sección _____ Fecha _____

Expressing Likes and Dislikes (Part I): *Gustar*

Actividad 5 **Los gustos.** Complete each sentence by writing the appropriate word or words
(**a, al, a la, a mí, a ti, a ella, a él, a Ud., me, te, le**) and a form of the verb **gustar.**

1. A mí _____ _____ las novelas.

2. Sr. García, _____ _____ le _____ la computadora, ¿no?

3. _____ Juan _____ _____ los MP3 de rock.

4. _____ _____ me _____ las plantas.

5. ¿A _____ te _____ el DVD de Harrison Ford?

6. A Elena _____ _____ la universidad.

7. _____ _____ Srta. Martínez _____ _____ la música clásica.

8. _____ mí _____ gusta tu móvil.

9. Marta, ¿_____ _____ te _____ el café de Guatemala?

10. _____ Sr. Navarro _____ _____ las cámaras digitales.

Actividad 6 **Las asignaturas. Parte A.** Write the letter of the item in Column B that you associate with each subject in Column A.

A	B
1. _____ matemáticas	a. animales y plantas
2. _____ sociología	b. fórmulas y números
3. _____ historia	c. Wall Street
4. _____ economía	d. Picasso, Miró, Velázquez, Kahlo
5. _____ literatura	e. adjetivos, sustantivos, verbos
6. _____ arte	f. 1492, 1776
7. _____ inglés	g. H_2O
8. _____ biología	h. Freud
9. _____ psicología	i. la sociedad
10. _____ química	j. Miguel de Cervantes y Gabriel García Márquez

Parte B. Now answer these questions based on the subjects listed in Column A of **Parte A.**

1. ¿Qué asignaturas tienes? _____

_____

2. ¿Qué asignatura te gusta? _____

_____

3. ¿Qué asignatura no te gusta? _____

_____

4. ¿Te gusta más el arte o la biología?

_____

Actividad 7 ¿A quién le gusta? Form sentences by selecting one item from each column.

A mí			el café de Colombia
A ti			el jazz
A él	me		la música clásica
A ella	te		las novelas de Cervantes
A Ud. (no)	le	gusta	las computadoras
A nosotros	nos	gustan	los discos compactos de Thalía
A vosotros	os		el actor Antonio Banderas
A Uds.	les		los exámenes
A ellos			la televisión
A ellas			los relojes Rolex

1. _____
2. _____
3. _____
4. _____
5. _____
6. _____
7. _____
8. _____

Expressing Possession

Actividad 8 La posesión. Create sentences from the following words. You may need to add words or change forms.

➤ mesa / Carlos *La mesa es de Carlos.*

1. lápiz / Manuel _____
2. papeles / el director _____
3. planta / mi madre _____
4. libros / la profesora _____
5. computadora / el ingeniero _____

Nombre _____ Sección _____ Fecha _____

Actividad 9 **Es mi móvil.** In Spanish, one can express possession using **de** or by using **mi/s,** **tu/s, su/s,** etc. Follow the models to create sentences that state who owns what.

➤ Yo tengo móvil. ***Es mi móvil.***
  Tú tienes libros de historia. ***Son tus libros de historia.***

1. Ella tiene guitarra. _____

2. Ellos tienen televisor. _____

3. Nosotros tenemos plantas. _____

4. Tú tienes reproductor de MP3. _____

5. Uds. tienen sofá. _____

6. Él tiene novelas. _____

7. Nosotros tenemos reproductor de DVD. _____

   _____

8. Yo tengo reloj. _____

9. Ud. tiene discos compactos. _____

Actividad 10 **¿De quién es?** Look at the drawing of these four people moving into their apartment. Tell who owns which items. Follow the example.

➤ Pablo y Mario: ***El televisor es de Pablo y Mario.***

1. Pablo y Mario: _____

2. Ricardo: _____

3. Manuel: _____

Actividad 11 **¿Es tu televisor?** As a college student, you probably live with a roommate or roommates. Look at the following list of items and state who owns what. (If you live alone, make it up.) Follow the model.

➤ las plantas *Son mis plantas. Las plantas son de Jazmine.*
                Son nuestras plantas. No tenemos plantas.

1. el televisor _____

2. las toallas _____

3. los discos compactos _____

4. el reproductor de DVD _____

5. el sofá _____

Un poco de todo

Actividad 12 **Una conversación.** Complete the following conversation between Beto and Bárbara by writing a logical word in each blank. Only one word per blank.

BETO   Hola. ¿Cómo _____?

BÁRBARA   Bien. Oye, ¿qué tienes?

BETO   Un libro.

BÁRBARA   Ahhhhh. ¿Y cómo _____ llama el libro?

BETO   *100 años de soledad,* de Gabriel García Márquez.

BÁRBARA   ¡Huy! Me _____ mucho sus libros. García Márquez es _____ autor

          favorito. ¿Es _____ libro?

BETO   No, es _____ mi profesor de literatura.

BÁRBARA   El profesor Menéndez, ¿no?

BETO   Sí, Menéndez es bueno, pero no me gustan _____ clases.

Vocabulario esencial II

Acciones

Actividad 13 **Asociaciones.** Associate the words in the following list with one or more of these actions: **escribir, leer, escuchar, hablar, mirar.**

1. equipo de audio _____

2. novela _____

3. televisión _____

4. computadora _____

5. revista _____

6. periódico _____

7. radio _____

8. guitarra _____

9. MP3 _____

10. teléfono _____

Nombre _____ Sección _____ Fecha _____

Actividad 14 **Verbos.** Write the verb that you associate with the following word or group of words.

1. Gary Hall, agua, Malibu, Janet Evans _____

2. ballet, tango, rumba _____

3. sándwich _____

4. Coca-Cola, Pepsi, vino, café _____

5. examen, universidad, libros _____

6. Blockbuster, NetFlix _____

7. el maratón de Boston, Florence Griffith Joyner _____

8. Vail, Steamboat, Aspen _____

9. examen de historia A+ , examen de biología A, examen de química A _____

10. Plácido Domingo, ópera _____

11. composiciones _____

12. periódicos, novelas, revistas _____

13. de 9:00 a 5:00 _____

14. Chanel No. 5, Polo Sport _____

Los días de la semana

Actividad 15 **El calendario.** Complete this calendar by writing the missing days of the week.
Note: A Spanish calendar does not start with the same day as one in English.

AGOSTO						
			jueves			domingo
		1	2	3	4	5
6	7	8	9	10	11	12
13	14	15	16	17	18	19
20	21	22	23	24	25	26
27	28	29	30	31		

Actividad 16 **¿Qué día es?** Complete the following sentences in a logical manner.

1. Si hoy es martes, mañana es _____.

2. Si hoy es viernes, mañana es _____.

3. No tenemos clases los _____ y los _____.

4. Si hoy es lunes, mañana es _____.

5. Tengo clase de español los _____

Gramática para la comunicación II

Expressing Likes and Dislikes (Part II): *Gustar*

Actividad 17 **Le gusta...** Complete each sentence by writing the appropriate word or words (**a, al, a la, a los, me, te, le, nos, os, les**) and a form of the verb **gustar**.

1. _____ Juan _____ _____ las cámaras Nikon.

2. _____ _____ Sres. Ramírez les _____ vivir en la ciudad.

3. ¿_____ Ud. le _____ estudiar inglés?

4. _____ _____ profesora Lerma _____ _____ la revista *Hola*.

5. Nos _____ cantar y visitar museos.

6. ¿A Ud. _____ _____ los CDs o los MP3?

7. _____ Pepe y _____ mí _____ _____ bailar salsa.

8. A mí no _____ _____ los exámenes de química.

9. _____ Diana y a Carlos _____ _____ escuchar música clásica.

10. _____ Sr. Cabrera _____ _____ mirar películas románticas.

11. _____ ellos _____ _____ leer novelas de detectives.

Actividad 18 **Tus gustos. Parte A.** On the first line of each item, state whether you like or dislike what is listed. On the second line, state whether your parents like it or not. Remember to include an article if necessary (**el, la, los, las**).

➤ comer pizza   *A mí (no) me gusta comer pizza.*
            A mis padres (no) les gusta comer pizza.

1. los videos de MTV

   _____

   _____

2. escuchar música rock

   _____

   _____

3. correr

   _____

   _____

4. sacar fotos con cámara digital

   _____

   _____

Continued on next page →

5. CDs de los Black Eyed Peas

_____

_____

6. usar computadoras y navegar por Internet

_____

_____

7. películas de ciencia ficción

_____

_____

Parte B. Look at the preceding list and indicate the things that both you and your parents like or dislike.

➤ *(No) nos gusta leer novelas.*

1. _____
2. _____
3. _____
4. _____
5. _____
6. _____
7. _____

Expressing Obligation and Making Plans: *Tener que* and *ir a*

Actividad 19 **Preguntas y respuestas.** Answer the following questions in complete sentences according to the cues given.

1. ¿Qué vas a hacer mañana? (leer / novela) _____

_____

2. ¿Qué tiene que hacer tu amigo esta noche? (trabajar) _____

_____

3. ¿Tienes que escribir una composición? (sí) _____

_____

4. ¿Tienen que estudiar mucho o poco los estudiantes? (mucho) _____

_____

5. ¿Van a hacer una fiesta tus amigos el sábado? (no) _____

_____

6. ¿Vas a visitar a tus padres la semana que viene? (sí) _____

_____

Actividad 20 **Hoy y mañana. Parte A.** List three things that you are going to do tonight. Use **ir a** + *infinitive*.

1. _____
2. _____
3. _____

Parte B. List three things that you have to do tomorrow. Use **tener que** + *infinitive*.

1. _____
2. _____
3. _____

Actividad 21 **¿Obligaciones o planes?** Write an **O** if the following phrases refer to future obligations and a **P** if they refer simply to future plans. Then write a sentence saying what you are going to do or have to do.

➤ ___P___ comer en un restaurante con tus amigos
    Voy a comer en un restaurante con mis amigos.

1. _____ estudiar para el examen de historia
   _____

2. _____ nadar
   _____

3. _____ hacer la tarea de filosofía
   _____

4. _____ salir a comer con Margarita
   _____

5. _____ ir al cine
   _____

6. _____ comprar el libro de álgebra
   _____

Nombre _____ Sección _____ Fecha _____

Actividad 22 **La agenda de Álvaro.** Look at Álvaro's date book and answer the following questions.

OCTUBRE	ACTIVIDADES
lunes 15	*estudiar cálculo; comer con Claudia*
martes 16	*examen de cálculo; ir a bailar*
miércoles 17	*salir con Diana y Marisel a comer; nadar*
jueves 18	*leer y hacer la tarea*
viernes 19	*mirar un video con Juan Carlos*
sábado 20	*nadar; ir a la fiesta—llevar discos compactos y equipo de audio*
domingo 21	*visitar a mis padres*

1. ¿Adónde va a ir Álvaro el sábado? _____

2. ¿Qué tiene que hacer el lunes? _____

3. ¿Cuándo va a salir con Diana y Marisel y qué van a hacer? _____
   _____

4. ¿Qué tiene que llevar a la fiesta? _____
   _____

5. ¿Cuándo va a nadar? _____
   _____

6. ¿Qué va a hacer el domingo? _____
   _____

Actividad 23 **Tus planes. Parte A.** Use the accompanying date book to list the things that you have to do or are going to do next week, and indicate with whom you are going to do them. Follow the sample entry.

OCTUBRE	ACTIVIDADES
lunes	
martes	*Pablo y yo tenemos que estudiar—examen mañana*
miércoles	
jueves	
viernes	
sábado	
domingo	

Parte B. Based on your date book notations, write a description in paragraph form of what you are going to do and what you have to do next week. Be specific.

El lunes _____

_____

_____

_____

_____

Un poco de todo

Actividad 24   La vida de Julio. Complete this paragraph about what Julio does in a typical day. Fill in each blank with a logical verb.

Por la mañana, a Julio le gusta _____ café, _____ el periódico y _____ un CD. Va a sus clases y por la tarde, no le gusta _____ sándwiches, pero le gusta mucho la pizza. Tiene que _____ mucho para sus clases para _____ buenas notas. Tiene que _____ novelas para la clase de inglés y _____ composiciones. Tiene que _____ de 5 a 7 en la cafetería (recibe $8 la hora). Por la noche le gusta _____ 2 o 3 kilómetros en un parque, _____ películas de Blockbuster o _____ merengue y salsa en un club con sus amigos.

Actividad 25   Gustos y obligaciones. Answer the following questions.

1. ¿Qué tienes que hacer mañana por la mañana? _____

_____

2. ¿Qué van a hacer tus amigos mañana? _____

_____

3. ¿Qué les gusta hacer a ti y a tus amigos los sábados? _____

_____

4. ¿Qué van a hacer Uds. el sábado? _____

_____

Actividad 26   Planes y gustos. Complete the following paragraph to describe yourself and your friends.

A mí me gusta _____ ; por eso, tengo _____ .

A mis amigos les gusta _____ . Este fin de semana yo tengo que

_____ , pero mis amigos y yo también vamos a _____

_____ .

Lectura
■ ■ ■

Estrategia de lectura: Scanning

When scanning a written text, you look for specific information and your eyes search like radar beams for their target.

Actividad 27 **La televisión.** Scan these Spanish TV listings to answer the following question:

¿Cuáles son los programas de los Estados Unidos?

_____

_____

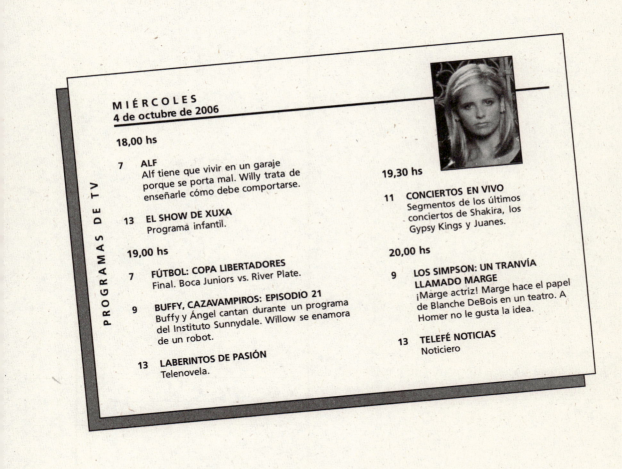

PROGRAMAS DE TV

MIÉRCOLES
4 de octubre de 2006

18,00 hs

7 **ALF**
Alf tiene que vivir en un garaje porque se porta mal. Willy trata de enseñarle cómo debe comportarse.

13 **EL SHOW DE XUXA**
Programa infantil.

19,00 hs

7 **FÚTBOL: COPA LIBERTADORES**
Final. Boca Juniors vs. River Plate.

9 **BUFFY, CAZAVAMPIROS: EPISODIO 21**
Buffy y Ángel cantan durante un programa del Instituto Sunnydale. Willow se enamora de un robot.

13 **LABERINTOS DE PASIÓN**
Telenovela.

19,30 hs

11 **CONCIERTOS EN VIVO**
Segmentos de los últimos conciertos de Shakira, los Gypsy Kings y Juanes.

20,00 hs

9 **LOS SIMPSON: UN TRANVÍA LLAMADO MARGE**
¡Marge actriz! Marge hace el papel de Blanche DeBois en un teatro. A Homer no le gusta la idea.

13 **TELEFÉ NOTICIAS**
Noticiero

Capítulo **3** # Un día típico

Vocabulario esencial I

Lugares

Actividad 1 **Asociaciones.** What places do you associate with the following names, items, and actions? Follow the model and be sure to give an indefinite article with each noun.

➤ Whole Foods, Albertson's, Shaw's *un supermercado*

1. Gap, TJ Maxx _____

2. Walgreens, CVS _____

3. libros, estudiar _____

4. libros, comprar, Barnes & Noble _____

5. arte, Picasso _____

6. nadar _____

7. médicos, operaciones _____

8. $$$$, Chase Manhattan _____

9. Kleenex, aspirinas _____

10. Broadway, Shakespeare _____

11. mirar películas _____

12. Harvard, Wellesley, Duke, UCLA _____

13. comer, TGI Fridays, Applebee's, Olive Garden _____

14. AAA, agente, Southwest _____

Actividad 2 **¿Al o a la?** Complete the following sentences with **al** or **a la.**

1. Tengo que ir _____ banco.

2. Los domingos Juana va _____ iglesia.

3. Mañana vamos a ir _____ cine.

4. Tengo que comprar champú. Voy _____ tienda.

5. Tenemos que trabajar. Vamos _____ oficina.

Actividad 3 **Los lugares.** Fill in the following crossword puzzle with the appropriate names of places.

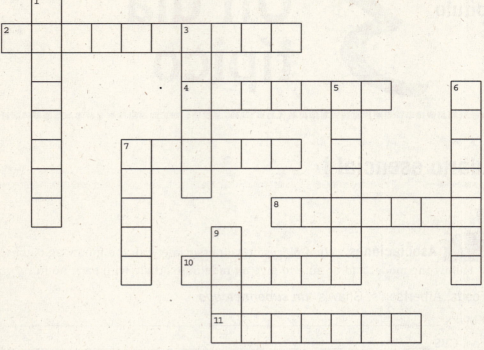

Horizontales

2. Un lugar donde estudias.
4. _____ de viajes.
7. El _____ Central está en Nueva York.
8. El hotel tiene una _____ para las personas que nadan.
10. Para comprar cosas vas a una _____.
11. Los maestros trabajan con niños en una _____ primaria.

Verticales

1. Una tienda que vende libros.
3. Vas allí para ver un ballet o un concierto de música clásica.
5. Mis amigos católicos van a la _____ los domingos.
6. Un lugar donde compras Coca-Cola, vegetales, etc.
7. Para nadar, vamos a la _____ de Luquillo en Puerto Rico.
9. Adonde vas para ver *Psycho*, *Titanic*, *E.T.*, etc.

Actividad 4 **¿Adónde vas?** Imagine that this is your schedule for the week. State what you have to do (**tengo que** + *infinitive*) or are going to do (**voy a** + *infinitive*) and where you are going to go.

➤ domingo   correr cinco kilómetros
El domingo voy a correr cinco kilómetros; por eso voy al parque.

1. lunes   estudiar para un examen

_____

2. martes   comprar discos compactos

_____

Continued on next page →

3. miércoles   nadar

_____

4. jueves   comprar libros para la clase de literatura

_____

5. viernes   mirar una película

_____

6. sábado   comprar papas fritas, hamburguesas, café y Coca-Cola

_____

7. domingo   ver la exhibición de Picasso

_____

Gramática para la comunicación I

Indicating Location: *Estar en* + place

Actividad 5 **Siempre está en...** Some people love doing certain things, so you can always find them in one place. Write complete sentences describing where the following people are, based on their likes. Follow the model.

➤ A Marta y a mí nos gusta la ópera. *Estamos en un teatro.*

1. A Felipe le gusta nadar, pero no le gusta la piscina. _____

2. Me gusta mucho el arte. _____

3. Nos gusta comer bien. _____

4. Te gusta estudiar en silencio. _____

5. A Uds. les gusta bailar. _____

6. A Ana y a Sofía les gusta Angelina Jolie. _____

7. A nosotros nos gusta leer y comprar libros. _____

Actividad 6 **¿Dónde están?** While Salvador is at home alone, he receives a phone call from his wife, Paquita, asking where their children are. Read the entire conversation; then go back and fill in the missing words.

SALVADOR   ¿Aló?

PAQUITA   Hola, Salvador. ¿Está Fernando?

SALVADOR   No, no _____.

PAQUITA   ¿Dónde _____?

SALVADOR   Fernando y su novia _____ _____ el cine.

PAQUITA   ¿Y Susana?

Continued on next page →

SALVADOR	Susana _____ _____ la librería. Tiene que trabajar esta tarde.
PAQUITA	¿_____ _____ Pedro y Roberto?
SALVADOR	_____ _____ la piscina. Yo _____ solo en casa. ¿Dónde _____ tú?
PAQUITA	_____ _____ la oficina. Voy a ir al supermercado y después voy a casa.
SALVADOR	Bueno, hasta luego.
PAQUITA	Chau.

Talking about the Present: Regular Verbs

Actividad 7 Verbos. Complete the following sentences with the appropriate form of the logical verb.

1. Pablo _____ francés muy bien. (hablar, caminar)
2. Ellos _____ en la discoteca. (nadar, bailar)
3. Tú _____ en la cafetería. (comer, llevar)
4. Nosotros _____ novelas. (leer, visitar)
5. Me gusta _____ música. (mirar, escuchar)
6. ¿_____ Uds. equipos de audio? (vender, aprender)
7. Yo _____ Coca-Cola. (beber, comer)
8. Carlota y yo _____ a las ocho. (regresar, necesitar)
9. Uds. tienen que _____ champú. (estudiar, comprar)
10. Nosotros _____ mucho en clase. (vender, escribir)
11. Mi padre _____ el piano. (leer, tocar)
12. Tú _____ cinco kilómetros todos los días. (recibir, correr)
13. Ellos _____ en Miami. (vivir, hacer)
14. Margarita _____ en una biblioteca. (esquiar, trabajar)
15. Yo _____ por Internet todos los días. (navegar, usar)
16. Mis padres _____ en Puerto Vallarta. (desear, estar)
17. Guillermo, Ramiro y yo _____ la televisión. (mirar, hacer)
18. Mis amigos siempre _____ en Vail, Colorado. (esquiar, regresar)
19. Tú _____ buenas notas en la clase de historia. (tocar, sacar)
20. Paula _____ álgebra en la escuela. (recibir, aprender)
21. Uds. _____ DVDs de NetFlix, ¿no? (alquilar, leer)

Talking about the Present: Irregular *yo* Forms

Actividad 8 **Más verbos.** Change the following sentences from **nosotros** to **yo.** Follow the model.

➤ ¿Salimos mañana? *¿Salgo mañana?*

1. Traducimos cartas al francés. _____

2. Nosotros salimos temprano. _____

3. Traemos la Coca-Cola. _____

4. Vemos bien. _____

5. Producimos música rap. _____

6. ¿Qué hacemos? _____

7. Ponemos los papeles en el escritorio. _____

Actividad 9 **Una conversación.** Ana and Germán are at an art gallery organizing a party for an art exhibition. Complete their conversation with the present tense of the indicated verbs.

ANA   ¿Qué _____ yo? (traer)

GERMÁN   Tú _____ los discos compactos de música clásica, ¿no? (traer)

ANA   Bien. ¿Quién va a _____ el café? (hacer)

GERMÁN   Yo _____ un café muy bueno. _____ un café de

         Costa Rica que es delicioso. (hacer, tener)

ANA   Perfecto.

GERMÁN   ¿Dónde _____ el equipo de audio? (poner)

ANA   En la mesa.

GERMÁN   Oye, ¿quién está con el director? Yo no _____ bien. (ver)

ANA   Es Patricia, y ella _____ traer Coca-Cola y vino. (ofrecer)

GERMÁN   OK. Ahora yo _____ que hablar con el director porque nosotros

         _____ los programas. ¿Adónde _____ tú ahora?

         (tener, necesitar, ir)

ANA   _____ para la universidad. Chau. (salir)

Un poco de todo

Actividad 10 **Una nota.** Teresa has promised her uncle (**tío**) Alejandro to baby-sit his children while he and his wife (**Rosaura**) accompany a tour group for the weekend. This note from him confirms the dates and gives her some instructions. Complete the sentences with the appropriate form of the verbs indicated.

TRAVELTUR

Teresa:

    Nosotros _____ (tener) que ir a Salamanca el viernes con un grupo

de turistas y _____ (regresar) el domingo por la mañana. Rosaura

_____ (ir) a visitar a unos amigos y yo voy a _____

(trabajar). Pero me gusta el trabajo: yo _____ (traducir) para los

turistas, _____ (ofrecer) un tour opcional de la ciudad,

_____ (hacer) reservas en restaurantes y por las noches

_____ (salir) con ellos a las discotecas. ¡Me gusta ser agente de viajes!

    Vas a estar con los niños, ¿no? En general, los niños _____ (mirar)

la televisión después del colegio y luego _____ (ir) al parque. Por la

noche, ellos _____ (comer) poco y solo _____

(beber) agua. Mientras (*While*) los niños _____ (estudiar) el sábado por

la mañana, tú debes (*should*) comprar unos sándwiches para comer después en la piscina.

En la piscina no vas a _____ (tener) problemas porque Carlitos siempre

_____ (estar) con sus amigos y Cristina _____

(nadar). Generalmente los niños van al cine el sábado por la tarde. Y tú,

_____ (salir), _____ (estudiar) o

_____ (usar) mi computadora.

                                                       Gracias por todo. Tu tío,

                                                         Alejandro

Actividad 11 La rutina diaria. Answer the following questions about yourself.

1. Cuando vas al cine, ¿con quién vas? _____
   _____

2. ¿Nadas? Si contestas que sí, ¿con quién nadas? ¿Dónde nadan Uds.?
   _____
   _____

3. ¿Corres con tus amigos? ¿Corren Uds. en un parque? _____
   _____

4. En las fiestas, ¿qué beben Uds.? _____
   _____

5. ¿Lees mucho o poco? ¿Qué lees? _____
   _____

6. ¿Sales con tus amigos los sábados? ¿Adónde van Uds.? _____
   _____

7. Cuando estás en la universidad, ¿escribes muchos emails o hablas mucho por teléfono?
   _____
   _____

8. ¿Ves a tu familia mucho o poco? _____
   _____

Vocabulario esencial II

El físico y la personalidad: *Ser* + adjective

Actividad 12 Opuestos. Write the opposites of the following adjectives.

1. guapo _____
2. alto _____
3. bueno _____
4. tonto _____
5. nuevo _____
6. moreno _____
7. simpático _____
8. joven _____
9. delgado _____
10. corto _____

Actividad 13 **Una descripción.**
Describe your aunt and uncle to a friend
who is going to pick them up at the bus
station. Base your descriptions on the
accompanying drawing. Use the verb **ser.**

_____

_____

_____

_____

_____

Las emociones y los estados: *Estar* + adjective

Actividad 14 **¿Cómo están?** Look at the accompanying drawings and describe how each person
or persons feel. Use the verb **estar** and an appropriate adjective in your responses. Remember to use
accents with **estar** when needed.

1. _____   2. _____

3. _____   4. _____   5. _____

Actividad 15 **Hoy estoy...** Finish the following sentences in an original manner.

1. Me gustaría _____ porque hoy estoy _____.

2. Hoy voy a _____ porque estoy muy _____.

3. Hoy tengo que _____ porque necesito _____.

4. Deseo _____ porque estoy _____.

Gramática para la comunicación II

Describing: Adjective Agreement, Position, and Use of *ser/estar* + Adjective

Actividad 16 **El plural.** Change the following sentences from singular to plural.

1. Pablo es guapo. Pablo y Ramón _____.

2. Yo soy inteligente. Miguel y yo _____.

3. Ana es simpática. Ana y Elena _____.

4. Maricarmen es delgada. Maricarmen y David _____.

Actividad 17 **Descripción.** Complete the following sentences with the correct form of the indicated descriptive or possessive adjectives.

1. Lorenzo y Nacho son _____. (simpático)

2. La chica _____ está en la cafetería. (guapo)

3. _____ amigas están _____. (mi, aburrido)

4. _____ padres son _____. (su, alto)

5. _____ clases son muy _____. (nuestro, interesante)

6. Ellos están _____. (borracho)

7. Voy a comprar discos compactos de música _____. (clásico)

8. Daniel y Rodrigo están _____. Vamos al cine. (listo)

9. Marcos y Ana tienen un equipo de audio. _____ equipo de audio es muy

   _____. (su, bueno)

10. Elena está muy _____. (preocupado)

Actividad 18 **En orden lógico.** Form complete sentences by putting the following groups of words in logical order.

1. altos / Pablo / son / y / Pedro

   _____

2. profesores / los / inteligentes / son

   _____

3. disco compacto / un / tengo / de / Norah Jones

   _____

4. amigos / muchos / simpáticos / tenemos

   _____

5. madre / tres / tiene / farmacias / su

   _____

Actividad 19 **¿Ser o estar?** Complete the following sentences with the correct form of **ser** or **estar.**

1. Mis amigos Sara y Hernán _____ enamorados.

2. Ellos _____ peruanos.

3. Yo _____ aburrida, porque el profesor _____ terrible.

4. Carmen, tenemos que salir. ¿_____ lista?

5. Nosotros _____ nerviosos porque tenemos un examen de biología.

6. Mi novio _____ muy alto.

7. Mi profesor de historia _____ joven.

8. Tú _____ muy simpático.

9. Es muy tarde y Felipe no _____ listo.

10. Julián y yo _____ enojados.

Actividad 20 **Mi familia.** Finish the following sentences with adjectives to describe yourself and your parents.

1. Mi padre es _____, _____ y _____ y
   siempre está _____.

2. Mi madre es _____, _____ y _____ y
   siempre está _____.

3. Yo soy _____, _____ y _____ y
   siempre estoy _____.

Nombre _____ Sección _____ Fecha _____

Actividad *21* **¿La familia típica?** Look at the accompanying drawing and describe the mother, the father, and their son, Alfonso. Tell what they look like (**ser**) and how they feel (**estar**).

_____

_____

_____

_____

_____

_____

Talking about Actions in Progress: Present Progressive

Actividad *22* **¿Qué están haciendo?** Say what the following people are doing right now, using the indicated verbs.

1. José Carreras _____ _____ ópera. (cantar)

2. Felipe y Silvia _____ _____ . (comer)

3. Usher y Justin Timberlake _____ _____ . (bailar)

4. Yo _____ _____ una respuesta. (escribir)

5. Picabo Street _____ _____ . (esquiar)

Actividad **23** **El detective.** A detective is following a woman. Write what he says into the microphone of his tape recorder (**grabadora**).

➤ hablar / micrófono *Él está hablando en el micrófono.*

➤

1.

2.

3.

4.

5.

1. salir / apartamento _____

2. caminar / parque _____

3. comprar / grabadora _____

4. hablar / grabadora _____

5. vender / cassette _____

Un poco de todo
■■■ ━━

Actividad 24 **Los problemas.** Ignacio wrote a note to his friend Jorge, who replied. Read both notes first; then go back and fill in the missing words with the appropriate forms of the following verbs: **bailar, cantar, escuchar, estar, estudiar, gustar, leer, ser, tener, tocar.** You can use a verb more than once.

Querido Jorge:

Yo _____ una persona muy simpática y _____ una novia que

también es simpática. Nos gusta hacer muchas cosas: nosotros _____ muchos

tipos de música, _____ en las discotecas, yo _____ la guitarra y

ella _____. Ella y yo _____ literatura en la universidad; nos

_____ mucho _____ poemas. Nosotros _____

enamorados, pero yo _____ un problema: ella _____ muy alta.

Yo no _____ contento porque _____ muy bajo.

Ignacio

Querido Ignacio:

Tu novia es fantástica. Tú _____ un problema: ¡tu ego!

Jorge

Actividad 25 **Eres profesor/a.** You are the teacher. Correct the grammar in the following sentences. The bolded words contain no errors and will help you find the mistakes. (There are nine mistakes.)

Mi familia y yo regreso mañana de nuestros **viaje** a Guadalajara. Mi hermano Ramón no regresa porque **él** viven en Guadalajara. Su novia es **en Guadalajara,** también. **Ella** es guapo, inteligente y simpático. Ellos van a una fiesta esta noche y van a llevar sus **equipo de audio.** A **ellos** le gusta mucho la música. Siempre baila en las fiestas.

Actividad 26 **El cantante famoso.** Freddy Fernández, a famous Mexican rock singer, was interviewed by a reporter. Write an article based on the following notes that the reporter took. Remember to add words such as **en, el, la, al, a la,** etc. where needed; use **ser** and **estar** correctly with adjectives; use present tense to say what he does everyday; use **ir a** + *inf.* to discuss the future; and use **le gustaría** + *inf.* to state what he would like to do.

Descripción
alto, guapo, simpático

Estado
contento, enamorado

Un día normal
cantar por la mañana / guitarra
leer / periódico
correr / 10 kilómetros / parque
él / novia / comer / restaurante
él / novia / mirar / DVDs

Planes futuros
él / novia / ir / un hotel / Mazatlán / sábado
él / ir / cantar / Cancún / programa de televisión

Le gustaría
cantar / Carnegie Hall en Nueva York
ir / novia / una playa / del Pacífico

_____

_____

_____

_____

_____

_____

_____

_____

_____

_____

_____

_____

_____

_____

Nombre _____ Sección _____ Fecha _____

Lectura
■■■ ▬▬▬▬▬▬▬▬▬▬▬▬▬▬▬▬▬▬▬▬▬▬▬

Estrategia de lectura: Dealing with Unfamiliar Words

When reading, people frequently come across unfamiliar words. Sometimes you consult a dictionary to find the exact meaning, but more often than not, you simply guess the meaning from context. You will practice guessing meaning from context in **Actividad 29**.

Actividad 27 **Ideas principales.** Each paragraph in the following email expresses one of the main ideas in the list. Scan the email and put the correct paragraph number next to its corresponding idea.

a. _____ las actividades de Mario　　　c. _____ las preguntas a Teresa

b. _____ la familia de Mario　　　　　d. _____ la composición étnica

Email de Puerto Rico

Teresa recibe emails de sus amigos puertorriqueños. El siguiente email es de su amigo Mario. Él vive con sus padres en San Juan, Puerto Rico.

Asunto: Hola

```
    Querida Teresa:
        Por fin tengo tiempo para escribir. ¿Cómo estás? Espero que bien. Tengo
    muchas preguntas porque deseo saber cómo es tu vida en España y cuáles son
    tus planes y actividades. ¿Te gusta Madrid? ¿Tienes muchos amigos? ¿De dónde
 5  son y qué estudian? ¿Qué haces los sábados y los domingos? Escribe pronto y
    contesta todas las preguntas; todos deseamos recibir noticias de nuestra
    querida Teresa.
        Yo estoy muy bien. Voy a la universidad todas las noches y trabajo por
    las mañanas en American Express. Soy agente de viajes y me gusta mucho el
10  trabajo. Por las tardes voy a la biblioteca y estudio con Luis Sosa. Eres
    amiga de Luis, ¿verdad? Tengo que estudiar dos años más y termino mi carrera;
    voy a ser hombre de negocios. ¿Te gusta la idea? A mí me gusta mucho.
        Por cierto, uno de mis cursos es geografía social de Hispanoamérica y
    es muy interesante, pero tengo que memorizar muchos datos. Por ejemplo, en
15  Argentina casi todas las personas son de origen europeo y solamente un 2%
    tiene mezcla de blancos, indígenas y/o negros; pero en México solo un 5%
    es de origen europeo; el 25% de los mexicanos son indígenas y el 60% son
    mestizos. Necesito tener buena memoria porque hay mucha variedad en todos
    los países, ¿verdad?
20      Por aquí, todos bien. Mis padres y yo vivimos ahora en la Calle Sol en el
    Viejo San Juan. Nos gusta mucho el apartamento. Los amigos están bien. Marta
    estudia y trabaja todo el día. Tomás, el deportista profesional, practica
    béisbol ocho horas diarias y Carolina va a comprar una computadora Macintosh.
    Ahora escribe en mi computadora y quiere aprender todo en tres días, ¡como
25  siempre! Bueno, no tengo más noticias.
        Teresa, espero recibir un email muy pronto. Contesta todas las preguntas,
    ¿O.K.? Adiós.
    Cariños,
    Mario
30  P.D. La dirección nueva es: Calle Sol, Residencias Margaritas, Apto. 34, San
    Juan, Puerto Rico 00936.
```

Actividad 28 **¿Quién es el sujeto?** To whom do the following verbs refer? Reread the email; note the verb endings and the context given before choosing an answer.

1. "¿De dónde son y qué **estudian**?" (línea 5)

   a. Teresa y Mario   b. los amigos de Teresa   c. los amigos de Teresa y Mario

2. "**Tengo** que estudiar dos años más... " (línea 11)

   a. Mario   b. Teresa   c. Luis

3. "Por ejemplo, en Argentina... **son** de origen europeo... " (línea 15)

   a. los amigos de Mario   b. casi todas las personas   c. los hispanoamericanos

4. "Ahora **escribe** en mi computadora... " (línea 24)

   a. Marta   b. Tomás   c. Carolina

5. "Teresa, **espero** recibir un email muy pronto." (línea 26)

   a. Mario   b. Teresa   c. Carolina

Actividad 29 **Contexto.** Refer to the reading to determine which translation best fits each word in bold.

1. "Tengo que estudiar dos años más y termino mi **carrera**; voy a ser hombre de negocios." (línea 11)

   a. career   b. internship   c. university studies

2. " ...y solamente un 2% tiene **mezcla** de blancos, indígenas y/o negros... " (línea 15–16)

   a. mixture   b. blended   c. combining

3. " ...pero en México solo un 5% es de origen europeo; el 25% de los mexicanos son indígenas y el 60% son **mestizos**." (líneas 16–18)

   a. indigenous   b. European   c. European and indigenous

Actividad 30 **Preguntas.** Answer the following questions based on the email you read.

1. ¿Dónde trabaja Mario y qué hace? _____

   _____

2. ¿Cuál es el origen de los argentinos? _____

   _____

3. En México, ¿qué porcentaje de personas son mestizas? _____

   _____

4. ¿Qué practica Tomás todos los días? _____

   _____

5. ¿Qué va a comprar Carolina? _____

   _____

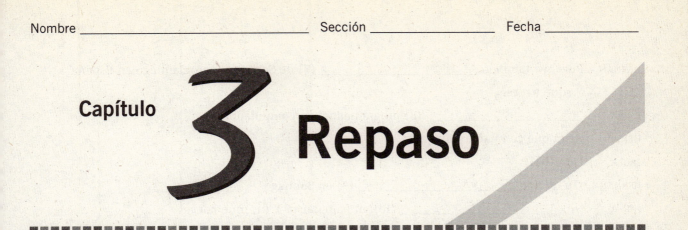

Capítulo 3 Repaso

Ser, estar, tener

In Chapter 3, you learned how to describe someone using **ser** or **estar** with adjectives. In previous chapters, you already learned other uses of **ser** and **estar.**

Ser:	¿De dónde **eres**?	**Soy** de Wisconsin. Soy norteamericana.
	¿Qué haces?	**Soy** economista.
	¿Cuál **es** tu número de teléfono?	Mi número de teléfono **es** 448 22 69.
	¿**Es** tu padre?	Sí, él **es** mi padre.
	¿Quién **es** ella?	**Es** mi madre.
	¿De quién **es** el carro?	**Es** de mi madre.
	¿Cuándo **es** tu examen de historia?	**Es** el lunes.
	¿Cómo **es** tu profesor de historia?	**Es** muy simpático, pero la clase **es** difícil.
Estar:	¿Cómo **estás**?	**Estoy** bien.
	¿Dónde **está** tu madre?	**Está** en casa, está enferma.
	¿Dónde **está** tu casa?	**Está** en la parte vieja de Bogotá.
	¿Qué **estás** haciendo?	**Estoy** escribiendo la tarea.

You also learned that to express age in Spanish, you use the verb **tener.**

¿Cuántos años **tienes**? **Tengo** veinte años.

Actividad 1 **En el aeropuerto.** Paula and Hernán are sitting next to each other in the airport when they find out their flight will be delayed for a few hours. Fill in the blanks in their conversation with the appropriate forms of **ser, estar,** or **tener.**

COMPUTADORA Bip. . . Bip. . . Bip. . .

HERNÁN ¿Qué haces?

PAULA _____ (1) trabajando con la computadora, pero ya no tiene batería.

HERNÁN ¿Cómo te llamas?

PAULA _____ (2) Paula, Paula Barrero. ¿Y tú?

HERNÁN Hernán Gálvez. Encantado. ¿De dónde _____ (3)?

PAULA _____ (4) de Santiago.

HERNÁN ¿En qué país _____ (5) Santiago?

PAULA Ay, perdón, _____ (6) en Chile.

Continued on next page →

HERNÁN   Pues, yo también _____ (7) de Santiago, pero Santiago en España.

              Y ¿qué haces?

PAULA   _____ (8) programadora de computadoras.

HERNÁN   ¿Para qué compañía trabajas?

PAULA   Para IBM.

HERNÁN   ¿Tu oficina _____ (9) en Santiago?

PAULA   No, _____ (10) en Valparaíso. Y tú, ¿qué haces?

HERNÁN   _____ (11) director de cine.

PAULA   Entonces, _____ (12) muy creativo, ¿no?

HERNÁN   No exactamente; _____ (13) un poco creativo e idealista, pero también

              _____ (14) muy responsable... Si _____ (15)

              programadora de computadoras, te gustan los números, ¿no?

PAULA   No sé... _____ (16) posible, pero ahora _____ (17)

              aburrida en el trabajo. Todos los días _____ (18) iguales.

HERNÁN   Todos los días _____ (19) diferentes y activos para mí. Y tus padres,

              ¿viven en Valparaíso?

PAULA   No, _____ (20) en Santiago.

HERNÁN   ¿Trabajan?

PAULA   No. Mi padre _____ (21) enfermo. _____ (22)

              un poco gordo y tiene diabetes; por eso mi madre _____ (23)

              en casa con él. _____ (24) mayores.

HERNÁN   _____ (25) preocupada, ¿no?

PAULA   Sí, un poco. Mi padre siempre _____ (26) en el sofá con el

              televisor todo el día y el pobre _____ (27) aburrido y mi madre

              _____ (28) un poco triste últimamente.

HERNÁN   ¿Cuántos años _____ (29) ellos?

PAULA   Mi madre _____ (30) sesenta y cinco años y mi padre

              _____ (31) setenta y cinco.

HERNÁN   Bueno, _____ (32) un poco mayores... ¿Te gustaría tomar una

              Coca-Cola o algo?

PAULA   Bueno. Gracias.

HERNÁN   La cafetería Los Galgos _____ (33) en este aeropuerto y

              _____ (34) muy bonita. Vamos.

Capítulo

4 ¿Tarde o temprano?

Vocabulario esencial I

Las partes del cuerpo

Actividad *1* **¿Qué parte es?** Look at the following drawing and label the parts of the body. Be sure to include the definite article.

1. _____
2. _____
3. _____
4. _____
5. _____
6. _____
7. _____
8. _____
9. _____
10. _____
11. _____
12. _____
13. _____
14. _____
15. _____
16. _____
17. _____
18. _____
19. _____
20. _____

Actividad 2 **La parte más interesante.** Stars are constantly scrutinized for their appearance, either in a positive or a negative manner. Associate these people with their most distinctive body part; then write if you like it or not. If you don't, indicate what that person should do to improve. Here are a few suggestions for what they should do: **consultar con un cirujano plástico, ir al dentista, hacer ejercicio, ir a un peluquero** (*hair stylist / barber*) **bueno, comprar una peluca** (*wig*).

➤ nariz / Matt Damon   *Me gusta la nariz de Matt Damon. ¡Qué sexy/bonita/atractiva!*
No me gusta la nariz de Matt Damon. ¡Qué fea/horrible/gorda!
Debe consultar con un cirujano plástico.

1. pelo / Donald Trump _____

_____

2. dientes / Madonna _____

_____

3. piernas / Anna Kournikova _____

_____

4. estómago / Kirsty Ally _____

_____

5. labios / Mick Jagger _____

_____

6. barba / Billy Gibbons de ZZ Top _____

_____

7. boca / Julia Roberts _____

_____

8. orejas / el príncipe Carlos de Inglaterra _____

_____

9. ojos / Renée Zellweger _____

_____

Acciones reflexivas

Actividad 3 **Los verbos reflexivos.** Select the word that does not belong in each of the following groups.

1. bañarse, lavarse, levantarse, ducharse
2. la barba, el bigote, afeitarse, quitarse la ropa
3. cepillarse, maquillarse, pelo, peinarse
4. el jabón, lavarse la cara, afeitarse, ducharse
5. ducharse, el pelo, cepillarse, los dientes
6. quitarse, ponerse, la ropa, lavarse

Actividad 4   **Asociaciones.** Write all the reflexive actions that you associate with each of the following items.

➤ los dientes *cepillarse*

1. la cara _____

2. la barba _____

3. la ropa _____

4. las manos _____

5. el cuerpo _____

6. los ojos _____

7. las piernas _____

Gramática para la comunicación I

Describing Daily Routines: Reflexive Verbs

Actividad 5   **Las rutinas.** Complete the following sentences with the appropriate form of the indicated reflexive verbs.

1. Los domingos yo _____ _____ tarde. (levantarse)

2. Mi novio no _____ _____ porque a mí me gusta la barba. (afeitarse)

3. Todos los niños _____ _____ el pelo con champú Johnson para no llorar. (lavarse)

4. Nosotros siempre _____ _____ tarde. (levantarse)

5. ¿_____ _____ o _____ _____ tú por la mañana? (ducharse, bañarse)

6. Yo _____ _____ los dientes después de comer. (cepillarse)

7. El niño tiene cuatro años, pero _____ _____ la ropa solo. (ponerse)

8. Las actrices de Hollywood _____ _____ mucho. (maquillarse)

Actividad 6   **Posición de los reflexivos.** Write the following sentences a different way by changing the position of the reflexive pronoun, but without changing their meaning. Remember to use accents if needed.

1. Voy a lavarme el pelo. _____

2. Ella tiene que maquillarse. _____

3. Juan se va a afeitar. _____

4. Tenemos que levantarnos temprano. _____

5. Me estoy poniendo la ropa. _____

Actividad 7 **¡Qué tonto!** Rewrite the following nonsense sentences in a logical manner, changing whatever elements are necessary.

1. El señor se afeita los brazos.

   _____

2. La señora se maquilla el pelo.

   _____

3. Me levanto, me pongo la ropa y me ducho.

   _____

4. Antes de comer, los chicos se quitan las manos.

   _____

5. Antes de salir de la casa, me cepillo la nariz y me maquillo las orejas.

   _____

Actividad 8 **Una familia extraña.** Pedro's family seems to be caught in a routine. First read the entire paragraph; then go back and fill in the missing words with the appropriate forms of the verbs in the list. You can use verbs more than once. When finished, reread the paragraph and check to see that each verb agrees with its subject. Note: Some verbs are reflexives and some aren't.

afeitarse	ducharse	levantarse	mirar	salir
cepillarse	leer	maquillarse	peinarse	tomar

En mi casa todos los días son iguales (*the same*). Mis padres _____ temprano.
Mi madre va al baño y _____. Mi padre prepara el café. Después él
_____ el periódico. Al terminar de ducharse, mi madre _____ los
dientes con Crest (mi padre usa Colgate) y _____ la cara con productos de Revlon.
Entonces, mi padre _____, _____ con su Gillette,
_____ los dientes y _____ (¡tiene poco pelo, pero tiene peine!).
Al final ellos _____ café. Después, ellos _____ los dientes otra
vez y _____ para el trabajo. Luego, yo _____ y
_____ café. Después, _____ los dientes y
_____ la televisión. Voy a la universidad, pero por la tarde, no por la mañana.

The Personal *a*

Actividad 9 **A, al, a la, a los, a las.** Complete the following sentences with **a, al, a la, a los,** or **a las** only if necessary; otherwise, leave the space blank.

1. Voy a ir _____ ciudad.
2. No veo bien _____ actor.
3. ¿_____ ti te gusta esquiar?
4. Escucho _____ discos compactos muy interesantes.
5. Tengo _____ un profesor muy interesante.
6. Siempre visitamos _____ padres de mi novio.

Continued on next page →

7. Vamos a ver _____ la película mañana.

8. Me gustar caminar _____ parque.

Actividad 10 **El día de Teresa.** Finish the following paragraph about what Teresa is doing today. Use **a, al, a la, a los,** or **a las** only if necessary; otherwise, leave the space blank.

Hoy Teresa va _____ levantarse temprano. Normalmente escucha _____ CDs de salsa y merengue cuando se ducha y se pone la ropa. Después va _____ universidad. Hoy tiene que ver _____ profesor Aguirre para hablar sobre un examen. Por la tarde va _____ llamar _____ Álvaro y _____ Diana para tomar un café con ellos. _____ Álvaro le gusta la cafetería Nueva Orleans porque siempre ponen _____ música vieja de John Coltrane, Charlie Parker y Ella Fitzgerald. Pero _____ Teresa no le gusta mucho escuchar _____ jazz. Por eso van _____ ir _____ cafetería Teatriz porque es más tranquila. Después Teresa tiene que ir _____ Biblioteca Nacional para hacer _____ investigación para una clase. Más tarde tiene que ir _____ oficina de su tío Alejandro para hablar un poco del trabajo. Por la noche, _____ Teresa le gustaría ir _____ bailar. _____ amigos de Teresa les gusta mucho el reggaetón y tienen _____ música de Don Omar y Tego Calderón, pero Daddy Yankee es su favorito.

Un poco de todo

Actividad 11 **Una carta.** Finish the following letter to your Spanish-speaking grandmother, who has asked you to describe a typical day at the university.

Universidad de _____, 12 de septiembre de 20 _____

Querida abuela:

¿Cómo estás? Yo _____. Me gusta mucho

_____. Estudio mucho

pero también _____. Tengo muchos amigos que son

_____. A ellos les

gusta _____.

Todos los días son iguales; normalmente me levanto y _____

_____.

Después de clase, llamo por teléfono a _____. Y por la noche

_____

_____.

Un abrazo (*hug*),

_____
(tu nombre)

Vocabulario esencial II

Los meses, las estaciones, el tiempo y las fechas

Actividad 12 **Las fechas y las estaciones.** Write out the following dates and state what season it is in the Northern and Southern Hemispheres. Remember that the day is written first in Spanish. The first one has been done for you.

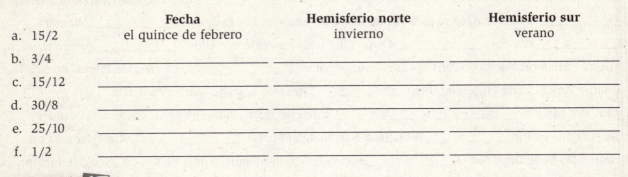

		Fecha	Hemisferio norte	Hemisferio sur
a.	15/2	el quince de febrero	invierno	verano
b.	3/4	_____	_____	_____
c.	15/12	_____	_____	_____
d.	30/8	_____	_____	_____
e.	25/10	_____	_____	_____
f.	1/2	_____	_____	_____

Actividad 13 **El tiempo.** Look at the accompanying drawings. Using complete sentences, state what the weather is like in each case. The first one has been done for you.

1.
2.
3.
4.
5.
6.
7.
8.

1. _____*Hace sol.*_____
2. _____
3. _____
4. _____

5. _____
6. _____
7. _____
8. _____

Nombre _____ Sección _____ Fecha _____

Actividad 14 **Fechas importantes.** Complete the following lists with names, events, and dates (e.g., **el doce de marzo**) that are important to you.

		Fecha
Cumpleaños:	madre padre _____ _____ _____	_____ _____ _____ _____ _____
Aniversario:	padres	_____
Último (*Last*) día de clases:		_____
Exámenes finales:	español _____ _____ _____	_____ _____ _____ _____

Actividad 15 **Asociaciones.** Associate the following words with actions, weather expressions, months, and other nouns.

➤ otoño *clases, noviembre, hace fresco, estudiamos*

1. julio _____

2. primavera _____

3. Acapulco _____

4. diciembre _____

5. invierno _____

6. hacer viento _____

7. octubre _____

Actividad 16 **¿Qué tiempo hace?** You are on vacation in the Dominican Republic, and you call a friend in Cleveland. As always, you begin your conversation by talking about the weather. Complete the following conversation based on the accompanying drawings.

La República Dominicana

Cleveland

TU AMIGO	¿Aló?
TÚ	Hola. ¿Cómo estás?
TU AMIGO	Bien, pero _____ _____.
TÚ	¿También llueve?
TU AMIGO	_____. ¿ _____?
TÚ	¡Fantástico! _____ _____
TU AMIGO	¿Cuál es la temperatura?
TÚ	_____.
TU AMIGO	Creo que voy a visitar la República Dominicana.

Gramática para la comunicación II

Talking about Who and What You Know: *Saber* and *conocer*

Actividad 17 **¿Saber o conocer?** Complete the following sentences with the appropriate form of the verbs **saber** or **conocer**.

1. ¿_____ tú a mi padre?

2. Yo no _____ tu número de teléfono.

Continued on next page →

3. ¿_____ Uds. dónde está la casa de Fernanda?

4. Ellos _____ Caracas muy bien porque trabajan allí.

5. ¿_____ nadar Teresa?

6. ¿_____ Uds. cómo se llama el profesor nuevo?

7. Yo no _____ la película nueva de Almodóvar.

8. Jorge _____ bailar muy bien porque es bailarín profesional.

Actividad 18 Claudia y sus amigos. Finish the following story about Claudia, Juan Carlos, Vicente, and Teresa. Fill in the blanks with the correct form of **saber** or **conocer.**

Claudia desea _____ más de Juan Carlos; por eso llama a Teresa porque ella

_____ a Juan Carlos. Teresa _____ que Juan Carlos va a llamar a

Claudia para salir con ella. Teresa también _____ que a Juan Carlos le gusta ir a

discotecas y que _____ bailar salsa muy bien. Él _____ una discoteca

que se llama *Son Latino*, pero Teresa no _____ exactamente dónde está.

Vicente también _____ a Juan Carlos. Claudia _____ que a Teresa

le gusta mucho Vicente. Teresa no _____ su número de teléfono, pero ella ve a Vicente

todos los días en la cafetería. Entonces, mañana Teresa va a hablar con Vicente para ir al cine con

Claudia y Juan Carlos el domingo.

Así que Teresa va a salir con Vicente y Claudia con Juan Carlos. ¿Va a pasar algo interesante? Quién

_____ pero es posible...

Actividad 19 Muchas preguntas pero poco dinero. You work for a low-budget advertising agency that makes ads for TV and radio. Complete your boss's questions, using **saber** or **conocer,** and then answer them in complete sentences.

1. ¿_____ el número de teléfono de la compañía de champú?

_____

2. ¿Tú _____ personalmente a un actor famoso?

_____

3. Necesito un pianista para un anuncio comercial (*ad*). ¿_____ tocar el piano?

_____

4. Necesito un fotógrafo. ¿_____ a un fotógrafo bueno?

_____

5. ¿_____ tus amigos nuestros productos?

_____

Pointing Out: Demonstrative Adjectives and Pronouns

Actividad 20 **¿Cuál es?** Complete these miniconversations by selecting the appropriate demonstrative and writing the correct form.

1. —Me gustan las plantas que están cerca de la puerta.

   —¿ _____ plantas que están allí? (este, ese)

2. —¿Te gustan _____ discos compactos que tengo en la mano? (este, aquel)

   —Sí, me gustan mucho.

3. —¿Dónde está el restaurante?

   —Tenemos que caminar mucho. Es _____ restaurante que está allá.
   (este, aquel)

4. —¿Vas a comprar una revista?

   —Sí, pero ¿cuál quieres? ¿ _____ que tengo aquí o

   _____ que está allí? (este, ese) (este, ese)

   —Me gusta más *People en español.*

Un poco de todo
■■■

Actividad 21 **Lógica.** Finish the following series of words in a logical manner.

1. junio, julio, _____

2. hacer frío, hacer fresco, _____

3. afeitarse, crema de afeitar; lavarse el pelo, champú; cepillarse los dientes,

   _____

4. este libro, ese libro, _____

5. verano, _____ , _____ , primavera

6. noviembre, _____ , enero

7. el brazo, el codo, _____ , los dedos

Actividad 22 **Una conversación.** Luis calls Marcos on his cell phone. Complete the conversation by selecting the correct response.

LUIS   ¿Qué estás haciendo?

MARCOS   a. Te estás duchando.

   b. Voy a ir a Ávila mañana.

   c. Estoy lavando el carro.

LUIS   a. Yo estoy estudiando y tengo una pregunta.

   b. No tengo carro.

   c. También estoy duchándome.

Continued on next page →

MARCOS   a. Ud. es el profesor.

            b. Bueno, pero no sé mucho.

            c. Eres experto.

LUIS   a. ¡Hombre! Por lo menos sabes más que yo.

            b. Claro que soy inteligente.

            c. Siempre saca buenas notas.

MARCOS   a. O.K. ¿Conoces al profesor?

            b. ¿Por qué no hablas con el médico? Sabe mucho.

            c. O.K., pero estoy lavando el carro. Más tarde, ¿eh?

Actividad 23 **El fin de semana.** Look at the accompanying map and plan your weekend. You can only go to **one** place. Say where you are going to go and why. Use phrases such as **voy a ir a...**, **porque hace...**, and **me gusta....**

_____

_____

_____

_____

Actividad 24 La fiesta. You and your friend are at a party close to the people on the right and you begin discussing the physical variety that exists among people. Look at the drawing and finish the conversation that follows describing the people you see. Supply the word that is missing for each blank.

TÚ   No hay dos personas iguales. _____ señor es gordo, bajo y tiene poco

pelo. Y _____ hombres son guapos, altos y delgados. Uno tiene barba y el

otro _____ .

TU AMIGA   Sí, y _____ , que _____ bailando,

_____ muy alto.

TÚ   Y _____ mujer, que _____ bailando con él, es _____

también.

TU AMIGA   ¿Y aquella señora?

TÚ   ¡Huy! _____ señora, que está _____ , es un poco fea, ¿no?

TU AMIGA   No, no es fea, pero tampoco _____ muy guapa.

TÚ   Es verdad, todos somos diferentes.

Lectura

Estrategia de lectura: Using Background Knowledge and Identifying Cognates

The following are excerpts taken from a Peruvian, Spanish-language website about Machu Picchu. By using your general knowledge and your ability to recognize cognates (words in Spanish that are similar to English), you should be able to obtain a great deal of information about this intriguing place.

When doing the following activities, assume that you are a tourist in Peru and do not have a bilingual dictionary. Simply try to get as much information as you can from the readings. A few key words have been glossed to help you.

Actividad 25 **Cognados**. In the excerpts that follow, underline all the cognates (words that are similar in Spanish and English) you can identify and all the words you may have already learned in Spanish. Then read the excerpts to extract as much information as you can.

VISITE MACHU PICCHU

Machu Picchu es, sin duda, el principal atractivo turístico del Perú, y uno de los más renombrados del mundo, atrayendo por este motivo un gran número de turistas anualmente. La UNESCO lo ha declarado Patrimonio Cultural de la Humanidad.

Su arquitectura es el más notable ejemplo inca de integración urbanística con la naturaleza. Esta actitud integral caracterizaba a los incas, y es expresada plenamente en su política estatal, organización social y planificación.

Machu Picchu es un símbolo de peruanidad, que compartimos con toda la humanidad porque presenta los niveles más altos alcanzados por el hombre para vivir integrado armónicamente[1] a su medio ambiente,[2] mediante un avanzado desarrollo tecnológico y estético.

Hiram Bingham

El 14 de julio de 1911, arribó Hiram Bingham con especialistas de la Universidad de Yale en biología, geología, ingeniería y osteología. Ellos fueron conducidos hasta el lugar por Melchor Arteaga, un habitante de la zona quien les dio derroteros[3] de cómo llegar hasta lo que hoy se considera la Octava Maravilla del Mundo.

Posteriormente, en 1914, Bingham volvió a Machu Picchu con apoyo económico y logístico de la propia universidad y la Sociedad Geográfica de los Estados Unidos al frente de un equipo especializado y con una publicación que ya circulaba por el mundo: "La Ciudad Perdida[4] de los Incas".

[1]*in harmony* [2]*environment* [3]*routes* [4]*lost*

Actividad 26 **¿Qué sabes ahora?** Make a list of all the information you have been able to obtain from the above reading. You can make this list in English.

_____

_____

_____

_____

_____

_____

_____

_____

_____

Capítulo 5 Los planes y las compras

Vocabulario esencial I

La hora, los minutos y los segundos

Actividad 1 **¿Qué hora es?** Write out the following times in complete sentences.

➤ 2:00 *Son las dos.*

a. 9:15 _____

b. 12:05 _____

c. 1:25 _____

d. 5:40 _____

e. 12:45 _____

f. 7:30 _____

Actividad 2 **La hora.** Answer each of the following questions according to the cue in parentheses. Use complete sentences.

➤ ¿A qué hora vamos a comer? (2:00) *Vamos a comer a las dos.*

1. ¿A qué hora es la película? (8:30) _____

2. ¿Qué hora es? (4:50) _____

3. ¿A qué hora es el examen? (10:04) _____

4. ¿Cuándo va a llegar el médico? (1:15) _____

5. ¿Qué hora es? (12:35) _____

6. ¿A qué hora es el programa? (2:45) _____

Las sensaciones

Actividad 3 **¿Tiene calor, frío o qué?** Read the following situations and indicate how each person or group of people feels: hot, cold, hungry, etc. Use complete sentences. Remember to use the verb **tener** in your responses.

1. Una persona con una pistola entra en la casa de Esteban. Esteban llama al 911.

   Esteban _____

2. Es el mes de julio y estoy en los Andes chilenos.

   _____

3. Son las tres y media de la mañana y estamos estudiando en la biblioteca.

   _____

4. Estoy en clase y veo mis medias (*socks*). ¡Por Dios! Las dos son de colores diferentes.

   _____

5. Después de jugar al fútbol, Sebastián compra una Coca-Cola.

   Sebastián _____

6. Volvemos de estudiar, vemos una pizzería, entramos y compramos una pizza grande con todo.

   _____

7. Mis amigos están en San Juan, Puerto Rico, en el invierno porque no les gusta el frío de Minnesota.

   Mis amigos _____

Gramática para la comunicación I

Expressing Habitual and Future Actions and Actions in Progress: Stem-changing Verbs

Actividad 4 **En singular.** Change the subjects of the following sentences from **nosotros** to **yo** and make all other necessary changes.

1. Podemos ir a la fiesta. _____
2. Dormimos ocho horas todas las noches. _____
3. No servimos vino. _____
4. Nos divertimos mucho. _____
5. Nos acostamos temprano. _____
6. Jugamos al fútbol. _____

Actividad 5 **Verbos.** Complete the following sentences by selecting a logical verb and writing the appropriate form.

1. María no _____ venir hoy. (poder, entender)

2. Los profesores siempre _____ las ventanas. (jugar, cerrar)

3. Carmen y yo _____ estudiar esta noche. (volver, preferir)

4. Marisel siempre _____ temprano. (dormirse, encontrar)

5. Yo no _____ francés. (entender, pedir)

6. ¿A qué hora _____ el concierto? (despertarse, empezar)

7. Juan _____ ir a bailar esta noche. (decir, pensar)

8. Pablo es camarero; ahora está _____ cerveza. (servir, comenzar)

9. Nosotros _____ a casa esta tarde. (volver, poder)

10. ¿Qué _____ hacer Uds.? (querer, dormir)

11. _____ Ricardo y Germán mañana? (despertar, venir)

12. Los niños están jugando al fútbol y están _____ mucho. (querer, divertirse)

13. Yo siempre _____ la verdad. (sentarse, decir)

14. ¿Cuándo _____ Ud. las clases? (comenzar, servir)

15. Ellos dicen que _____ ir. (decir, querer)

Actividad 6 **Preguntas.** Answer the following questions about your life in complete sentences.

1. ¿A qué hora empiezan tus clases los lunes? _____
_____

2. ¿A qué hora te acuestas los domingos por la noche? _____
_____

3. ¿Con quién almuerzas durante la semana? _____
_____

4. ¿Dónde almuerzan Uds.? _____
_____

5. ¿Puedes estudiar por la tarde o tienes que trabajar? _____
_____

6. ¿Prefieres estudiar por la tarde o por la noche? _____
_____

7. Generalmente, ¿cuántas horas duermes cada noche? _____
_____

Actividad 7 — Un email a Chile.

Here you have one page from an email that Teresa is writing to a friend in Chile. First read the entire page; then reread the letter and complete it with the appropriate forms of the verbs found to the left of each paragraph. Note: You may use verbs more than once.

Asunto: Hola

divertirse
entender
estar
querer
salir
ser

...y cómo están tus clases? ¿Tienes mucho trabajo? Tengo unos amigos fantásticos. Una se llama Diana; (1)_____ de los Estados Unidos, pero (2)_____ en España estudiando literatura. Habla y (3)_____ español como tú y yo porque su familia (4)_____ de origen mexicano. Yo (5)_____ mucho cuando (6)_____ con ella porque siempre pasa algo interesante. Nosotras (7)_____ ir a Barcelona el fin de semana que viene y después irnos a Sitges para (8)_____ en la playa.

encontrar
poder
ponerse
saber
ser

Tengo otra amiga que a ti te gustaría. Se llama Marisel; (9)_____ de Venezuela. Tiene ropa, ropa y más ropa. Siempre (10)_____ ropa muy moderna. Yo siempre tengo problemas con la ropa; voy a muchas tiendas, pero no (11)_____ cosas bonitas. (12)_____ que no soy fea, pero no hay ropa para mí. En cambio, Marisel siempre (13)_____ encontrar algo que es perfecto para ella.

conocer
pensar
poder
querer
vivir

Si vienes a España, vas a (14)_____ a dos chicos muy simpáticos. (15)_____ en un apartamento y si tú (16)_____, (17)_____ vivir con ellos. Debes (18)_____ en venir porque te gustaría y tienes que...

Actividad *8* **Dos conversaciones.** Complete the following conversations with verbs from the lists provided. Follow this procedure: first, read one conversation; then go back, select the verbs, and fill in the blanks with the appropriate forms; when finished, reread the conversations and check to see that all the verbs agree with their subjects. Note: You may use verbs more than once.

1. Una conversación por teléfono (**divertirse, empezar, mirar, preferir, querer, saber, volver**)

   —¡Aló!

   —¿Jesús?

   —Sí.

   —Habla Rafael. Carmen y yo _____ ver la película de Ron Howard. ¿Quieres ir?

   —¿A qué hora _____ la película?

   —No _____ .

   —¿Por qué no _____ en el periódico?

   —Buena idea... Es a las siete y cuarto en el Cine Rex.

   —¿_____ Uds. comer un sándwich antes?

   —Claro. Siempre tengo hambre. Hoy Carmen _____ a casa a las cinco. ¿Dónde _____ comer tú?

   —_____ la comida de la Perla Asturiana porque es barata y es un lugar bonito.

   —Buena idea; yo siempre _____ en esa cafetería porque los camareros son muy cómicos.

2. Una conversación con el médico (**acostarse, despertarse, dormir, dormirse, entender**)

   —Normalmente, ¿a qué hora _____ Ud. por la noche?

   —A la una y media.

   —¡Qué tarde! ¿Y a qué hora _____ ?

   —_____ a las siete.

   —¡Cinco horas y media! ¿No _____ Ud. en la oficina?

   —No, pero yo _____ la siesta todos los días.

   —Ah, ahora _____ . En mi casa, nosotros también _____ la siesta.

Actividad 9 **El detective.** The detective is still watching the woman. Today is very boring because the woman isn't leaving her apartment and the detective has to watch everything through the windows. Write what the detective says into his microphone, including the time and the activity in progress. Use the verb **estar** + *present participle* (**-ando, -iendo**) to describe the activity in progress.

1.

2.

3.

4.

5.

6.

1. estar / despertarse _____

2. estar / preparar / el almuerzo (*lunch*) _____

3. hombre / estar / entrar _____

4. estar / servir / el almuerzo _____

5. hombre / estar / salir _____

6. estar / dormir _____

Un poco de todo

Actividad 10 **El horario de Pilar.** Pilar is a first-year student of philosophy. Look at her schedule (**horario**) and then answer the questions that follow.

	lunes	martes	miércoles	jueves	viernes
9:00–9:50	Antropología I	La herencia socrática	Antropología I	La herencia socrática	
10:05–11:05	Filosofía de la naturaleza	Teorías científicas de la cultura	Filosofía de la naturaleza	Teorías científicas de la cultura	Filosofía de la naturaleza
11:20–12:10	Metafísica I		Metafísica I		
12:25–1:25		Filosofía de la religión		Filosofía de la religión	
1:40–2:30	Fenomenología de la religión	Nihilismo y metafísica	Fenomenología de la religión	Nihilismo y metafísica	Fenomenología de la religión

1. ¿A qué hora empieza la clase de Antropología I los lunes y los miércoles?

_____

2. ¿A qué hora puede tomar un café en la cafetería los martes?

_____

3. ¿A qué hora termina la clase de Filosofía de la religión?

_____

4. Normalmente las clases empiezan a las nueve. ¿A qué hora empiezan sus clases los viernes?

_____

5. ¿Prefieren estudiar Antropología I o Nihilismo y metafísica tú y tus amigos?

_____

6. ¿Te gustaría tener este horario o prefieres tu horario de este semestre?

_____

Vocabulario esencial II

Los colores

Actividad 11 Asociaciones. Write the color or colors that you associate with each of the following things.

➤ las plantas *verde*

1. el sol _____

2. los dientes _____

3. el océano Atlántico _____

4. el elefante Dumbo _____

5. el chocolate _____

6. la ecología _____

7. la bandera (*flag*) de Canadá _____

8. Tropicana, el pelo de Donald Trump y Sunkist _____

9. las bananas _____

10. la bandera de los Estados Unidos _____

11. el jugo Welch's _____

La ropa y los materiales (clothes and materials)

Actividad 12 La ropa. Identify the clothing items in this drawing. Include the definite article in your response.

1. _____

2. _____

3. _____

4. _____

5. _____

6. _____

7. _____

8. _____

9. _____

10. _____

Nombre _____ Sección _____ Fecha _____

Actividad 13 **En orden lógico.** Put the following words in logical order to form sentences. Make all necessary changes.

1. tener / suéter / ella / de / azul / lana / mi _____

_____

2. camisas / el / para / comprar / yo / verano / ir a / algodón / de _____

_____

3. gustar / rojo / me / pantalones / tus _____

_____

4. yo / los / probarse / zapatos / alto / de / tacón / querer / negro _____

_____

Actividad 14 **La importación.** Answer the following questions in complete sentences based on the clothes you are wearing.

1. ¿De dónde es tu camisa? _____

2. ¿De qué material es? _____

3. ¿Son de los Estados Unidos tus pantalones favoritos? _____

_____

4. ¿De dónde son tus zapatos? _____

5. ¿Son de cuero? _____

Actividad 15 **Descripción.** Look at the accompanying drawing and describe what the people in it are wearing. Use complete sentences and be specific. Include information about colors and fabrics.

_____

_____

_____

_____

_____

Actividad 16 **Tu ropa.** Using complete sentences, describe what you normally wear to class.

_____

_____

_____

_____

Gramática para la comunicación II

Indicating Purpose, Destination, and Duration: *Para* and *por*

Actividad 17 **Por o para.** Complete the following sentences with **por** or **para**.

1. La blusa es _____ mi madre porque mañana es su cumpleaños.

2. Salimos el sábado _____ Lima.

3. Voy a vivir en la universidad _____ dos años más.

4. Álvaro estudia _____ ser abogado.

5. Ahora Carlos trabaja los sábados _____ la noche.

6. Vamos a Costa Rica _____ dos semanas.

7. No me gusta ser camarero pero trabajo _____ poder vestirme bien.

8. Tenemos que leer la novela _____ mañana.

9. Mi amigo estudia _____ ser médico.

10. Esta noche tengo que estudiar _____ un mínimo de seis horas.

11. ¿Vas _____ tu casa ahora?

12. Durante los veranos yo trabajo _____ un banco en mi pueblo.

Indicating the Location of a Person, Thing, or Event: *Estar en* and *ser en*

Actividad 18 **¿Dónde es o dónde está?** Complete each sentence with the appropriate form of **ser** or **estar.**

1. Mi padre _____ en Acapulco este fin de semana.

2. La fiesta _____ en casa de Paco.

3. ¿Dónde _____ los niños?

4. El concierto de Ricardo Arjona _____ en el estadio.

5. Los libros _____ en la biblioteca.

6. ¿Dónde _____ la exhibición de Picasso?

Continued on next page →

7. Muchos cuadros de Picasso _____ en Barcelona en el Museo Picasso.

8. El presidente _____ en la Casa Blanca.

9. La bufanda que quieres _____ en Bloomingdale's.

Actividad 19 Los viajes. All of the following people are currently traveling. Say where they are from and imagine where they are right now. Use complete sentences.

1. Salma Hayek _____

   _____

2. Denzel Washington _____

   _____

3. Tus padres _____

   _____

4. Enrique Iglesias _____

   _____

Un poco de todo

Actividad 20 Ser o estar. Complete the following sentences with the appropriate form of **ser** or **estar.** Don't forget the other uses of **ser** and **estar** you've studied. See **Capítulo 3** if needed.

1. Tu camisa _____ de algodón, ¿no?

2. Mis padres _____ en Paraguay.

3. ¿De dónde _____ tus zapatos?

4. ¿Dónde _____ tus zapatos?

5. El concierto _____ en el Teatro Colón.

6. Tus libros _____ en la biblioteca.

7. ¿Dónde _____ la fiesta?

8. ¿Dónde _____ Daniel?

9. Daniel _____ de Cuba, ¿no?

10. ¿_____ de plástico o de vidrio tus gafas de sol?

Actividad 21 **¿Dónde están?** Read the following miniconversations and complete the sentences with an appropriate verb. Afterward, tell where each conversation is taking place.

1. — ¿A qué hora _____ la película, por favor?

   — A las nueve y cuarto.

   ¿Dónde están? _____

2. — ¿Cuánto _____ la habitación?

   — 52 euros.

   — ¿Tiene dos camas o una cama?

   — Dos.

   ¿Dónde están? _____

3. — ¿Qué hora es?

   — _____ las dos y media.

   — ¿Siempre _____ Ud. aquí?

   — Sí, es un lugar excelente para pedir hamburguesas vegetarianas.

   ¿Dónde están? _____

4. — ¿Aló?

   — Hola, Roberto. _____ hablar con tu padre.

   — Está _____ en el sofá.

   — Bueno. Voy a llamar más tarde.

   ¿Dónde están Roberto y su padre? _____

Actividad 22 **¡A comprar!** Complete the following conversation between a store clerk and a customer who is looking for a gift for his girlfriend.

CLIENTE   Buenos días.

VENDEDORA   ¿En qué _____ servirle?

CLIENTE   Me gustaría ver una blusa.

VENDEDORA   ¿ _____ quién?

CLIENTE   _____ mi novia porque es su cumpleaños. Es que ella

             _____ Ecuador y yo salgo _____ Quito

             mañana.

VENDEDORA   Muy _____. ¿De qué color?

CLIENTE   _____ , _____ o

             _____ .

VENDEDORA   Aquí tiene tres blusas.

Continued on next page →

CLIENTE   ¿Son de _____?

VENDEDORA   Esta es de algodón, _____ las otras

                _____ seda.

CLIENTE   No, no quiero una de algodón, _____ una blusa de seda.

VENDEDORA   ¿ _____?

CLIENTE   Creo que es 36.

VENDEDORA   Bien, 36. Aquí están. Son muy _____.

CLIENTE   ¡Ay! Estas sí. Me gustan mucho.

VENDEDORA   Y _____ solamente 60 euros. ¿Cuál quiere?

CLIENTE   Quiero la blusa _____.

VENDEDORA   Es un color muy bonito.

CLIENTE   También necesito una corbata _____ mí.

VENDEDORA   ¿Con rayas o de un solo color? ¿De qué material?

CLIENTE   Todas mis corbatas son de _____. Y tengo muchas de rayas.

                Creo que quiero una azul.

VENDEDORA   Aquí hay _____ que _____ muy

                elegante.

CLIENTE   Perfecto.

VENDEDORA   ¿Cómo va a _____?

CLIENTE   Con la tarjeta Visa.

VENDEDORA   Si la talla no le queda _____ a su novia, yo siempre estoy aquí

                _____ las tardes.

CLIENTE   Muchas gracias.

VENDEDORA   De nada y buen viaje.

Lectura

■■■

Estrategia de lectura: Activating Background Knowledge

Predicting helps activate background knowledge, which aids you in forming hypotheses before you read. As you read, you confirm or reject these hypotheses based on the information given. As you reject them, you form new ones and the process of deciphering written material continues. Before reading an article about festivals in Latin America, you will be asked some questions to activate your background knowledge.

Actividad 23 **¿Qué sabes?** Before reading the article, answer these questions to activate your background knowledge about the Hispanic celebrations you read about in **Capítulo 5** of your textbook.

1. En el libro de texto, hay una lectura que explica las Fallas de Valencia, España, las Posadas en México y el Carnaval en Venezuela. Estos festivales _____.

   a. celebran un día o evento importante para los católicos

   b. celebran un evento importante en la historia de su país

   c. son para recordar grupos especiales (por ejemplo: los trabajadores, los amantes, las madres, etc.)

2. En las celebraciones de las Fallas, las Posadas y Carnaval, la gente _____. Marca todas las respuestas posibles.

   a. se pone ropa especial

   b. sale a la calle (*street*) para celebrar

   c. se queda en casa con su familia todos los días

   d. celebra con otras personas

Actividad 24 **Palabras desconocidas.** While reading, try to discern from context what the following words mean.

1. Inti Raymi

   extranjeros (línea 16) _____

   siglo (línea 16) _____

2. El día de Santiago apóstol

   estatua (línea 38) _____

   la bomba (línea 41) _____

   triunfan (línea 41) _____

Celebraciones del mundo hispano

Inti Raymi

Francisco Pizarro conquista a los incas y poco
después, en 1572, el festival Inti Raymi deja de
existir por orden de la iglesia católica por ser una
celebración pagana. En el año 1944, los habi-
5 tantes de Cuzco, muchos de ellos descendientes
de los incas, empiezan a celebrar Inti Raymi otra
vez. Inti Raymi es el festival del sol porque
marca el solsticio de invierno. La fiesta dura una
semana y marca el final de un año y el principio
10 de otro en el calendario inca.

Festival de Inti Raymi en las ruinas de Saqsaywaman

   El 24 de junio los eventos empiezan en la
ciudad de Cuzco con una procesión de dos
kilómetros. Va hasta las ruinas de Saqsaywaman
donde las personas representan una antigua ceremonia incaica en que el jefe de los incas honra
15 a su dios, el Sol. Participan cientos de personas que llevan ropa tradicional mientras peruanos de
todo el país y unos 100.000 turistas extranjeros van para mirar la ceremonia. Como en el siglo
XVI, el líder de los incas, que se llama el Sapa Inca, habla y también hablan tres personas vesti-
das de animales: una serpiente, un puma y un cóndor. Los animales representan el mundo que
existe debajo de la tierra, la tierra y el mundo de los dioses respectivamente. Todo es igual ex-
20 cepto que hoy día no sacrifican una llama, solo representan esta antigua tradición. Para leer
más, haz clic **aquí**.

El día de Santiago[1] apóstol

La gente de Loíza Aldea, Puerto Rico, es principalmente de ascendencia africana. En este
pueblo se puede ver el sincretismo religioso y
25 cultural de los ritos paganos combinados con los
ritos cristianos cuando celebran el día de Santiago apóstol el 25 de julio. En esta fiesta la gente
le pide[2] favores a Santiago como buena salud,
mucho dinero y matrimonio. Los protagonistas
30 de la fiesta son los vejigantes (símbolo de la cultura africana) y los caballeros (representantes de
la tradición católica española). Los vejigantes
representan demonios y los caballeros representan a los caballeros españoles que luchan[3], igual

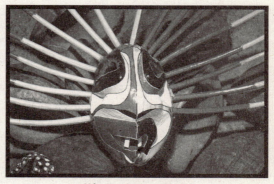
Máscara de un vejigante

35 que el apóstol Santiago, contra los demonios. Los vejigantes se visten con ropa de colores bri-
llantes y en la cara llevan máscaras grotescas de coco, una fruta típica de la región. Los niños
tienen miedo de los vejigantes. La fiesta, a finales de julio, dura más o menos una semana, cada
día la gente saca una estatua diferente de la iglesia: una es el Santiago de los hombres, otra el
Santiago de las mujeres y la tercera es el Santiago de los niños. Se llaman Santiagón, Santiago y
40 Santiaguito respectivamente. Se hacen desfiles[4] por las calles donde se puede escuchar el ritmo
de la bomba, música tradicional de influencia africana. Al final, triunfan los caballeros y pierden
los vejigantes así que el bien gana contra el mal. Para leer más, haz clic **aquí**.

---

[1]*Santiago = Saint James, known for leading the Christians in the reconquest of Spain from the invading Moors in the
8th century*   [2]*ask for*   [3]*fight*   [4]*parades*

Actividad 25 ¿**Entendiste?** After reading the articles, answer the following questions.

Inti Raymi

1. ¿De quiénes son descendientes las personas de Cuzco? _____
   _____

2. ¿Dónde es la parte más importante de la celebración de Inti Raymi? _____
   _____

3. ¿La fiesta ocurre durante los días más cortos o más largos del año? _____
   _____

4. ¿A quién honra el Sapa Inca durante el festival? _____
   _____

El día de Santiago apóstol

1. ¿Cuál es el origen de la mayoría de la gente de Loíza Aldea? _____
   _____

2. ¿Qué combina la celebración de Santiago apóstol? _____
   _____

3. ¿Quiénes representan el mal, los vejigantes o los caballeros? _____
   _____

4. ¿Qué ropa llevan los vejigantes? ¿Qué llevan en la cara? _____
   _____

5. ¿Qué tipo de música tocan en los desfiles y cuál es el origen de esa música? _____
   _____

6. Al final, ¿quiénes ganan? _____
   _____

Capítulo 5 Repaso

■ ■

Future, Present, and Immediate Past

You have learned to talk about obligations and plans, to state preferences, to say what you do every day, and to say what you are doing right now. You have also learned to state what has just happened.

Future obligations and plans:

Esta noche tengo que acostarme temprano.
Esta noche debo estudiar.
Esta noche voy a estudiar.
¿Cuándo vienes?
Pienso estudiar economía.
No puedo ir.

Preferences:

Me gustaría salir con mis amigos.
Me gusta comer en restaurantes e ir al cine.
Quiero ir contigo.
Prefiero la blusa roja.

What you do every day:

Yo me levanto temprano.
Vuelvo a casa tarde.
Voy al trabajo.
Miro la televisión.
Como con mis amigos.
Me acuesto temprano.

What you are doing right now:

Estoy leyendo.
Estoy estudiando.
Estoy haciendo la tarea.

What you just did:

Acabo de hablar con mi jefe.

Actividad *1* **Un email.** Complete the following email to a friend. Write the correct form of the indicated verbs in the blanks.

estar

estar

gustar

gustar

deber, comprar

ser

ser

levantarse, ducharse

vestirse, tomar

levantarse

buscar

gustar

querer

gustar

acabar

necesitar

ser, salir

ir, hacer

gustar

tener

ir, venir

ir, divertirse

venir

Querida Mariana:

¿Cómo _____? Yo bien. En este momento

_____ escuchando un disco compacto de Marc

Anthony. Me _____ mucho, ¿y a ti? Un día me

_____ ver uno de sus conciertos. Tú

_____ _____ su nuevo CD porque

_____ excelente.

  Aquí con el trabajo, todos los días _____

iguales. _____ temprano, _____,

_____ y _____ un café en una

cafetería cerca del trabajo. Este sábado no voy a

_____ hasta las doce.

  Tengo que _____ un trabajo nuevo. De

verdad, no me _____ mi jefe (*boss*). Además

_____ vivir en Caracas para estar cerca de mis

padres. Me _____ encontrar un trabajo de

profesora en una escuela. _____ de leer en

el periódico que _____ profesores en una

escuela bilingüe.

  ¿Cómo _____ tu vida? ¿_____ con

Tomás? ¿Qué _____ a _____ tú para las

vacaciones de Navidad? Me _____ ir a una isla

del Caribe, pero no _____ dinero.

  Mis padres _____ a _____ aquí para

Navidad. Nosotros _____ a _____

mucho. ¿Por qué no _____ tú? Un fuerte abrazo

de tu amiga,

Raquel

Capítulo 6 Ayer y hoy

Vocabulario esencial I

Los números del cien al millón

Actividad 1 **Los números.** Write out the following numbers. Remember that in Spanish a period is used instead of a comma when writing large numbers.

a. 564 _____

b. 1.015 _____

c. 2.973 _____

d. 4.743.010 _____

Actividad 2 **Una serie de números.** Write the number that fits logically in each series.

1. doscientos, trescientos, cuatrocientos, _____

2. ochocientos, _____, seiscientos

3. cuatro millones, tres millones, dos millones, _____

4. _____, doscientos, trescientos, cuatrocientos

5. trescientos, seiscientos, _____

6. cuatro mil, tres mil, dos mil, _____

7. doscientos, trescientos, _____

Preposiciones de lugar

Actividad 3 **¿Dónde están?** In the first blank, write **C** (**cierto**) if the statement is true and **F** (**falso**) if the statement is false. Correct the false statements by writing the correct preposition (including the word **de** when needed) in the second space. All questions are based on the following configuration of letters.

```
                 LH
    AB                    I
    C      D     EFG      J
```

Continued on next page →

	C/F	PREPOSICIÓN
1. La ce está debajo de la a.	_____	_____
2. La efe está encima de la e y la ge.	_____	_____
3. La ele está cerca de la be.	_____	_____
4. La i está entre la ele y la jota.	_____	_____
5. La ge está a la izquierda de la efe.	_____	_____
6. La jota está debajo de la i.	_____	_____
7. La be está cerca de la a.	_____	_____
8. La e está a la derecha de la efe.	_____	_____
9. La ge está al lado de la efe.	_____	_____
10. La ele está encima de la i.	_____	_____

Actividad 4 **¿Dónde está?** Using the accompanying drawing and different prepositions of location, write six sentences that describe where things are in Ricardo's bedroom.

➤ *El equipo de audio esta al lado de la silla.*

1. _____
2. _____
3. _____
4. _____
5. _____
6. _____

Gramática para la comunicación I

Talking about the Past: The Preterit

Actividad 5 **El pasado.** Complete the following sentences by selecting a logical verb and writing the appropriate preterit form.

1. Ayer yo _____ con el Sr. Martínez. (hablar, costar)

2. Anoche nosotros no _____ cerveza. (beber, comer)

3. Esta mañana Pepe _____ al médico. (empezar, ir)

4. ¿Qué _____ Ramón ayer? (hacer, vivir)

5. Anoche Marcos y Luis _____ cinco kilómetros. (llevar, correr)

6. El verano pasado yo _____ a Buenos Aires. (despertarse, ir)

7. Yo _____ un buen restaurante, no _____ uno y al final

   _____ en una cafetería. (buscar, nadar) (encontrar, pagar) (correr, comer)

8. Guillermo, ¿_____ anoche con Mariana? (bailar, entender)

9. ¿_____ Ud. mi email? (vivir, recibir)

10. Tú _____ la composición, ¿no? (escuchar, escribir)

11. Ayer yo _____ 25 pesos por una camisa. (pagar, salir)

12. Ellos _____ una tortilla de patatas. (hacer, beber)

13. Después del accidente, el niño _____. (llorar, conocer)

14. Anoche yo _____ a estudiar a las siete. (asistir, empezar)

15. ¿A qué hora _____ la película? (pensar, terminar)

Actividad 6 **¿Qué hicieron?** Answer the following questions about you and your friends in complete sentences.

1. ¿Adónde fueron Uds. el sábado pasado? _____

2. ¿A qué hora volvieron Uds. anoche? _____

3. ¿Recibió un amigo un email de tu madre? _____

   _____

4. ¿Visitaste a tus padres el mes pasado? _____

5. ¿Pagaste tú la última vez que saliste con un/a chico/a? _____

   _____

6. ¿Tomaste el autobús esta mañana para ir a la universidad? _____

   _____

7. ¿Fuiste a una fiesta la semana pasada? _____

   _____

Continued on next page →

8. ¿Quién compró Coca-Cola y papas fritas para la fiesta?

_____

9. ¿Aprendieron Uds. mucho ayer en clase?

_____

10. ¿Escribieron Uds. la composición para la clase de español?

_____

11. ¿Quién no asistió a la clase de español esta semana?

_____

Actividad 7 **¿Infinitivo o no?** Complete the following sentences with the appropriate form of the indicated verbs (present, preterit, infinitive) and add the preposition **a** if necessary.

1. Ayer nosotros _____ y _____ . (cantar, bailar)
2. Ayer Margarita _____ la clase de biología. (asistir)
3. Los músicos van a _____ tocar a las ocho. (empezar)
4. Necesito _____ ; tengo hambre. (comer)
5. Todos los días yo _____ cuatro horas. (estudiar)
6. Debes _____ más. (estudiar)
7. Me gusta _____ en el invierno. (esquiar)
8. Ayer yo _____ la piscina, pero no _____ . (ir, nadar)

Actividad 8 **Un día horrible.** Complete this conversation between two friends. First, read the entire conversation. Then fill in the missing words by selecting verbs from the list and writing them in the appropriate forms. Note: You may use verbs more than once.

comer	hacer	perder	ser
dejar	ir	recibir	ver
encontrar	llegar	sacar	volver
escribir	pagar		

—Ayer _____ un día increíble.

—¿Qué _____ Uds.?

— _____ a ver una película. Después _____ algo en un restaurante.

—¿Y?

—Qué idiota soy. Yo _____ el dinero en el cine. ¡Qué vergüenza! Por eso

María _____ su reloj en el restaurante con un camarero. El camarero

_____ su nombre en un papel y guardó (*put away*) el reloj. ¡Un Rolex! Y

Continued on next page →

nosotros _____ al cine. Por fin, yo _____ el

dinero.

—¡Huy! Gracias a Dios.

—No termina la historia.

—(Nosotros) _____ al restaurante y no _____ al camarero.

—¿Qué _____ Uds. entonces?

—Por fin, el camarero _____ y María _____ su reloj.

Yo _____ el dinero de mi cartera (*wallet*) y _____ los

160 pesos.

Actividad 9 **¿Cuándo fue la última vez que...?** Explain when was the last time that you did the following things. The first one has been done as an example.

1. ir al médico	ayer
2. visitar a tus padres	anteayer
3. hablar por teléfono con tus abuelos	hace dos/tres días
4. comer en un restaurante	la semana pasada
5. levantarte tarde	hace dos/tres semanas
6. ir al dentista	el mes pasado
7. hacer un viaje	hace dos/tres meses
8. volver a tu escuela secundaria	el año pasado
9. comprar un CD	hace dos años
10. ir a un concierto	

1. *Hace tres meses que fui al médico* _____

2. _____

3. _____

4. _____

5. _____

6. _____

7. _____

8. _____

9. _____

10. _____

Actividad 10 Un email. Write an email to a friend telling him/her what you did last weekend and with whom, as well as what you are going to do next week.

```
Asunto: Mi fin de semana                                                    ▼
           ▼ 12 ▼  ▤ A A A ℳ ☰ ☷ ☶ ☲ ☲ ▼ ☞ ▼

   Querido/a _____ :
   ¿Qué tal? ¿Cómo está tu familia? Por aquí todo bien. El viernes pasado _____
   _____
   _____
   _____.

   El sábado pasado _____
   _____
   _____.

   El domingo pasado nosotros _____
   _____
   _____

   La semana que viene yo _____
   _____
   _____.

   _____

   Un abrazo,
   (tu nombre)
```

Indicating Relationships: Prepositions and Prepositional Pronouns

Actividad 11 Espacios en blanco. Fill in the following blanks with the appropriate preposition or prepositional pronoun. Use only one word per blank.

1. ¿Este dinero es para _____? ¡Gracias!

2. No puedo vivir _____ ti. Eres fantástico.

3. Después _____ comer en el restaurante, fuimos al cine.

4. Entre _____ y _____ vamos a escribir la composición.

5. _____ del examen, fui a hablar con el profesor; por eso, contesté a las preguntas muy bien y saqué buena nota en el examen.

6. Javier no asiste _____ muchas clases; por eso va a sacar malas notas.

7. Ahora comienzo _____ entender tu pregunta.

Continued on next page →

8. ¿Quieres ir _____ al cine el viernes?

9. Antonio Banderas se casó _____ Melanie Griffith.

10. Estoy aburrida. ¿Por qué no salimos _____ aquí?

11. No quiero salir más _____. Eres un desastre.

Actividad 12 **La telenovela.** One of your friends is in South America and cannot see her favorite soap opera. Complete the following summary for her of what happened during this week's episodes. First, read the entire summary. Then complete the story with the appropriate prepositions or prepositional pronouns.

Maruja dejó a su esposo Felipe, y se va a casar _____ Javier, el mecánico de la señora

rica (entre _____ y _____, ella está loca porque, como tú sabes, Javier no es

simpático). Entonces, Felipe decidió no ir más a Alcohólicos Anónimos y empezó _____

beber otra vez. Él cree que no puede vivir _____ ella. Felipe compró un regalo muy caro y

en la tarjeta escribió, "Para _____, con todo mi amor para siempre, tu Felipe". Después, ella

habló _____ Javier por teléfono sobre el regalo y él no dijo nada.

Pero más tarde ella fue a la casa de Javier, abrió la puerta y encontró a Javier _____

otra mujer. Ella empezó a llorar y salió corriendo _____ la casa de Felipe. Y así terminó el

programa del viernes. Como me vas a llamar el martes, puedo hablar _____ de qué ocurre

el lunes.

Un poco de todo

Actividad 13 **¿Qué ocurrió?** Last night you went out to a restaurant and a club with some friends, including Carmen, Ramón's ex-girlfriend. Since Ramón couldn't go, he wants to know all the details of the evening. Read all of Ramón's questions first; then complete your part of the conversation.

RAMÓN ¿Carmen salió contigo anoche?

TÚ _____

RAMÓN ¿Quiénes más fueron?

TÚ _____

RAMÓN ¿Adónde fueron y qué hicieron?

TÚ _____

RAMÓN ¿Habló mucho Carmen con Andrés?

TÚ _____

RAMÓN ¿Qué más hizo con él?

TÚ _____

RAMÓN Bueno, ¿y tú qué?

TÚ _____

Vocabulario esencial II

La familia de Diana

Actividad 14 **La familia.** Complete the following sentences.

1. La hermana de mi madre es mi _____.

2. El padre de mi padre es mi _____.

3. Los hijos de mis padres son mis _____.

4. La hija de mi tío es mi _____.

5. Mi _____ es la hija de mi abuelo y la esposa de mi padre.

6. La esposa del hermano de mi madre es mi _____.

7. Mi _____ es el hijo de mis abuelos y el padre de mi primo.

8. Mi padre se casó por segunda vez; su nueva esposa es mi _____.

9. Los hijos del hijo de mi madre son mis _____.

10. Mis hermanos son los _____ de mis abuelos.

11. No es mi hermana pero es la nieta de mis abuelos; es mi _____.

12. Mi madre se casó con un hombre que tiene dos hijos. Esos hijos son los

_____ de mi madre y son mis _____.

Actividad 15 **Mi familia. Parte A.** List five of your relatives. For each of these relatives, indicate his/her name, relationship to you, age, occupation, marital status (single, married, or divorced), any children he/she may have, and whether he/she is a favorite relative. Follow the format shown in the example.

➤ *Betty: abuela—74 años—jubilada* (retired)*—divorciada—4 hijos—mi abuela favorita*
Clarence: abuelo—69 años—pintor—casado (con Helen)—2 hijos
Etc.

1. _____

_____

2. _____

_____

3. _____

_____

4. _____

_____

5. _____

_____

Parte B. Use information from **Parte A** to write a short composition about a member of your family.

_____

_____

_____

_____

_____

_____

Gramática para la comunicación II

Using Indirect-Object Pronouns

Actividad 16 **Complementos indirectos.** Complete the following sentences with the appropriate indirect-object pronouns.

1. ¿ _____ escribiste un email a tu hermano?

2. Ayer _____ diste (a mí) el libro de cálculo.

3. A ti _____ gusta esquiar.

4. Ayer _____ mandé el regalo a ellos.

5. ¿ _____ diste a Carlos y a mí el disco compacto?

6. ¿Qué _____ regalaste a tus padres para su aniversario?

7. ¿ _____ diste mi trabajo al profesor Galaraga?

8. Carlos _____ explicó su problema, ¿no? Ahora entiendes por qué está tan triste.

Actividad 17 **Preguntas y respuestas.** Answer the following questions in the affirmative in complete sentences.

1. ¿Te dio dinero tu padre el fin de semana pasado?

_____

2. ¿Le ofrecieron el trabajo a Carlos? _____

_____

3. ¿Le dieron a Ud. el informe Pablo y Fernando? _____

_____

4. ¿Me vas a escribir? _____

5. ¿Les explicaron a Uds. la verdad? _____

6. ¿Me estás hablando? _____

Actividad 18 **¿Qué hiciste?** Your roommate is sick and asked you to do a few things. He/She still has a few more requests. Answer his/her questions, using indirect-object pronouns.

COMPAÑERO/A ¿Le mandaste a mi tía la carta que te di?

TÚ Sí, _____

COMPAÑERO/A ¿Me compraste el champú y la pasta de dientes? ¿Cuánto te costaron?

TÚ Sí, _____

_____

COMPAÑERO/A ¿Le diste la composición al profesor de historia?

TÚ Sí, _____

_____

COMPAÑERO/A ¿Le dejaste la nota al profesor de literatura?

TÚ No, _____

_____

COMPAÑERO/A ¿Nos dio tarea la profesora de cálculo?

TÚ No, _____

_____

COMPAÑERO/A ¿Me buscaste el libro en la biblioteca?

TÚ Sí, _____

_____

COMPAÑERO/A ¿Les vas a decir a Adrián y a Pilar que no puedo ir a esquiar mañana?

TÚ Sí, _____

_____

COMPAÑERO/A ¿Esta noche me puedes comprar papel para la computadora?

TÚ No, _____

_____

Using Affirmative and Negative Words

Actividad 19 **Negativos.** Rewrite the following sentences in the negative. Use **nada, nadie,** or **nunca.**

1. Siempre estudio. _____

2. Hago muchas cosas. _____

3. Él sale con su novia. _____

4. Voy al parque todos los días. _____

5. Compró mucho. _____

Actividad 20 **La negación.** Using complete sentences, answer the following questions in the negative. Use **nada, nadie,** or **nunca.**

1. ¿Esquías todos los inviernos? _____

2. ¿Bailaste con alguien anoche? _____

3. ¿Quién fue a la fiesta? _____

4. ¿Qué le regalaste a tu madre para su cumpleaños? _____

_____

5. ¿Siempre visitas a tus abuelos? _____

6. ¿Tiene Ud. 20 pesos? _____

Actividad 21 **Niño triste.** Complete the following paragraph with affirmative or negative words. Use **algo, alguien, siempre, nada, nadie,** and **nunca.**

Es el primer día de clases y Pablo está triste, requetetriste porque está en un país nuevo. No tiene amigos, y no juega con _____ en el parque. No estudia _____ porque no entiende _____ . _____ habla en inglés con el y _____ comprende sus problemas. No tiene _____ que hacer y quiere volver a su país. La madre de Pablo no está preocupada porque ella sabe que él va a aprender a decir _____ en el idioma pronto y que _____ va a empezar a jugar con su hijo. Los niños _____ hacen amigos nuevos y se adaptan a diferentes situaciones en poco tiempo.

Un poco de todo

Actividad 22 **La novia y los padres de él.** Manuel's girlfriend, Laura, spent an afternoon with his parents while he was at a convention. It was the first time they met her. Complete Laura's side of the conversation with Manuel where he finds out how things went.

MANUEL ¿Hicieron Uds. algo especial?

LAURA No, no hicimos _____

MANUEL ¿Adónde fueron?

LAURA _____

MANUEL ¿Conociste a alguien más de mi familia?

LAURA No, no _____

MANUEL ¿Mi madre te habló de mí?

LAURA Sí, _____

Continued on next page →

| MANUEL | ¿Hablaron de algo en especial? |
| LAURA | No, no _____ , solo |

un poco de los políticos corruptos, de las películas de Gael García Bernal, de los nuevos

escándalos de Hollywood. Como ves, nada en particular. Ah... y claro, para ellos tú eres

muy especial.

| MANUEL | ¿Y te gustaron mis padres? |
| LAURA | Sí, son muy _____ |

Lectura

Estrategia de lectura: Skimming and Scanning

Skimming is a skill used for getting the gist of written materials. For example, you skim the contents of a newspaper, reading only the headlines and glancing at the photos to see which articles might interest you. Once you find an article of interest, you may then skim or scan it. Skimming means merely reading quickly to get the general message. Scanning means looking for specific details to answer questions that you already have in mind.

Actividad 23 **Lectura rápida.** Skim the article on page 101 and select the main topic.

a. geography and peoples of South America

b. peoples of South America

c. geography of South America

Actividad 24 **Lectura enfocada.** Scan the following article to find the answers to these questions.

1. ¿Dónde está el Atacama y qué es? _____

   _____

2. ¿Dónde están las montañas más altas de América? _____

   _____

3. ¿Dónde encontró Darwin animales casi prehistóricos? _____

   _____

4. ¿Son tristes o alegres las leyendas? _____

SURAMÉRICA: UNA MARAVILLA

La diversidad natural de Suramérica es extraordinaria. Cuando los españoles llegaron a fines del siglo XV, encontraron una tierra muy rica y variada, pero que les causó muchos problemas por su diversidad natural. No fue fácil explorar las tierras vírgenes del río Amazonas, el desierto de Atacama en Chile y los Andes cubiertos de nieve. Al llegar los conquistadores españoles a lo que hoy día es la frontera entre Argentina y Chile, vieron las montañas más altas de todo el continente americano y, cuando las cruzaron, **llegaron** al océano Pacífico. También encontraron el delta del Río de la Plata, entre Uruguay y Argentina, que les ofreció lugares

El volcán Osorno, Chile

ideales para construir las ciudades de Buenos Aires, La Plata y Montevideo. El delta les dio acceso al interior por el río y al continente europeo por el océano Atlántico: Un sitio perfecto para los comerciantes.

En 1492, los españoles encontraron un continente ya habitado por los indígenas y aprendieron de ellos muchas cosas. Así, siguiendo el ejemplo de los indígenas, la llama en la cordillera andina y la canoa en los ríos Orinoco, Amazonas y Paraná resultaron ser para ellos medios de transporte mucho mejores que los caballos[1] y las caravelas[2] que trajeron de España. Pronto los españoles aprendieron a moverse por esas tierras, explorando diferentes lugares y conociendo la vida y costumbres de los habitantes. Los indígenas **les** contaron leyendas regionales. Como muchas otras leyendas, **estas** explican el origen de lugares geográficos y casi siempre aparecen en ellas seres humanos y dioses. Por ejemplo, las leyendas dicen que los dioses **se enfadaron** y crearon las cataratas del Iguazú entre Argentina y Brasil y los Cuernos del Paine, montañas en Chile. En el caso de Iguazú, un dios se enfadó tanto que mató a dos amantes con un torrente de agua, y en el otro, el dios se enfadó con dos guerreros y con ellos formó montañas. Estas leyendas pasaron oralmente de generación en generación y hoy día forman parte del folclore suramericano.

En el siglo XXI la diversidad natural de Suramérica todavía nos ofrece mucha belleza y recursos naturales. Las cataratas del Iguazú son majestuosas y le dan electricidad a un área muy extensa. Los Cuernos del Paine forman parte de un parque nacional que es magnífico para hacer ecoturismo. Las islas Galápagos, que con sus animales casi prehistóricos **le** dieron a Darwin la oportunidad de investigar su teoría de la evolución, son un tesoro de la naturaleza. Suramérica es también rica en minerales como el cobre[3] de Chile, el petróleo de Venezuela, el estaño[4] de Bolivia y el carbón de Colombia. Además, la misma tierra que nos **dio** la

Las cataratas del Iguazú, Argentina

papa, todavía es rica en vegetación y exporta flores, bananas, café y muchos otros productos.

Los españoles llegaron a América con la idea de conquistar, explorar y llevar mucho oro[5] a España, pero no pensaron en la importancia de las riquezas naturales del Nuevo Mundo. Su llegada empezó un nuevo capítulo en la historia suramericana. Ahora, en el siglo XXI, estamos empezando a escribir otro capítulo, pero debemos ser conscientes y no destruir la belleza y las riquezas naturales que forman esa tierra tan maravillosa.

---

[1]*horses* [2]*ships, caravels* [3]*copper* [4]*tin* [5]*gold*

Actividad 25 Los detalles. Answer the following questions based on the reading.

1. ¿Cuál es el sujeto del verbo **llegaron** en el párrafo 1? _____

2. ¿Por qué fue un lugar ideal el Río de la Plata para construir ciudades? _____
_____

3. ¿Qué animal usaron los indígenas para transportar cosas en la zona andina? _____

4. ¿A quiénes se refiere **les** en el párrafo 2? _____

5. ¿A qué se refiere **estas** en el párrafo 2? _____

6. ¿Cuál es el sujeto del verbo **se enfadaron** en el párrafo 2? _____

7. ¿Cuál es un sinónimo de **se enfadaron**? _____

8. ¿A quién se refiere **le** en el párrafo 3? _____

9. ¿Cuál es el sujeto de **dio** en el párrafo 3? _____

10. ¿Hoy día qué productos exporta Suramérica? _____
_____

11. ¿De qué debemos ser conscientes en el siglo XXI? _____
_____

Capítulo 7 Los viajes

■■■■ ■■■■ ■■■■ ■■■■ ■■■■ ■■■■ ■■■■ ■■■■ ■■■■ ■■■■ ■■■■

Vocabulario esencial I

El teléfono

Actividad 1 **Hablando por teléfono.** Match the sentences in Column A with the logical responses from Column B.

A	B
1. _____ ¿Aló?	a. Tiene Ud. el número equivocado.
2. _____ ¿De parte de quién?	b. ¿Para hablar con quién?
3. _____ ¿Hablo con el 233–44–54?	c. Buenos días, ¿está Tomás?
4. _____ Operadora internacional, buenos días.	d. ¿Por qué? ¿Tienes la batería baja?
5. _____ Tenemos que hablar rápido.	e. Quisiera el número del cine Rex, en la calle Luna.
6. _____ Información, buenos días.	f. Quisiera hacer una llamada a Panamá.
7. _____ No estamos en casa. Puede dejar un mensaje después del tono.	g. No me gusta hablar con máquinas. Te veo esta tarde.
8. _____ Lo siento, pero Carlos no está.	h. ¿Le puede decir que llamó Héctor?
	i. Habla Félix.

Actividad 2 **Número equivocado.** Complete the following conversations that Camila has as she tries to reach her friend Imelda by telephone.

1. SEÑORA   ¿Aló?

   CAMILA   ¿_____ Imelda?

   SEÑORA   No, _____.

   CAMILA   ¿No es el 4–49–00–35?

   SEÑORA   Sí, pero _____.

Continued on next page →

2. OPERADORA   Información.

    CAMILA   _____ Imelda García Arias.

    OPERADORA   El número es 8–34–88–75.

    CAMILA   _____

3. SEÑOR   ¿_____?

    CAMILA   ¿_____?

    SEÑOR   Sí, ¿_____?

    CAMILA   _____ Camila.

    SEÑOR   Un momento. Ahora viene.

En el hotel

Actividad 3 **¿Quién es o qué es?** Complete the following sentences with the logical words.

1. Una habitación para una persona es _____.

2. Una habitación para dos personas es _____.

3. La persona que limpia (*cleans*) el hotel es _____.

4. La persona que trabaja en recepción es _____.

5. Una habitación con desayuno y una comida es _____.

6. Una habitación con todas las comidas es _____.

7. El dinero extra que le das al botones es _____.

Actividad 4 **En el Hotel Meliá.** Complete the following conversation between a guest and a receptionist at the Hotel Meliá. First, read the entire conversation. Then go back and complete it appropriately.

RECEPCIONISTA   Buenos días. ¿_____ puedo servirle?

CLIENTE   Necesito una _____.

RECEPCIONISTA   ¿Con una o dos camas?

CLIENTE   Dos, por favor.

RECEPCIONISTA   ¿_____? Es más económico si no

                 tiene.

CLIENTE   Con baño.

RECEPCIONISTA   ¿_____?

CLIENTE   Con media pensión.

RECEPCIONISTA   Bien, una habitación doble con baño y media pensión.

CLIENTE   ¿_____?

RECEPCIONISTA   125 euros. ¿_____?

CLIENTE   Vamos a estar tres noches.

RECEPCIONISTA   Bien. Su habitación es la 24.

Gramática para la comunicación I

■■■ ▬▬▬▬▬▬▬▬▬▬▬▬▬▬▬▬▬▬

Talking About the Past

Actividad 5 Los verbos en el pasado. Complete the following sentences with the appropriate preterit form of the indicated verbs.

1. ¿Dónde _____ tú las cartas? (poner)

2. Ayer yo no _____ ver a mi amigo. (poder)

3. ¿A qué hora _____ anoche el concierto? (comenzar)

4. La semana pasada la policía _____ la verdad. (saber)

5. Nosotros _____ la cerveza. (traer)

6. ¿Por qué no _____ los padres de Ramón? (venir)

7. La profesora _____ las preguntas dos veces. (repetir)

8. Yo no _____ tiempo para estudiar. (tener)

9. Martín _____ el email que Paco le _____ a Carmen. (leer, escribir)

10. Yo le _____ a José el número de teléfono de Beatriz. (pedir)

11. Yo _____ dormir, pero no _____. (querer, poder)

12. La compañía _____ unas oficinas nuevas en la calle Lope de Rueda. (construir)

13. Ellos no nos _____ la verdad ayer. (decir)

14. ¿_____ tú que _____ el padre de Raúl? (oír, morirse)

15. Anoche Gonzalo _____ en su carro. (dormir)

Actividad 6 La vida universitaria. In complete sentences, answer the following survey questions from a student newspaper.

1. ¿Cuántas horas dormiste anoche? _____

_____

2. ¿Cuándo fue la última vez que mentiste? _____

_____

3. ¿Estudiaste mucho o poco para tu último examen? _____

_____

4. ¿Qué nota sacaste en tu último examen? _____

_____

5. ¿A cuántas fiestas fuiste el mes pasado? _____

_____

6. La última vez que saliste de la universidad por un fin de semana, ¿llevaste los libros? _____

_____

Continued on next page →

7. ¿Cuánto tiempo hace que leíste una novela para divertirte? _____

_____

8. ¿Comiste bien o comiste mal (papas fritas, Coca-Cola, etc.) anoche? _____

_____

Actividad 7 **Las obligaciones.** In Column A of the accompanying chart, list three things you had to do and did do yesterday (**tuve que**). In Column B, list three things you had to do but refused to do (**no quise**). In Column C, list three things you have to do tomorrow (**tengo que**). Use complete sentences.

A	B	C

Expressing the Duration of an Action: *Hace que*

Actividad 8 **¿Presente o pretérito?** Answer the following questions in complete sentences, using either the present or the preterit.

1. ¿Cuánto tiempo hace que estudias español? _____

_____

2. ¿Cuánto tiempo hace que comiste? _____

_____

3. ¿Cuánto tiempo hace que viven tus padres en su casa? _____

_____

4. ¿Cuánto tiempo hace que asistes a esta universidad? _____

_____

5. ¿Cuánto tiempo hace que hablaste con tu madre? _____

_____

Un poco de todo

Actividad *9* **¿Cuánto tiempo hace que...?** Look at this portion of Mario Huidobro's résumé. Complete the questions with the appropriate forms of the verbs **trabajar, tocar, vender,** or **terminar.** Remember: Use **hace** + *time period* + *present* to refer to actions that started in the past and continue to the present; use **hace** + *time period* + *preterit* to refer to actions that happened in the past and do not continue to the present.

Guadalajara, de 1996 a 2000: estudiante universitario y recepcionista en el hotel Camino Real

Querétaro, de 2000 al presente: pianista profesional

Querétaro, de 2000 al presente: vendedor de computadoras para Dell

1. ¿Cuánto tiempo hace que Mario _____ como recepcionista?

   _____

2. ¿Cuánto tiempo hace que Mario _____ el piano profesionalmente?

   _____

3. ¿Cuánto tiempo hace que Mario _____ sus estudios universitarios?

   _____

4. ¿Cuánto tiempo hace que Mario _____ computadoras para Dell?

   _____

Vocabulario esencial II

Medios de transporte

Actividad *10* **El transporte.** Write the transportation-related word that you associate with each of the following words or groups of words. Include the appropriate definite article.

1. Amtrak _____

2. Trek, Schwinn _____

3. Volkswagen, Honda, Buick _____

4. U-Haul, Ryder _____

5. LAX, O'Hare, J.F.K., Logan _____

6. Ford Explorer, Jeep Cherokee, Suburban _____

7. BART (San Francisco), El (Chicago), T (Boston) _____

8. Harley-Davidson, Kawasaki _____

9. United, Aeroméxico, Jet Blue, Iberia, LACSA _____

10. Titanic _____

11. Greyhound _____

Actividad 11 **Transporte en Barcelona.** Complete the following travel guide description about the modes of transportation in Barcelona.

Al aeropuerto de Barcelona llegan _____ de vuelos (*flights*) nacionales

e internacionales. Como el aeropuerto está a diez kilómetros de la ciudad, se puede tomar un

_____ , pero hay un servicio de autobuses a la ciudad que cuesta menos. Como

Barcelona está en la costa, también llegan _____ de Italia y de otras partes del

Mediterráneo. Existen dos estaciones de _____ ; a muchas personas les gusta

este medio rápido de transporte porque pueden dormir durante el viaje en una cama. Dentro de la ciu-

dad el transporte público es muy bueno y cuesta poco: hay _____ ,

_____ y, por supuesto, _____ , que cuestan más.

El _____ es el medio más rápido porque no importan los problemas de tráfico.

Muchas personas prefieren conducir su _____ , pero es difícil encontrar dónde

dejarlo, especialmente en la parte vieja de la ciudad. Como en todas las ciudades grandes, hay pocos

lugares para aparcar.

El pasaje y el aeropuerto

Actividad 12 **De viaje.** Complete the following sentences with the word being defined.

1. La hora en que llega el vuelo es la _____ .

2. Si un avión llega tarde, llega con _____ .

3. Si vas de Nueva York a Tegucigalpa y vuelves a Nueva York es un viaje de

   _____ .

4. La hora en que sale el vuelo es la _____ .

5. La persona que viaja es un _____ .

6. Si vas de Nueva York a Tegucigalpa pero el avión va primero a Miami, el vuelo hace

   _____ .

7. Si el vuelo no va a Miami (como en la pregunta anterior), es un vuelo

   _____ .

8. La silla de un avión se llama _____ .

9. Iberia, Lan Chile y Avianca son _____ .

10. El equipaje que puedes llevar contigo en el avión es el _____ .

11. El asiento que está entre el asiento de la ventanilla y el del pasillo es el

    _____ .

12. La tarjeta que presentas para subir al avión es la tarjeta de _____ .

Actividad 13 **Información.** Give or ask for flight information based on the accompanying arrival and departure boards from the international airport in Caracas. Use complete sentences.

Llegadas Internacionales				
Línea aérea	**Nº de vuelo**	**Procedencia**	**Hora de llegada**	**Comentarios**
Iberia	952	Lima	09:50	a tiempo
VIASA	354	Santo Domingo	10:29	11:05
LAN Chile	988	Santiago/Miami	12:45	a tiempo
Lacsa	904	México/N.Y.	14:00	14:35

Salidas Internacionales					
Línea aérea	**Nº de vuelo**	**Destino**	**Hora de salida**	**Comentarios**	**Puerta**
U.S. Air	750	San Juan	10:55	11:15	2
Avianca	615	Bogotá	11:40	a tiempo	3
VIASA	357	Miami/N.Y.	14:20	a tiempo	7
Aeroméxico	511	México	15:00	14:00	9

1. —Información.

   —¿_____?

   —Llega a las 12:45.

   —¿_____?

   —No, llega a tiempo.

2. —Información.

   —Quisiera saber si hay retraso con el vuelo de VIASA a Miami.

   —_____

   —¿A qué hora sale y de qué puerta?

   —_____

   —Por favor, una pregunta más. ¿Cuál es el número del vuelo?

   —_____

   —Gracias.

   —_____

Actividad 14 **El itinerario.** You work at a travel agency. Refer to the accompanying itinerary to answer the questions from the agency's clients. Use complete sentences.

ITINERARIO DE VUELOS			
DESDE CARACAS	**Nº de Vuelo**	**Hora**	**Día**
Caracas/Maracaibo	620	7:00	miércoles/sábado
Caracas/Porlamar	600	21:00	viernes/domingo
Caracas/Ciudad de Panamá*/ San Juan Pto. Rico	610	16:55	viernes
Caracas/Barcelona	614	21:00	viernes
HACIA CARACAS	**Nº de Vuelo**	**Hora**	**Día**
Maracaibo/Caracas	621	19:00	miércoles/sábado
Porlamar/Caracas	601	22:25	viernes/domingo
Barcelona/Caracas	611	18:20	viernes
Barcelona/Caracas	615	22:25	viernes

*Cambio de avión

1. —Quiero ir de Caracas a Barcelona el sábado. ¿Es posible?

   —_____

2. —¿Puedo ir de Maracaibo a Caracas el lunes que viene?

   —_____

3. —¿Qué días y a qué horas puedo viajar de Porlamar a Caracas?

   —_____

   _____

4. —¿Hay un vuelo directo de Caracas a San Juan?

   —_____

   —¿Dónde hace escala?

   —_____

   —¿Tengo que cambiar de avión o solo hace escala?

   —_____

   —Bueno, entonces voy a comprar un pasaje.

Continued on next page →

Nombre _____ Sección _____ Fecha _____

—¿Tiene Ud. pasaporte y visa para entrar en los Estados Unidos? ¿Y cuánto tiempo hace que sacó su pasaporte y la visa?

—_____

_____

Gramática para la comunicación II

Indicating Time and Age in the Past: *Ser* and *tener*

Actividad *15* **¿Qué hora era?** State what time it was when the following actions took place.

➤ **despertarse**

1. vestirse

2. preparar la comida

3. esposo / llegar

4. servir el almuerzo

5. esposo / volver al trabajo

➤ *Eran las ocho y diez cuando la mujer se despertó.*

1. _____
2. _____
3. _____
4. _____
5. _____

Actividad 16 **¿Cuántos años tenías?** Answer these questions about you and your family.

1. ¿Cuántos años tenías cuando terminaste la escuela primaria? _____

_____

2. ¿Cuántos años tenías cuando recibiste tu primera bicicleta? _____

_____

3. ¿Cuántos años tenías cuando empezaste la universidad? _____

_____

4. ¿Cuántos años tenías cuando George W. Bush subió a la presidencia por segunda vez en el año 2005?

_____

Actividad 17 **Feliz cumpleaños.** Answer the following questions in complete sentences.

1. ¿Cuántos años tenía tu madre cuando tú naciste (*were born*)? _____

_____

2. ¿Y tu padre? _____

3. ¿Qué hora era cuando tú naciste? _____

Avoiding Redundancies: Direct-Object Pronouns

Actividad 18 **Lo, la, los, las.** Rewrite the following sentences, replacing the direct object with the appropriate direct-object pronoun.

1. No veo a Juan. _____

2. No tenemos los libros. _____

3. Elisa está comprando comida. _____

4. No conoció a tu padre. _____

5. Juan y Nuria no trajeron a sus primos. _____

6. Vamos a comprar papas fritas. _____

Actividad 19 **De otra manera.** Rewrite the following sentences in a different manner without changing their meaning. Make all necessary changes.

1. Tengo que comprarlos. _____

2. Te estoy invitando a la fiesta. _____

3. Lo estamos escribiendo. _____

4. Van a vernos mañana. _____

Actividad 20 **Pronombres de complemento directo.** Answer the following questions in complete sentences, using direct-object pronouns.

1. ¿Me quieres? _____

2. ¿Vas a traer los pasajes? _____

3. ¿Nos estás invitando? _____

4. ¿Llevas la maleta? _____

5. ¿Compraste la pasta de dientes? _____

Actividad 21 **La respuesta apropiada.** Construct a logical conversation by selecting the correct options.

CLIENTE Quiero ver estas blusas, pero en azul.

VENDEDORA a. ☐ Aquí los tienes.

b. ☐ No las tenemos en azul.

c. ☐ No la tengo.

CLIENTE a. ☐ Entonces, en otro color.

b. ☐ Pues, deseo verlo en rosado.

c. ☐ Bueno, si no hay en otro color, quiero azul.

VENDEDORA a. ☐ Las tengo en color rosado.

b. ☐ Voy a ver si los tengo en amarillo.

c. ☐ Sí, hay mucha.

CLIENTE a. ☐ Este es muy elegante. Lo llevo.

b. ☐ No me gusta este. Lo siento.

c. ☐ Esta es muy bonita. La voy a llevar.

VENDEDORA a. ☐ ¿La va a pagar?

b. ☐ ¿Cómo va a pagarla?

c. ☐ ¿Cómo va a pagarlas?

CLIENTE a. ☐ Las pago con la tarjeta de crédito.

b. ☐ La pago con la tarjeta Visa.

c. ☐ No, no voy a pagarla.

Actividad 22 Las definiciones. Write definitions for the following objects without naming the objects themselves. To do this, you will need to use direct-object pronouns, as shown in the example. Remember that the word **it** is never expressed as a subject in Spanish.

➤ libros *Los compramos para las clases. Los usamos cuando estudiamos.*
Tienen mucha información. Son de papel.
Los leo todas las noches. Me gustan mucho.

1. computadora _____

_____

_____

2. pantalones _____

_____

_____

Un poco de todo

Actividad 23 Una conversación. Read this conversation between two friends who haven't seen each other in a long time. After reading it, go back and fill in each missing word with a logical verb from the list in the appropriate present, preterit, or imperfect. Do not repeat any verbs.

dar	estar	mentir	tener
decir	explicar	pedir	trabajar
escribir	ir	ser	ver

MARTA   Hace ocho años que te _____ por última vez. ¿Cómo estás?

ANTONIO Bien. ¿Todavía _____ en el banco?

MARTA   No, te _____ un email hace dos años donde te

_____ todo.

ANTONIO Ah sí, tú les _____ un cambio (*change*) de oficina a tus jefes.

MARTA   Exacto. Entonces me _____ que sí, pero nunca me

_____ una oficina nueva.

ANTONIO Así que ellos te _____.

MARTA   Sí, y yo _____ a trabajar en una compañía de electrónica. Increíble

¿no? _____ 52 años cuando hice todo eso.

ANTONIO ¿_____ contenta ahora?

MARTA   Muy contenta. El trabajo _____ maravilloso.

Lectura

▪▪▪

Estrategia de lectura: Identifying Main Ideas

As you read in your textbook, main ideas can be found in titles, headings, or subheadings and also in topic sentences, which many times begin a paragraph or a section of a reading. Other important or supporting ideas can be found in the body of a paragraph or section.

In the following reading about lodging in Spain, each section is introduced by a title and a topic sentence.

Actividad 24 **Alojamiento en tu país.** Before reading, make a list of different types of lodging available in your country for tourists. You can make this list in English.

_____

_____

Actividad 25 **Un esquema.** Fill in the boxes and the blanks with the titles of the sections, the topic sentences, and the supporting evidence provided.

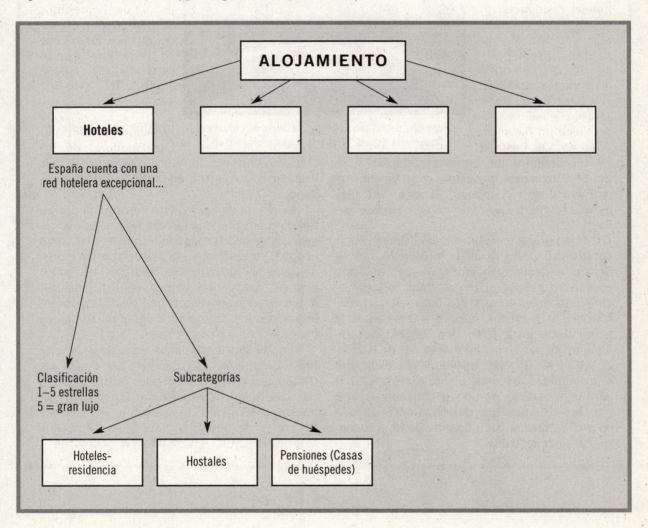

ALOJAMIENTO

HOTELES

España cuenta con una red hotelera excepcional por el número, la variedad y la calidad de unos establecimientos que se reparten por toda la geografía de nuestro país, y que son capaces de adaptarse a cualquier exigencia y posibilidad.

Los hoteles españoles están clasificados en cinco categorías, que se identifican con un número de estrellas que va de una a cinco, según los servicios y las características de cada uno. Existe también un reducido número de hoteles de cinco estrellas, de características auténticamente excepcionales, que ostentan además la categoría máxima de GRAN LUJO.

Los denominados **hoteles-residencia,** que se rigen por la misma clasificación que los demás hoteles, son aquellos que carecen de restaurante, aunque sirven desayunos, tienen servicio de habitaciones y poseen un bar o una cafetería. Los **hostales,** establecimientos de naturaleza similar a los hoteles, pero más modestos, constituyen otra modalidad de alojamiento. Están clasificados en tres categorías que van de una a tres estrellas.

Otra posible modalidad de alojamiento es la constituida por las **casas de huéspedes,** que en España se llaman **pensiones.** De gran tradición en nuestro país, resultan generalmente establecimientos acogedores y cómodos, cuyas instalaciones y servicios pueden variar entre la sobriedad y un lujo relativo. Regentados generalmente por la familia propietaria de la casa, su precio suele incluir solamente el alojamiento y las comidas, frecuentemente excelentes. Las pensiones resultan un tipo de alojamiento ideal para los visitantes que deseen conocer España en profundidad, apartándose de las rutas turísticas más frecuentadas.

El comedor del Parador Los Reyes Católicos en Santiago de Compostela, España. ¿A un niño le gustaría comer allí?

CAMPINGS

España cuenta con cerca de 800 campings, que reúnen una capacidad global de casi 400.000 plazas. Repartidos por todo el terreno nacional, son especialmente abundantes en las costas, y están clasificados en diversas categorías según sus características e instalaciones, como los hoteles. Sus tarifas varían en función de la cantidad y calidad de sus servicios. En el caso de que se opte por hacer acampada libre es recomendable informarse previamente acerca de la no existencia de prohibiciones municipales que afecten al lugar elegido. Si se desea acampar en un terreno privado, es preciso obtener previamente el permiso del propietario.

La Federación Española de Empresarios de Campings y Ciudades de Vacaciones tiene su sede en General Oráa 52-2°D, 28006 Madrid. Tel.: (91) 562 99 94.

PARADORES DE TURISMO

Los Paradores de Turismo constituyen la modalidad hotelera más original e interesante de la oferta turística española.

La red de Paradores está constituida por 86 establecimientos, que ofrecen los servicios y comodidades de los más modernos hoteles, pero ocupan, en cambio, en la mayoría de los casos, antiguos edificios monumentales de valor histórico y artístico, como castillos, palacios, monasterios y conventos, que, abandonados en el pasado, han sido adquiridos y rehabilitados para este fin.

Enclavados casi siempre en lugares de gran belleza e interés, los Paradores, que tienen generalmente categoría de hoteles de tres o cuatro estrellas, se reparten por todos los rincones de nuestro país. Para información y reservas: Paradores de Turismo, Velázquez 18, 28001 Madrid. Tels.: (91) 435 97 00 y (91) 435 97 44.

Actividad 26 **El alojamiento en España.** After reading the article, answer the following questions about lodging in Spain.

1. ¿Cuál es más impersonal, un hotel-residencia o una pensión? ¿Por qué? _____

    _____

2. ¿Dónde hay más lugares para hacer camping? ¿En el centro de España o en la costa?

    _____

3. ¿Cuántos Paradores hay? ¿En qué tipo de edificios están? ¿Cómo son generalmente los lugares donde están?

    _____

    _____

4. ¿Dónde te gustaría pasar una noche: en un hostal, una pensión, un camping o en un Parador? ¿Por qué?

    _____

    _____

    _____

Capítulo **7 Repaso**

The Details

Look at the following sentences and note how the use of an article (**el/un, la/una**) or lack of one can change the meaning.

Voy a comprar **la chaqueta** que vimos ayer.	The speaker has a specific one in mind.
Voy a comprar **una chaqueta** para el invierno.	The speaker has none in mind; he/she will go to some stores and just look for one.
Mañana voy a comer en **el restaurante** Casa Pepe.	The speaker has a specific one in mind—Casa Pepe.
Mañana voy a comer en **el restaurante**.	Implying the specific one the speaker has in mind.
Mañana voy a comer en **un restaurante** chino.	The speaker will eat in a Chinese restaurant, but does not specify which.
Yo como en **restaurantes** con frecuencia.	Implying that the speaker goes to many different restaurants.

Look at how the use of **el/los** can change the meaning in these sentences.

Trabajo **el** lunes.   On Monday
Trabajo **los** lunes.   On Mondays

Note the use of these prepositions in Spanish:

Estudio **en** la universidad de Georgetown.
Para mí, la clase **de** literatura moderna es muy difícil.
Normalmente estudio **por** la tarde.
Tengo que terminar un trabajo **para** el viernes.

Remember all the uses of **a:**

- the personal **a**

    Conozco **a** mi profesor de biología muy bien.

- before an indirect object (as with **gustar**)

    A Juan y **a** Verónica les gusta la clase de biología.
    Le doy el trabajo **al** profesor.

- **a** + *place*

  asistir a + *place/event*, **ir a** + *place/event*
  Asisto a mi clase de español todos los días.
  Voy a la universidad temprano todos los días.

- verbs that take **a** before infinitives

aprender
comenzar
empezar } + **a** + *infinitive*
enseñar
ir

Poco a poco **aprendo a escribir** español.
Empiezo a entender las conversaciones del programa de laboratorio.
El profesor nos **enseña a pronunciar** las palabras correctamente.

Actividad 1 **Conversaciones.** Complete the following conversations with the correct articles or prepositions. Only one word per blank.

1. —Mi padre está _____ _____ hospital.

   —¿Cuándo va _____ salir?

   —_____ miércoles, si Dios quiere.

2. —¡Carlitos! ¿Cuándo vas _____ aprender _____ comer bien?

   —Mamá, mamá, Ramón me está molestando.

3. —No quiero asistir _____ la reunión.

   —Yo tampoco. ¿Por qué no vamos _____ _____ restaurante _____ el centro?

   —Buena idea. Yo conozco _____ restaurante muy bueno.

4. —Por fin empiezo _____ entenderte.

   —¿Aprendiste _____ leer mis pensamientos?

   —No dije eso.

5. —¿Dónde estudias?

   —_____ la Universidad Autónoma.

   —¿Cuándo empezaste?

   —Empecé _____ estudiar allí hace tres años.

   —¿Qué estudias?

   —Arte.

   —¿_____ tus padres les gusta _____ idea?

   —Claro, ¡son artistas!

Continued on next page →

Workbook ■■■ Repaso   **119**

6. —Oye, voy _____ tener el carro _____ Felipe este fin de semana.

—¿Adónde quieres ir?

—Me gustaría ir _____ _____ capital. ¿Podemos ir?

—¿Por qué no? Voy _____ ver _____ Pilar mañana _____ la noche.

—¿Y?

—Y su hermano comenzó _____ trabajar en la capital _____ mes pasado. Podemos

dormir _____ el apartamento _____ él. Creo que está cerca _____ centro y que

es muy grande.

—Buena idea.

7. —¿Compraste _____ saco que vimos _____ otro día?

—Sí, me costó _____ ojo de la cara.

—Ahora necesitas corbata.

—Sí, _____ corbata _____ seda roja.

8. —¿ _____ cuándo es la composición?

—Es _____ _____ lunes.

Capítulo **8** La comida y los deportes

Vocabulario esencial I

La comida

Actividad 1 **La palabra que no pertenece.** Select the word that doesn't belong.

1. aceite, ensalada, servilleta, vinagre
2. arvejas, cordero, habichuelas, espárragos
3. pavo, bistec, chuleta, carne de res
4. cuchillo, tenedor, taza, cuchara
5. ternera, ajo, cordero, cerdo

6. tomate, maíz, papa, cuenta
7. lentejas, coliflor, frijoles, arvejas
8. fruta, helado, zanahorias, flan
9. plato, copa, vaso, taza
10. coliflor, espinacas, cebolla, ajo

Actividad 2 **La mesa.** Look at the following drawing and label the items. Remember to include the definite article in your answers.

Actividad 3 **Una cena especial.** You are planning a dinner party at a restaurant for your parents' wedding anniversary. The restaurant manager suggests ordering two dishes for the first course, two dishes for the second, and something for dessert; that way your guests will have choices. You also need to plan a special vegetarian menu for your aunt and uncle. You can spend up to 30 euros per person. Look at the menu and complete the restaurant order form.

Mi Buenos Aires Querido

Casa del Churrasco
Castellana 240, Madrid

Primer plato	euros
Sopa de verduras	6,00
Espárragos con mayonesa	7,00
Salmón ahumado	8,20
Tomate relleno	6,00
Ensalada rusa (papas, arvejas, zanahorias)	5,80
Provoleta (queso provolone con orégano)	6,00

Segundo plato	
Churrasco	16,00
Bistec de ternera con puré de papas	15,00
Medio pollo al ajo con papas fritas	13,00
Ravioles de queso	10,00
Lasaña	10,00
Pan	2,00

Ensaladas	euros
Mixta	6,00
Zanahoria y huevo	6,00
Waldorf	7,00

Bebidas	
Agua con o sin gas	3,00
Media botella	2,00
Gaseosas	3,00
Té	2,50
Café	2,50
Vino tinto, blanco	4,00

Postres	
Helado de vainilla, chocolate	6,20
Flan con dulce de leche	6,20
Torta de chocolate	7,80
Frutas de estación	5,50

Menú del día

ensalada mixta, medio pollo al ajo con papas, postre, café y pan	25,00

Primer plato 1. _____

2. _____

Segundo plato 1. _____

2. _____

Postre _____

Champán ☐ Sí ☐ No

Vino, agua, pan y café incluidos en el precio para grupos de veinticinco o más.

Señor Jiménez:

También necesitamos un menú especial para vegetarianos, que va a incluir lo siguiente:

Primer plato _____

Segundo plato _____

Postre _____

Actividad 4 **Rompecabezas.** Do the following newspaper puzzle. By finding the correct word for each definition, you will be able to complete a popular Spanish saying that means *he's blushing.*

1. Es verde y es la base de la ensalada.

   ___ ___ ___ ___ ___ ___
      1   10

2. Lloro cuando corto esta verdura; es blanca.

   ___ ___ ___ ___ ___
   8   6

3. Lo uso en la cocina y en mi carro.

   ___ ___ ___ ___ ___ ___
   4

4. A Popeye le gusta comer esto mucho.

   ___ ___ ___ ___ ___ ___ ___ ___
      2

5. Una banana es parte de este grupo.

   ___ ___ ___ ___ ___ ___
          3

6. En una ensalada pongo aceite y esto.

   ___ ___ ___ ___ ___ ___
      11

7. Son rojos, negros o marrones y se ponen en los burritos.

   ___ ___ ___ ___ ___ ___ ___
        7

8. Para comer uso una cuchara, un cuchillo y esto.

   ___ ___ ___ ___ ___ ___ ___
          5

9. Es la compañera de la sal; es negra.

   ___ ___ ___ ___ ___ ___
      9

El dicho secreto: ___ ___ ___ ___   ___ ___ ___ ___   ___ ___ ___ ___
  1 2 3 4   5 6 7 6   8 6 9 6

___ ___   ___ ___ ___ ___ ___ ___
10 11   3 6 9 4 3 1

Grámatica para la comunicación I

Expressing Likes, Dislikes, and Opinions: Using Verbs Like *Gustar*

Actividad 5 **Verbos como *gustar*.** Complete the following sentences with the correct form of the indicated verb. (Some function like **gustar** and need an indirect-object pronoun; others do not.)

1. A mí _____ que estás loca. (parecer)

2. A Bernardo y a Amalia _____ las películas viejas. (fascinar)

3. ¿A ti _____ tiempo para terminar la tarea? (faltar)

4. El Sr. Castañeda nunca _____ trabajar porque es millonario. (necesitar)

5. Ahora, después de caminar tanto hoy, a Gustavo _____ los zapatos. (molestar)

6. Ayer a Julio _____ el concierto. (fascinar)

7. ¿Por qué no me _____ cuando te pedí ayuda? (ayudar)

8. A Amparo siempre _____ dinero. (faltar)

Actividad 6 **La universidad.** You just received a questionnaire about university life. Answer the following questions, using complete sentences.

1. ¿Cuáles son tres cosas que te fascinan de esta universidad? _____
_____

2. ¿Cuáles son tres cosas que te molestan? _____
_____

3. ¿Te parecen excelentes, buenas, regulares o malas las clases? _____
_____

4. ¿Te parece excelente, buena, regular o mala la comida? _____
_____

5. ¿Te parece que hay suficientes computadoras en la universidad para hacer investigación (*research*)?
_____

6. ¿Te falta algo en la universidad? _____
_____

Algún comentario personal:

_____

_____

Avoiding Redundancies: Combining Direct- and Indirect-Object Pronouns

Actividad 7 **Combina.** Rewrite the following sentences, using direct- and indirect-object pronouns.

1. Te voy a escribir una carta de amor. _____

2. Le regalé dos discos compactos de rock. _____

3. Mi madre les pidió una sopa de verduras. _____

4. ¿Te mandé los papeles? _____

5. Estoy preparándote un café. _____

Actividad 8 **De otra manera.** Rewrite the following sentences that contain direct- and indirect-object pronouns without changing their meaning. Pay attention to accents.

➤ ¿Me lo vas a preparar? *¿Vas a preparármelo?*

1. Te lo voy a comprar. _____

2. Se la estoy escribiendo. _____

3. Me los tienes que lavar. _____

4. Nos lo está leyendo. _____

5. ¿Se lo puedes mandar? _____

Continued on next page →

6. Te las va a preparar. _____

7. ¿Me lo estás pidiendo? _____

8. Se los vamos a traer. _____

Actividad *9* **El esposo histérico.** Your friend Víctor is preparing a romantic dinner for his wife's return from a long business trip and you are helping him. Víctor is very nervous and wants everything to be perfect. Complete the conversation between you and Víctor, using direct- and indirect-object pronouns when possible.

VÍCTOR Gracias por tu ayuda. ¿Me compraste el vino blanco?

TÚ Sí, _____

VÍCTOR ¿Pusiste las flores en la mesa?

TÚ _____

VÍCTOR ¿Me limpiaste el baño?

TÚ Sí, esta mañana _____

VÍCTOR ¿Qué crees? ¿Debo ponerme corbata?

TÚ _____

VÍCTOR ¡Ay! Tengo los zapatos sucios (*dirty*).

TÚ ¡Tranquilo, hombre! Yo voy a _____

¿Por qué no te sientas y miras la televisión? Tu esposa no llega hasta las tres. Te voy a

preparar un té.

Using *ya* and *todavía*

Actividad *10* **¿Ya o todavía?** Complete the following sentences, using **ya** or **todavía**.

1. Mi madre _____ sabe qué va a preparar para la cena: arroz con pollo.

2. _____ no tenemos carro, pero vamos a comprar uno mañana.

3. La gente _____ votó en las elecciones. ¡Hay un presidente nuevo!

4. _____ tengo que hablar con mis padres; esta mañana no contestaron el

teléfono.

5. ¡¡¡¡SHHHH!!!! El bebé _____ está dormido, pero se va a despertar pronto.

6. Carolina me dijo lo que pasó. _____ sé la verdad.

7. Limpié la casa, preparé la comida y la sangría, compré el pastel. _____ no

tengo que hacer nada más para la fiesta.

8. ¡Hombre, claro! _____ entiendo.

9. _____ no entiendo. ¿Puedes repetirlo?

Actividad 11 **Las actividades de esta semana.** Look at the following list and state what things you have already done and what things you still have to do this week. Use **ya** or **todavía** in your responses.

➤ invitar a Juan a la fiesta *Ya lo invité.*
  Todavía tengo que invitarlo.

1. estudiar para el examen _____

2. comprar pasta de dientes _____

3. escribirle una carta a mi abuelo _____

4. hablar por teléfono con mis padres _____

5. ir al laboratorio de español _____

6. aprender las formas del imperfecto _____

7. sacar dinero del banco _____

8. comprarle un regalo a mi novio/a _____

Un poco de todo

Actividad 12 **El primer mes. Parte A.** Answer these questions about your first month at college. Use object pronouns when possible.

1. ¿Tus padres te mandaron dinero? _____

2. ¿Te mandó comida tu abuela? ¿Qué te mandó? _____
_____

3. ¿Les escribiste cartas a tus abuelos? _____

4. ¿Les mandaste fotos digitales a tus padres? _____

5. Para su cumpleaños, ¿les mandaste tarjetas (*cards*) virtuales a tus amigos de la escuela secundaria o les compraste tarjetas de Hallmark? _____
_____

6. ¿Le dijiste tus problemas a tu compañero/a de cuarto? ¿Te escuchó? _____
_____

7. ¿Los profesores te dieron ayuda extra? _____

8. ¿La universidad les ofreció a los estudiantes nuevos programas especiales de orientación? ¿Asististe a estos programas? _____
_____

9. ¿Qué cosas te gustaron de tu nueva vida? _____
_____

Continued on next page →

Parte B. Now that you have been at the university for a while, answer these questions.

1. ¿Tus padres todavía te mandan dinero? _____

_____

2. ¿Todavía hablas con tus amigos de la escuela secundaria con mucha frecuencia? _____

_____

3. ¿Ya eres experto/a o todavía hay más que tienes que aprender sobre cómo funciona la universidad?

_____

4. ¿Te pareció fácil o difícil adaptarte a la vida universitaria? _____

_____

Vocabulario esencial II

Los artículos de deportes

Actividad 13 **Los deportes.** Match the sports-related items in Column A with the sports in Column B. Write all possible answers.

A

1. cascos _____
2. uniformes _____
3. pelotas _____
4. bates _____
5. raquetas _____
6. guantes _____
7. palos _____
8. estadio _____
9. balón _____

B

a. béisbol
b. basquetbol
c. fútbol
d. fútbol americano
e. tenis
f. bolos
g. golf
h. boxeo
i. ciclismo

Actividad 14 **Tus deportes favoritos.** State what sports you do and what items you have or don't have to play those sports.

➤ *Me gusta jugar al basquetbol, pero no tengo balón y*
  por eso siempre usamos el balón de mi amigo Chris.

_____

_____

_____

Grámatica para la comunicación II
∎∎∎

Describing in the Past: The Imperfect

Actividad 15 ¿Qué hacíamos? Complete the sentences with the appropriate imperfect form of the indicated verbs.

1. Todos los días, yo _____ a la escuela. (ir)
2. Mi familia siempre _____ a la una y media. (comer)
3. Todos los martes y jueves después de trabajar, ellos _____ al fútbol en un equipo. (jugar)
4. Cuando yo _____ pequeño, mi madre _____ en un hospital. (ser, trabajar)
5. Cuando mis abuelos _____ veinte años, no _____ DVDs. (tener, haber)
6. Pablo Picasso _____ todos los días. (pintar)
7. John F. Kennedy, Jr. _____ muy guapo. (ser)
8. De pequeño, mi hermano nos _____ muchas cosas. (preguntar)
9. Todos los veranos, mi primo y yo _____ en torneos de tenis. Nosotros no _____ mucho, pero siempre _____. (participar, ganar, divertirse)

Actividad 16 Todos los días. Complete the sentences with the appropriate imperfect form of the indicated verbs. As you have learned, the imperfect is used for habitual past actions, recurring past events, or to describe in the past. After completing the sentence, write **H/R** if the sentence describes habitual past actions or recurring past events and **D** for past description.

H/R or D

1. Nuestra casa _____ grande y _____ cinco dormitorios. (ser, tener) _____
2. Todos los viernes nosotros _____ al cine. (ir) _____
3. Todos los días, mis amigos y yo _____ al tenis y yo siempre _____. (jugar, perder) _____
4. De pequeño, Pablo _____ mucho y ahora es médico. (estudiar) _____
5. Francisco Franco _____ bajo, un poco gordo y _____ bigote. (ser, tener) _____
6. En la escuela secundaria, nosotros _____ a las doce, y después de la escuela _____ a comer pizza. (almorzar, ir) _____

Continued on next page →

7. Mi madre siempre nos _____ a ver películas de

   Disney. (llevar) _____

8. Todos los días mi ex esposo me _____ poesías

   horribles. (escribir) _____

9. Mi primera novia _____ muy inteligente, pero no le

   _____ nada la política y a mí me _____ .

   (ser, gustar, fascinar) _____

Actividad 17 **Mi vida en Santiago.** Complete this description about Mario's life while he was living in Santiago de Chile. Use the imperfect.

Todos los días yo _____ (levantarse) temprano para ir a trabajar. _____ (caminar) al trabajo porque _____ (vivir) muy cerca. _____ (Trabajar) en una escuela de inglés y _____ (enseñar) cuatro clases al día, un total de veinticuatro horas por semana. Mis estudiantes _____ (ser) profesionales que _____ (necesitar) el inglés para su trabajo. Todos _____ (ser) muy inteligentes e _____ (ir) a clase muy bien preparados. Me _____ (gustar) mis estudiantes y muchas veces ellos y yo _____ (salir) después de las clases. _____ (comer) en restaurantes o _____ (ir) al cine. Santiago es fantástico y quiero volver algún día.

Un poco de todo

Actividad 18 **Wimbledon. Parte A.** Choose the appropriate verbs from the list to complete the following summary of a tennis match. Write the imperfect form of the verb if there is an **i** and the preterit form if there is a **p**. Note: This and the following activity preview use of the preterit and imperfect together. You will learn more about this in **Capítulo 9.**

decir   esperar   estar   haber   poder   tener
empezar   esperar   ganar   hacer   ser

Ayer _____ (i) mucha gente en el estadio de Wimbledon. _____ (i) mucho calor y sol. Entre el público _____ (i) Guillermo Vilas, el príncipe Carlos, Marcelo Ríos, Arantxa Sánchez Vicario y otra gente famosa. Todo el mundo _____ (i) ver el partido entre el español Rafael Nadal y el argentino Mariano Puerta. _____ (i) las dos y media cuando _____ (p) el partido; todo el mundo _____ (i) en silencio; nadie _____ (i) nada, esperando ansiosamente la primera pelota. Después de hora y media de juego en el calor intenso, Nadal _____ (p) un accidente y no _____ (p) continuar. Así que Mariano Puerta _____ (p) el partido.

Continued on next page →

Parte B. Read the paragraph again and answer these questions.

1. Is the imperfect or the preterit used to give past description? _____

2. Is the imperfect or the preterit used to narrate what occurred? _____

Actividad 19 **El robo.** Yesterday you witnessed a theft and you had to go to the police station to make a statement. Look at the drawings and complete the conversation with the police in complete sentences. Use the preterit and the imperfect as cued by the questions.

POLICÍA ¿Qué hora era cuando vio Ud. el robo?

TÚ _____

POLICÍA ¿Dónde estaba Ud. y dónde estaba la víctima?

TÚ _____

POLICÍA ¿Qué hizo específicamente el ladrón *(thief)*?

TÚ _____

_____

POLICÍA ¿Cómo era físicamente el ladrón?

TÚ _____

_____

POLICÍA ¿Bigote o barba? La víctima nos dijo que tenía barba.

TÚ _____

POLICÍA ¿Y la descripción del carro?

TÚ _____

_____

POLICÍA ¿Quién manejaba? ¿Lo vio Ud. bien? ¿Sabe cómo era?

TÚ _____

POLICÍA Muchas gracias por ayudarnos.

Nombre _____ Sección _____ Fecha _____

Actividad *20* **Los niños de ayer y de hoy.** Diana and Marisel are comparing what they did when they were 13 years old with what 13-year-olds in the U.S. do now. Complete their conversation using the imperfect or the present.

DIANA   Cuando yo tenía trece años, _____

_____.

MARISEL   Yo iba al cine, salía con grupos de amigos y viajaba con mis padres.

DIANA   También _____

_____.

MARISEL   Pero hoy... ¡los adolescentes parecen adultos!

DIANA   Sí, es verdad, hoy los jóvenes de la escuela donde enseño en los Estados Unidos _____

_____.

MARISEL   ¡Es una lástima!

DIANA   Pero eso no es todo; también _____

_____.

MARISEL   Son como pequeños adultos; casi no tienen infancia (*childhood*).

Actividad *21* **¡Cómo cambiamos!** Paulina went to the same high school as you. You saw her yesterday and couldn't believe your eyes; she seems like a different person. Look at the drawings of Paulina and write an email to your friend Hernando. Tell him what Paulina was like and what she used to do (imperfect), and what she is like and what she does now (present).

Asunto: Paulina

▼ 12 ▼ A A A A ≔ ≔ ⊣≣ ⊢≣ ≣ ▼ ☑ ▼

Querido Hernando:

No lo vas a creer; acabo de ver a Paulina Mateos. ¿La recuerdas? Recuerdas que

era _____

_____

_____

_____

_____

Pues ahora _____

_____

_____

_____

Un abrazo,

_____

Lectura

Estrategia de lectura: Finding References

Understanding the relationship between words and sentences can help improve your understanding of a text. A text is usually full of pronouns and other words that are used to avoid redundancies. Common examples are possessive adjectives; demonstrative adjectives and pronouns; and subject, indirect-, and direct-object pronouns. Furthermore, as you have seen, subject pronouns are generally omitted where the context allows it.

You will have a chance to practice identifying referents (the word or phrase to which a pronoun refers) while you read the next selection.

Actividad 22 **¿Qué sabes?** Before reading, answer the following questions without consulting anyone.

1. Mira el mapa en la contratapa (*inside cover*) de tu libro de texto y escribe qué países forman Centroamérica. _____

   _____

2. ¿Sabes qué país construyó el Canal de Panamá? ¿Sabes qué país lo administra? _____

   _____

3. ¿Qué aprendiste sobre Costa Rica en este capítulo? _____

   _____

4. ¿Qué sabes sobre la situación política de Centroamérica? _____

   _____

Actividad 23 **Referencias.** While you read the passage, write what the following words or phrases refer to.

1. línea 4: **esa región** _____
2. línea 10: **lo** _____
3. línea 16: **su** _____
4. línea 21: **sus** _____
5. línea 26: **Allí** _____
6. línea 28: **ellos** _____
7. línea 31: **Estas** _____

CENTROAMÉRICA: MOSAICO GEOGRÁFICO Y CULTURAL

Los siete países que forman Centroamérica unen dos gigantes, Norteamérica y Suramérica, y separan el océano Atlántico del océano Pacífico. Seis de ellos son países hispanos; el otro, Belice, es una antigua colonia británica.

5 Centroamérica es un mosaico de tierras y de pueblos.[1] En **esa región** se encuentran playas blancas, selvas tropicales,[2] montañas de clima fresco, sabanas[3] fértiles y volcanes gigantescos. Su población incluye indígenas con lenguas y algunas costumbres precolombinas, descendientes de europeos, negros, mestizos, mulatos y también asiáticos.

El país más austral[4] de Centroamérica es Panamá, que tiene la mayor población negra de los países hispanos de la región. El recurso económico más importante de ese país es el Canal de Panamá que construyeron los Estados Unidos. El gobierno estadounidense **lo** administró
10 hasta el año 2000, cuando pasó a manos de Panamá. Este canal es de gran importancia comercial porque, al conectar el océano Pacífico con el océano Atlántico, es la ruta ideal para los barcos que van no solo de Nueva York a California sino también de Europa a Asia.

En Costa Rica, la mayoría de la población es de origen europeo y el porcentaje de analfa-
15 betismo es bajo (4%). Es un país que no tiene ejército[5] y, además, no tiene grandes conflictos políticos internos. En 1987, el presidente Óscar Arias recibió el Premio Nobel de la Paz por **su** iniciativa en buscar un fin a las guerras[6] de Centroamérica.

Nicaragua, Honduras y El Salvador, por otro lado, son países de grandes conflictos políticos internos, pero a la vez de grandes riquezas naturales. Nicaragua es un país de volcanes donde
20 solo se cultiva el 10% de la tierra. Honduras es un país montañoso; su población vive princi- palmente en zonas rurales y **sus** exportaciones principales son el banano, el café y la madera. El Salvador, a pesar de ser el país más pequeño de la región, es el tercer exportador de café del mundo, después de Brasil y Colombia. El Salvador es además un país muy densamente poblado. La población de Nicaragua, Honduras y El Salvador tiene un alto porcentaje de mestizos
25 (70%–90%).

Al norte de El Salvador está Guatemala. **Allí** se encuentran ruinas de una de las civiliza- ciones precolombinas más avanzadas, la civilización maya. Más de un 50% de los guatemalte- cos son descendientes directos de los mayas y hablan una variedad de lenguas indígenas; **ellos** forman la población indígena de sangre pura más grande de Centroamérica.
30 A pesar de las grandes diferencias que existen entre los países centroamericanos, también hay muchas semejanzas. **Estas** forman la base de lo que es Centroamérica, pero, realmente, es la diversidad la que le da riqueza a esta región.

_____
[1]peoples [2]tropical rainforests [3]plains [4]southernmost [5]army [6]wars

Actividad 24 **Preguntas.** Now, answer the following questions, using complete sentences.

1. ¿Cuál es la importancia del Canal de Panamá?
_____

2. ¿En qué se diferencia Costa Rica de los otros países centroamericanos?
_____
_____

3. ¿Qué peculiaridad caracteriza a Nicaragua, Honduras y El Salvador?
_____
_____

4. ¿Cuál es una característica particular de Guatemala? _____
_____

Capítulo 9 Cosas que ocurrieron

Vocabulario esencial I

La salud

Actividad 1 **¿Buena salud?** Unscramble the following letters to form health-related words. Write accents where necessary.

1. nacaamubil _____
2. gernsa _____
3. igper _____
4. nfniieócc _____
5. clseoísraof _____
6. irrdaea _____

7. ssáneau _____
8. dígraofaari _____
9. efbire _____
10. tceorsar _____
11. gaelair _____
12. aehidr _____

La salud, los medicamentos y otras palabras relacionadas

Actividad 2 **Asociaciones.** Match the items from Column A with the medicine-related words in Column B.

A

1. _____ X
2. _____ Contac
3. _____ ACE
4. _____ Robitussin
5. _____ 103°F, 39°C
6. _____ Pepto-Bismol
7. _____ aspirina
8. _____ Band-Aid
9. _____ 2 pastillas por día por 1 semana
10. _____ Visine

B

a. receta médica
b. fractura
c. radiografías
d. diarrea
e. dolor de cabeza
f. gotas
g. jarabe
h. fiebre
i. curita
j. cápsulas
k. vendaje

Actividad 3   **Los remedios.** Complete the following conversation that takes place in a pharmacy.

CLIENTE	Tengo un dolor de cabeza terrible.
FARMACÉUTICA	¿Por qué no _____?
CLIENTE	¿Tiene Bayer?
FARMACÉUTICA	Claro que sí. ¿Algo más?
CLIENTE	Sí, mi hijo tiene un catarro muy fuerte y fiebre.
FARMACÉUTICA	Entonces, él tiene que _____.
CLIENTE	¡Ay! No le gustan las cápsulas. ¿No tiene pastillas de Tylenol?
FARMACÉUTICA	_____.
CLIENTE	También tiene tos.
FARMACÉUTICA	Bien, pues debe comprarle _____ _____.
CLIENTE	Y mi marido se cortó la mano.
FARMACÉUTICA	Entonces, _____. ¿Algo más?
CLIENTE	Creo que es todo.
FARMACÉUTICA	Ya entiendo por qué le duele la cabeza.

Gramática para la comunicación I

Narrating and Describing in the Past: The Preterit and the Imperfect

Actividad 4   **Me jugué la vida. Parte A.** Read the following description of how to use the preterit and imperfect when narrating in the past.

When narrating in the past, if you simply want to list a series of occurrences in the past, you need only the preterit.

> Three bears **left** their house.
> They **went** to the woods.
> A child **arrived** at the house, **knocked** on the door, and **opened** it.
> She **entered** the house.

If you want to go beyond the **who did what** (preterit) part of the story, you need to use the imperfect (shown in italics).

> There *were* three bears that *lived* in a cute little house in the woods. It *was* a beautiful day. The birds *were singing* and the sun *was shining*. So the three bears **decided** to go for a walk and **left** their house. While they *were enjoying* their walk, a child **appeared** at the house. She *was* young, blond, tired, and hungry. She **knocked** on the door, but no one **answered** because no one *was* home. The door *was* open, so she **went** inside.

In **Part B** you will read a story in English and decide if the verbs should be in the preterit or the imperfect if the story were to be told in Spanish. First, read the following questions and answers; then refer back to them as needed.

Continued on next page →

1. Is this a completed action (similar to a photograph or a finger snap)? If yes, **preterit.**

    The child **knocked** on the door (click/snap)
    She **opened** the door. (click/snap)

2. Does the verb indicate the start or end of an action? If yes, **preterit.**

    The bears **started** their walk at 10:00 and **ended** it at 4:00.

3. Does the verb refer to a completed action that was limited by time? If yes, **preterit.**

    They **walked** for six hours.

4. Does the verb refer to a habitual action or recurring events? If yes, *imperfect.*

    Every day Mama Bear *used to take* Baby Bear for a walk. Every Saturday Papa Bear *went* with them.

5. Does the verb refer to an action or state in progress that is not limited by time? If yes, *imperfect.*

    The bears *lived* in the woods and *were* very happy.

6. Does the verb refer to an action in progress that occurred while another action was happening? If yes, *imperfect.*

    While the bears *walked* (*were walking*) in the woods, the girl *explored* (*was exploring*) their house.

7. Does the verb refer to an action in progress that occurred when another action happened or interrupted it? If yes, *imperfect,* **preterit.**

    While the bears *walked* (*were walking*) in the woods, the girl **broke** a chair.

8. Are you describing in the past? If yes, *imperfect.*

    Baby Bear *was* little, but he *had* big paws and an engaging personality.

9. Time and age in the past are always expressed with the *imperfect.*

    It *was* 4:05 in the afternoon.
    Baby Bear *was* only one year old.

Parte B. The following is a true story about a car accident. As you read it, write **P** for preterit and **I** for imperfect for the indicated verbs.

I was (1) _____ a student in Spain and it was (2) _____ a Friday. I wanted (3) _____ to go to Valencia to visit friends and didn't have (4) _____ a lot of money, so a friend and I decided (5) _____ to hitchhike. Classes ended (6) _____ and I went (7) _____ with my friend to an entrance to the highway to Valencia. It was (8) _____ a beautiful day. We stuck out (9) _____ our thumbs and immediately a car stopped (10) _____ to give us a ride. The car was (11) _____ new and only had (12) _____ 5000 kilometers on the odometer. It was (13) _____ a four-door sedan. My friend sat (14) _____ in the front seat and I sat (15) _____ in the back. The driver was (16) _____ a very nice businessman.

I took off (17) _____ my shoes and soon fell asleep (18) _____ in the back seat. Some time later, we passed (19) _____ a car. We were going (20) _____ quite fast—about 130 kilometers per hour (80 mph), when our car hit (21) _____ a bump in the road and the axle broke (22) _____. The car began (23) _____ to zigzag. We collided (24) _____ head-on with another car. Both cars flew (25) _____ up in the air and

Continued on next page →

our car started (26) _____ to burn. The driver and my friend were (27) _____ unconscious and still in the car. With the impact, my head pushed (28) _____ open the back door and I flew (29) _____ out of the car.

Two couples, who were (30) _____ about 70 years old, were returning (31) _____ from a vacation on the coast when they saw (32) _____ the accident. The men jumped (33) _____ out of their car and ran (34) _____ toward ours. First, they got out (35) _____ the driver. Then they went (36) _____ to get my friend. Her seat was tilted (37) _____ forward and was (38) _____ jammed. Her seatbelt was (39) _____ stuck. One of the men cut (40) _____ the seatbelt with a pocket knife and they finally got (41) _____ her out. While they were pulling (42) _____ her out of the car, one of the men's pants caught fire (43) _____. Then they saw (44) _____ me. I was (45) _____ unconscious on the pavement about 10 meters from the car, but they did not come (46) _____ closer since the car was burning (47) _____. The car never did explode (48) _____. When the fire died down (49) _____, the men came (50) _____ to check on me. I awoke (51) _____ 16 hours later, in a hospital.

Thank goodness no one died (52) _____ in the accident. I spent (53) _____ 17 days in the hospital and then went back (54) _____ to Madrid and returned (55) _____ to my studies.

Today everyone is fine. I only have two little scars as reminders of the accident!

Actividad 5 **¿Imperfecto o pretérito?** Complete the following sentences with the correct preterit or imperfect form of the indicated verbs.

1. Ayer yo _____ a un gimnasio nuevo por primera vez. Allí la gente _____ gimnasia aeróbica, _____ y _____ pesas. (ir, hacer, nadar, levantar)

2. De pequeña todos los veranos yo _____ un mes en la playa con mi familia. A mí me _____. (pasar, encantar)

3. El año pasado durante cuatro meses Manuel y Carmen _____ con turistas en Cancún. Por eso, ellos _____ un apartamento. (trabajar, alquilar)

4. Todo el sábado pasado _____ náuseas y fiebre y por eso no fui a trabajar. (tener)

5. Javier _____ a 150 kilómetros por hora cuando lo _____ la policía. (manejar, ver)

6. Cuando Roberto me _____, yo _____ y por eso no _____ el teléfono. (llamar, ducharse, contestar)

7. El año pasado cuando nosotros _____ por Argentina, _____ a un concierto de Les Luthiers. (viajar, ir)

Nombre _____ Sección _____ Fecha _____

Actividad 6 **¿Qué le pasaba?** Complete this excerpt of an email that don Alejandro and his wife received from their friend in Chile. For each blank, select the appropriate verb from the left margin and write the correct form in the imperfect or preterit.

entrar
estar
tener
levantarse
preparar
pasar
saber
estar

    Es increíble el cambio que veo en Nando después de que se casó. Tú sabes que él

nunca (1) _____ en la cocina cuando estaba soltero. Y el

viernes pasado yo (2) _____ por la casa de él para dejarle

algo y mientras su esposa Olga miraba la televisión, él (3) _____

la cena. Cuando él (4) _____ preparando la ensalada,

yo (5) _____ segura que la ensalada

(6) _____ demasiado vinagre; entonces

(7) _____ del sofá para ayudarlo, pero resulta que Nando

(8) _____ exactamente cómo hacer una ensalada y al final, ¡qué

ensalada más deliciosa!

creer
decir
poner
saber
ser
empezar

    Olga me (9) _____ que el otro día mientras ella

(10) _____ la ropa en la lavadora, Nando

(11) _____ a ayudarla. Yo (12) _____

que él (13) _____ muy machista (sé que todavía es en ciertos

sentidos), pero últimamente está cambiando. Cada día se parece más a su padre. Él tampoco

(14) _____ cocinar antes de casarse.

Actividad 7 **El informe del detective.** You are a private detective and you spent the morning tracking the husband of your client. Using complete sentences, write the report that you are going to give to your client. Say what her husband did during the morning.

trabajar	salir	 mientras tomar café / llegar

trabajar

salir

entrar

    mientras probarse vestido / comprar perfume   volver

_____

_____

_____

_____

_____

_____

Actividad 8 **La verdad.** Complete the following conversation between the husband from the previous activity and his wife.

ELLA   ¿Qué hiciste hoy?

ÉL   Nada; _____.

ELLA   ¿Toda la mañana _____?

ÉL   Sí, excepto cuando _____ para comprarte esto.

ELLA   Un regalo... A ver... ¡Un vestido y un perfume!

ÉL   Claro, hoy hace diez años que te _____.

ELLA   Es que... es que...

ÉL   ¿Quieres decirme algo?

ELLA   Es que yo creía que tú _____

            _____.

ÉL   No, ella era _____.

            Pero, ¿cómo supiste que fui con ella a la tienda?

Actividad 9 **¿Qué estaban haciendo?** The people in the drawing below heard an explosion and looked toward the street to see what happened. Write what they were doing when they heard the explosion.

➤ El mecánico   *El mecánico estaba trabajando cuando oyó la explosión.*

1. La señora en la ventana _____.

2. Los dos señores en el banco _____.

3. El niño _____.

4. El señor en el balcón _____.

5. La joven en el balcón _____.

Narrating and Describing in the Past: Time Expressions

Actividad 10 **Las vacaciones.** Complete the following sentences about vacations using the preterit or the imperfect. Pay attention to time expressions.

1. De joven, durante los veranos, a menudo _____ en bicicleta con un grupo de amigos en el parque cerca de mi casa. (montar)

2. Estuve en Puerto Rico una semana en febrero. Todos los días _____ en la piscina del hotel por la mañana y por la tarde _____ al golf. (nadar, jugar)

3. Cuando Carlos _____ en Chile, de vez en cuando _____ a la playa de Viña del Mar con su familia. (vivir, ir)

4. Todos los años, mi familia _____ a la casa de mi abuela para la Navidad. Mi abuela _____ unas comidas espectaculares. (ir, preparar)

5. Después de terminar las negociaciones con Aeroméxico para mi compañía, _____ cinco días en Oaxaca. Cada día _____ ruinas diferentes de la zona. (pasar, visitar)

Actividad 11 **El encuentro.** Many people have a strict daily routine and when they do something different, interesting things can happen. Complete this paragraph to tell how Mr. and Mrs. Durán met. Fill in each blank with a logical word or words. Pay attention to the time expressions to help you decide whether to use the preterit or imperfect.

Con frecuencia el Sr. Durán _____ y muchas veces _____ . Estas actividades eran parte de su rutina diaria. También _____ , _____ y _____ . Pero el 3 de marzo fue diferente; no _____ . Fue a la playa y allí vio a la Srta. Guzmán. Pensaba que era una mujer muy _____ y quería conocerla. Mientras ella _____ , él _____ . De repente, _____ _____ . Así se conocieron y llevan diez años de casados.

Un poco de todo

Actividad 12 **Los síntomas.** Complete the following conversations between patients and their doctors.

1. PACIENTE A　Hace tres días _____
_____
_____.

　　MÉDICO　Creo que Ud. le tiene alergia a algo, pero vamos a hacer unos análisis.

2. PACIENTE B　Mi hijo tosía, _____
_____

　　　　Ahora está bien, pero no quiere comer.

　　DOCTORA　Creo que solo fue gripe, pero debe obligarlo a comer algo.

3. PACIENTE C　Todas las mañanas _____
_____.

　　　　Ahora estoy mejor, pero no sé qué me pasaba.

　　MÉDICO　Vamos a ver. Creo que puede estar embarazada.

Actividad 13 **Un cuento. Parte A.** In this workbook, normally you read a passage and then you answer questions to see if you understood the story. Now you're going to do the opposite. First, read through all the questions that follow. Then use your imagination to answer them.

1. ¿Adónde fueron Ricardo y su esposa de vacaciones? _____
_____

2. ¿Cómo era el lugar y qué tiempo hacía? _____
_____

3. ¿Qué hicieron durante las vacaciones? _____
_____

4. ¿Cómo se murió la esposa de Ricardo? _____
_____

5. ¿Qué estaba haciendo Ricardo cuando se rompió la pierna? _____
_____

6. La policía no dejó a Ricardo volver a su ciudad. ¿Por qué? _____
_____

7. ¿Quién era la señora del vestido negro y los diamantes? _____
_____

8. ¿Cómo era físicamente la señora? _____
_____

Continued on next page →

9. ¿Qué importancia tiene ella? _____

_____

10. Al fin, la policía supo la verdad. ¿Cuál era? _____

_____

Parte B. Now create a story based on your answers from Part A. Use the following words and phrases to enhance the telling of your story.

primero	de repente	después
luego/más tarde	mientras	al final
media hora más tarde	después de una hora	

_____

_____

_____

_____

_____

_____

_____

_____

_____

_____

_____

Vocabulario esencial II

El carro

Actividad 14 **El carro.** Identify each numbered automobile part. Include the definite article in your answers.

1. _____
2. _____
3. _____
4. _____
5. _____
6. _____
7. _____

Problemas, problemas y más problemas. Complete this letter that Lorenzo Martín wrote to a car rental agency following a terrible experience with a rental car.

Caracas, 15 de febrero de 2006

Estimados señores:

Hace tres semanas, alquilé un carro con transmisión automática en su compañía y tuve muchísimos problemas. Primero, estaba bajando la montaña y de repente noté que no funcionaban muy bien los _____. Por suerte no tuve un accidente. Paré en una gasolinera y me los arreglaron. Más tarde empezó a llover, pero no podía ver nada porque el _____ del lado del conductor no funcionaba. Después, cuando llegué al hotel, no podía sacar las maletas del _____ porque la llave que Uds. me dieron no era la llave que necesitaba; pero por fin un policía me lo abrió. Esa noche salí y no pude ver bien porque una de las _____ no funcionaba. Al día siguiente hacía muchísimo calor y el _____ no echaba aire frío, solo aire caliente. Y para colmo, me pusieron una _____ por exceso de velocidad por ir a 140 kilómetros por hora pero el velocímetro del carro marcaba solo 110.

Hace muchos años que alquilo automóviles de su compañía sin ningún problema; pero después de esta experiencia, creo que voy a tener que ir a otra agencia de alquiler de carros.

Atentamente,

Lorenzo Martín

Gramática para la comunicación II

Narrating and Describing in the Past: *Iba a* and *tenía/tuve que; saber* and *conocer*

Las excusas. Read the following miniconversations. Then complete them, using the preterit or imperfect of **ir** and **tener**. Remember that if you use **tuve/tuvo**/etc. **que** + *infinitive* or **fui, fuimos,** etc., it indicates that the action actually took place. The imperfect of **ir a** + *infinitive* means that the action did not take place, and the imperfect of **tener que** + *infinitive* is ambiguous.

1. —Había muchas personas en la fiesta.

   —Entonces, ¿te divertiste?

   —Sí y no. Y tú, ¿dónde estabas? Prometiste venir.

   —_____ a ir, pero _____ que ayudar a mi madre, que estaba enferma.

Continued on next page →

2. — _____ que ir al dentista ayer.

— ¿Fuiste o no?

— No fui porque el dentista estaba enfermo.

3. — Nosotros _____ que ir al banco ayer.

— ¿Al final _____ o no?

— Sí, y el director del banco nos ayudó con un problema que teníamos.

4. — ¿Me compraste el champú?

— _____ a comprártelo, pero no _____ a la tienda

porque _____ un pequeño accidente con el carro.

— ¡No me digas! ¿Estás bien?

— _____ que ir al hospital.

— ¡Por Dios! ¿Y qué te dijo el médico?

— No mucho. Estoy bien, solo tengo que tomar aspirinas.

5. — Nosotros _____ a ir al cine, pero llegamos tarde.

— Entonces, ¿qué hicieron?

— Volvimos a casa.

Actividad 17 **¿Pretérito o imperfecto?** Write the correct preterit or imperfect form of the indicated verbs. Remember that the preterit indicates the start of an action; therefore, use the preterit of **saber** to say *I/he/she/etc. found out something* and use the preterit of **conocer** to say *I/you/they/etc. met someone.*

1. El otro día mi novio _____ a mi padre. (conocer)

2. Ayer yo _____ la verdad, pero no le _____ nada a nadie. (saber, decir)

3. Ella no _____ su número de teléfono, por eso no lo _____. (saber, llamar)

4. Yo _____ en Salamanca por tres años, por eso cuando _____ a esa ciudad el año pasado, no _____ mapa porque ya _____ la ciudad muy bien. (vivir, volver, usar, conocer)

5. Margarita _____ las vacaciones en Hollywood, pero tuvo mala suerte y no _____ a nadie famoso. (pasar, conocer)

6. Raúl _____ al profesor Guzmán en enero del año pasado. _____ con él varias veces sobre sus investigaciones. Así que cuando _____ a tomar su clase, ya lo _____ muy bien. (conocer, Hablar, empezar, conocer)

Actividad 18 **La semana pasada.** Write two sentences describing what you were going to do last week, but didn't. Then write two sentences describing what you had to do, but didn't. Finally, tell what you had to do last week and did. Use **iba a** + *infinitive* and **tenía/tuve que** + *infinitive*.

1. _____
2. _____
3. _____
4. _____
5. _____

Describing: Past Participle as an Adjective

Actividad 19 **Descripciones.** Complete the following sentences with the correct past participle form of the indicated verbs.

1. Llegamos tarde y el banco estaba _____. (cerrar)

2. El niño que perdió su perro está _____ allí. (sentar)

3. La ropa sucia está en la lavadora y la ropa _____ está en tu dormitorio. (lavar)

4. Las tiendas están _____ los domingos, excepto en el centro comercial, donde están _____ de las doce a las cinco. (cerrar, abrir)

5. María, ¿por qué estás _____? (preocupar)

6. El contrato estaba _____, pero nadie quería firmarlo. (escribir)

7. Mi tío vende carros _____. (usar)

8. Después del accidente, el limpiaparabrisas estaba _____ y llevamos el carro a un garaje. Ahora el carro está _____ y _____. (romper, arreglar, lavar)

9. Los niños están _____ y _____. (bañar, vestir)

10. Los niños tienen las manos _____, la comida está _____ y la mesa está _____; ya podemos comer. (lavar, hacer, poner)

11. *Don Quijote de la Mancha* está _____ a casi todos los idiomas. (traducir)

Actividad *20* **El correo electrónico.** Finish this email message that Alicia sent to Paco, a professional pianist. Use the correct past participle form of the following verbs: **alquilar, morir, preparar, reservar,** and **vender.**

Asunto: Tu viaje

Ya está todo listo para tu viaje: La habitación está _____

en el Hotel Santa Cruz. El carro está _____ en Hertz.

Todas las entradas están _____ . Todo está

_____ para tu concierto del jueves. ¡Mucha suerte! Después

de tanto trabajo, yo estoy _____ y creo que voy a dormir

por tres días.

Alicia

Un poco de todo

Actividad *21* **Casi se mueren.** Complete these stories about people in risky situations. Write the correct preterit or imperfect form of the indicated verbs.

1. Un amigo, que _____ celebrando el final de semestre, _____

   mucho en una fiesta. _____ un poco mareado, pero _____ la llave

   del carro de un amigo y _____ de la fiesta. Por suerte, una persona lo

   _____ y otros _____ para quitarle la llave. Al final, ellos lo

   _____ que llevar a casa.

   (**estar, beber, Sentirse, tomar, salir, ver, salir, tener**)

2. Una amiga _____ manejando un carro alquilado e _____ a mucha

   velocidad cuando un niño _____ detrás de un balón de fútbol enfrente de su

   carro. Ella _____ , pero en ese momento los frenos no _____ . Mi

   amiga no _____ que el carro _____ mal los frenos. Por suerte no

   _____ al niño, pero _____ contra un árbol. Gracias a Dios, no le

   _____ nada a nadie.

   (**estar, ir, correr, frenar, funcionar, saber, tener, atropellar, chocar, pasar**)

Actividad 22 **Un email.** Diana wrote the following email to a friend who is a Spanish-language professor in the U.S. Complete her message by choosing a logical verb and writing the infinitive, present participle, or correct form in the present, preterit, or imperfect.

Querida Vicky:

Ya hace cinco meses que _____ a España y por fin hoy

_____ unos minutos para _____ tu email. Las cosas

aquí me van de maravilla. Por cuatro meses _____ en un colegio

mayor, pero ahora _____ un apartamento con cuatro amigas his-

panoamericanas. _____ muy simpáticas y estoy

_____ mucho sobre España y también sobre Hispanoamérica.

    (alquilar, aprender, contestar, llegar, ser, tener, vivir)

Durante el verano pasado, _____ clases de arte y arquitectura

de lunes a viernes por tres semanas. Por las mañanas, nosotros

_____ a la universidad y por las tardes _____

museos y lugares históricos como la Plaza Mayor, el Palacio Real y el

Convento de las Descalzas Reales. Cuando _____ por primera

vez en el Museo del Prado, me _____ grandísimo, y solamente

_____ las salas de El Greco y de Velázquez.

    (entrar, ir, parecer, tener, ver, visitar)

_____ enamorada de España. La música me _____

porque tiene mucha influencia árabe y gitana (*gypsy*). El otro día

_____ por la calle cuando _____ a unos niños

gitanos cantando y bailando; _____ unos diez años y ellos me

_____ que, con frecuencia, _____ en la calle para

_____ dinero.

    (caminar, cantar, decir, estar, fascinar, ganar, tener, ver)

Mis clases _____ hace dos meses; después _____

seis semanas de vacaciones y las clases _____ otra vez la

semana pasada. Además de tomar clases, _____ enseñando inglés

desde junio para _____ técnicas nuevas de enseñanza. Y tú,

¿cómo estás? ¿Todo bien?

    (aprender, empezar, estar, tener, terminar)

Un abrazo desde España de tu amiga,

Diana

Actividad 23 **¿Qué hiciste?** Using complete sentences, answer the following questions about the last concert you saw.

1. ¿A quién viste? _____

2. ¿Con quién fuiste? _____

3. ¿A qué hora empezó? _____

4. ¿Cuándo terminó? _____

5. ¿Dónde se sentaron Uds.? _____

6. ¿Pudiste ver y oír bien? _____

7. ¿Cuánto te costó la entrada? _____

8. ¿Qué canciones (*songs*) tocaron? _____

9. ¿Cuál de las canciones fue tu favorita? _____

Actividad 24 **¿Cómo era?** Answer these questions about the same concert using complete sentences.

1. ¿Había mucha gente? _____

2. ¿Cuántos músicos (*musicians*) había? _____

3. ¿Qué ropa llevaban los músicos? _____

   _____

4. ¿Cómo era el escenario (*set*)? _____

   _____

5. ¿Cómo reaccionaba el público mientras escuchaba las canciones? _____

   _____

6. ¿Usaron efectos especiales (láser, video, etc.)? Si contestas que sí: ¿Qué hacían los músicos mientras Uds. veían los efectos especiales? _____

   _____

   _____

7. ¿Valió la pena ir al concierto o no? ¿Por qué sí o no? _____

   _____

Actividad 25 **Un concierto.** In order to describe an event well, you need to use the preterit and the imperfect. Use the information from *Actividad 23* and *Actividad 24* to write an email to a friend telling him/her about the concert you saw. Describe what you did, what happened, and what the concert was like. Add more details if needed.

_____:

_____

_____

_____

_____

_____

_____

_____

_____

_____

_____

Un abrazo,

_____

Lectura

Estrategia de lectura: Activating Background Knowledge

You have already learned that by activating background knowledge prior to reading a text, you can increase your comprehension. In the following activities, you will have an opportunity not only to activate your background knowledge to become a better reader, but also to develop a greater sense of cultural understanding. By examining your knowledge of your own culture, you can better understand another one.

Actividad 26 **Aquí.** Craig, a Spanish teacher in the U.S., asked Diana to write to him in Spanish, with information about the education system in Spanish-speaking countries so that he could share it with his classes. Before reading Diana's email, answer these questions about universities in the U.S.

1. Para entrar a una universidad en los Estados Unidos, normalmente hay que tomar un examen de ingreso (*entry*). ¿Cómo se llama uno de los exámenes de ingreso?

   _____

2. ¿Es normal empezar estudios universitarios sin saber la especialización?

   ☐ Sí   ☐ No

Continued on next page →

3. ¿Se pueden estudiar asignaturas en diferentes facultades (*departments or schools*)?

□ Sí   □ No

4. ¿Es común salir de la ciudad natal (*hometown*) para asistir a la universidad?

□ Sí   □ No

5. ¿Cuesta mucho o poco la educación universitaria en los Estados Unidos?

□ Mucho   □ Poco

Asunto: | Sistema educativo

Querido Craig:

Recibí tu email hace unos días, pero no tuve tiempo para contestarte antes porque estaba ocupadísima con mis clases de literatura en la universidad. Por fin comencé mis vacaciones y ahora tengo tiempo para escribirte unas líneas. ¿Cómo estás? ¿Cómo va tu clase de español? ¿Mucho trabajo?

En tu email me pides información sobre el sistema educativo hispano para usar en tu clase de español. Bueno, a nivel universitario los estudiantes deben pasar primero un examen para entrar en la universidad, pero desde el momento en que entran comienzan a especializarse. Por ejemplo, si quieres estudiar psicología, entras en esa facultad (lo que nosotros llamamos *department*) y estudias asignaturas de ese campo desde el primer día, no como en los Estados Unidos, donde tomas asignaturas de varios campos. Aquí los estudiantes tienen una preparación más global en la escuela secundaria. Y por lo que me contaron unos amigos, el sistema de educación superior es parecido al de España en casi toda Hispanoamérica.

En general, la gente va a la universidad en el lugar donde vive y no se muda a otra parte del país. Aunque muchas ciudades grandes tienen ciudades universitarias, en otras, las diferentes facultades están en distintas partes de la ciudad. Esto no es ningún problema porque en general solo necesitas ir a una facultad. ¡Y el tamaño de algunas de estas universidades! ¡Una sola facultad puede tener alrededor de veinte mil estudiantes! Increíble, ¿no? Algunas universidades importantes son la Central en Venezuela, la Universidad de Costa Rica, la Complutense de Madrid, y, por supuesto, la UNAM en México con casi 300.000 estudiantes.

¿Qué más te puedo contar? ¡Ah, sí! La educación pública generalmente es gratis o cuesta poco; mejor dicho, los ciudadanos pagan impuestos que ayudan a mantener las universidades. En lugares como Cuba, por ejemplo, los estudiantes universitarios trabajan en el campo para devolver ese dinero al gobierno. También hay universidades donde sí tienes que pagar, pero es algo mínimo; yo, por ejemplo, pago 250 euros por año en la Complutense de Madrid. Naturalmente, también existen las universidades privadas donde los estudiantes pagan la matrícula, y a veces es cara.

Bueno, no se me ocurre qué más decirte sobre el sistema educativo universitario. Una cosa interesante aquí en la Complutense es que no todos los estudiantes pagan exactamente lo mismo, por ejemplo, un estudiante de medicina paga más que un estudiante de arte, y si tienes que repetir un curso, es más caro la segunda vez. Un amigo también me contó que en Colombia se paga según los ingresos de la familia, es decir que si un estudiante viene de una familia pobre, no paga nada.

Si tienes alguna pregunta, puedes mandarme otro email; por fin tengo acceso a una computadora. ¿No te gustaría venir a estudiar aquí? Para mí estas son circunstancias ideales: estoy aprendiendo cantidades, del idioma, de la cultura y de la gente; además, la comida española es deliciosa. Siempre pienso en ti cuando como paella. Tienes que venir a probarla.
Espero entonces noticias tuyas.

Un abrazo,

Diana

Actividad 27 Allá. In the first column, you will find some facts about the university system in the U.S. In the second column, write the corresponding information about universities in the Spanish-speaking world, according to the email.

Estados Unidos	El mundo hispano
1. Para entrar en la universidad, hay que tomar un examen de ingreso (SAT, ACT).	1. _____ _____ _____
2. Los estudiantes pueden pasar los primeros años de universidad sin saber su especialización.	2. _____ _____ _____
3. Los estudiantes pueden estudiar asignaturas en diferentes facultades.	3. _____ _____ _____
4. Muchos estudiantes no estudian en su pueblo o su ciudad; muchos estudian en otro estado.	4. _____ _____ _____
5. La educación universitaria cuesta un ojo de la cara.	5. _____ _____ _____
6. Todos los estudiantes pagan la misma matrícula.	6. _____ _____ _____

Capítulo  9 Repaso

■■■

Saber and *conocer*
■■■

In Chapter 4, you studied when to use **saber** and **conocer**.

You use **saber** to say what someone *knows how to do* and to state factual information that someone *knows*.

> Ella **sabe** esquiar muy bien.
> Él **sabe** la dirección de mi casa y el número de teléfono.

You use **conocer** when saying that someone *knows a person* or *is familiar with a place or a thing*.

> Yo **conozco** a Jesús Covarrubias; es de Puerto Varas, Chile.
> **Conozco** Puerto Varas; es un pueblo muy bonito.

When **saber** and **conocer** are used in the preterit, they have a different meaning when translated into English. This is because the use of the preterit implies the beginning of an action. Study these examples and their explanations.

> Verónica me contó todo y así por fin **supe** la verdad.
> *Veronica told me everything and that's how I found out the truth. (The start of knowing something is to find it out.)*

> **Conocí** a Hernán en una fiesta en casa de mis amigos.
> *I met Hernán at a party at my friends' house. (The start of knowing someone is to meet him/her.)*

Actividad 1 **Conversaciones.** Complete the following conversations with the correct present, preterit, or imperfect form of **saber** or **conocer**.

1. —Por favor, señor, ¿ _____ Ud. dónde está la calle O'Higgins?

   —Lo siento, no _____ muy bien esta ciudad. _____ que está

   cerca de aquí, pero no _____ exactamente dónde.

2. —Juan ya _____ que Jorge iba a ir a Cochabamba este fin de semana con

   Paulina, pero no nos dijo nada.

   —Es verdad. ¿Cuándo lo _____ tú?

   —Cuando me lo dijo Paulina. ¿Y tú?

   —Lo _____ cuando Ricardo me lo dijo.

Continued on next page →

— ¿Ricardo? Yo no _____ a ningún Ricardo. ¿De quién hablas?

— Trabaja en la agencia de viajes de lá calle Libertador.

— Ah sí... Ricky. Lo _____ en un viaje que hice a Caracas.

3. — Oye Carmen, ¿_____ qué autobús debo tomar para ir a la calle Ibiza?

— Lo siento, no _____ la calle Ibiza.

— Está cerca del Parque del Retiro.

— _____ que el 62 pasa por allí.

— Gracias.

4. — ¿Dónde _____ tu padre a tu madre?

— La _____ en un accidente de coche.

— ¡¿De veras?!

— Él dice que los frenos no funcionaron y por eso chocó con el carro de mi madre.

— Bueno, todos nosotros _____ que tu padre no maneja bien... siempre tiene

por lo menos un accidente al año.

Capítulo 10 Mi casa es tu casa

Vocabulario esencial I

Los números ordinales

Actividad 1 **La primera actividad.** Completa cada oración con el número ordinal apropiado.

1. Ellos viven en el _____ piso. (2)

2. Ricardo llegó en _____ lugar. (3)

3. María fue la _____ persona en recibir su dinero. (5)

4. Ana terminó _____ . (7)

5. Perú ganó el _____ premio (*prize*). (4)

6. Carlos llegó _____ . (3)

7. Tengo que estudiar _____ ; después puedo salir. (1)

8. Compraron un apartamento en el _____ piso y pueden ver toda la ciudad. (9)

9. Guillermo fue el _____ hijo de su familia que terminó la universidad. (1)

10. Esta es la _____ oración. (10)

Actividad 2 **¿En qué piso?** Imagina que eres portero(a). Estos son los buzones (*mailboxes*) del edificio de apartamentos donde trabajas. Usando oraciones completas, contesta las preguntas que te hacen las visitas que van al edificio.

101 Martín	301 Pascual	501 Robles
201 Lerma	401 Cano	601 Fuentes

1. ¿En qué piso vive la familia Robles? _____

_____

2. ¿En qué piso vive Pepe Cano? _____

_____

3. ¿Sabe Ud. en qué piso viven los Sres. Martín? _____

_____

4. La Srta. Pascual vive en el sexto piso, ¿no? _____

_____

Las habitaciones de una casa

Actividad 3 **La casa.** Asocia las siguientes acciones con las habitaciones de una casa.

1. preparar comida _____
2. mirar la televisión _____
3. dormir _____
4. vestirse _____

5. llegar a casa _____
6. comer _____
7. afeitarse _____

Actividad 4 **¡Muchos gastos!** Cuando una persona alquila un apartamento tiene muchos gastos. Escribe a qué gasto se refiere cada una de las siguientes descripciones. Usa el artículo definido en tus respuestas.

1. El dinero que se paga cada mes por un apartamento. _____

2. El dinero extra que se paga antes de empezar a vivir en un apartamento.

   _____

3. Cuando usas computadoras o lámparas, tienes que pagar esto. _____

4. Cuando te bañas o te duchas, tienes que pagar esto. _____

5. Cuando preparas la comida, tienes que pagar esto. _____

6. Si hace mucho frío y quieres sentir calor tienes que pagar esto. _____

Gramática para la comunicación I

Using Affirmative and Negative Words

Actividad 5 **Negativos.** Completa las siguientes oraciones con **algún, alguno, alguna, algunos, algunas, ningún, ninguno** o **ninguna.**

1. No tengo _____ clase interesante.

2. —¿Cuántos estudiantes vinieron anoche?

   —No vino _____ .

3. ¿Tienes _____ libro de economía?

4. —Necesitamos _____ discos compactos de salsa para la fiesta.

   —¿Discos compactos de salsa? Sí, creo que tengo _____ .

5. —¿Tienes una tarjeta telefónica?

   —No, no tengo _____ .

Continúa en la página siguiente →

6. — ¿Limpiaste todas las habitaciones?

— No todas, pero limpié _____.

7. — ¿Conoces _____ restaurante bueno cerca de aquí?

— No hay _____ bueno, pero hay un restaurante muy barato.

Actividad 6 **El mensaje.** Completa este mensaje que Camila le escribió a su compañera de apartamento. Usa palabras afirmativas y negativas (**ningún, algún, ninguna,** etc.).

Pilar:

Busqué y no encontré _____ toalla. Si tienes

tiempo, favor de lavarlas. Voy a ir al supermercado esta tarde para comprar

_____ cosas; si quieres algo en especial, voy a

estar en la oficina y no hay _____ problema,

puedes llamarme allí. Otra cosa, iba a escuchar un disco compacto de los

Gypsy Kings, pero no encontré _____. Sé que

tenemos _____ discos compactos de ellos;

¿sabes dónde están?

    Camila

P.D. Esta noche van a venir _____ amigos para

estudiar.

Talking About the Unknown: The Present Subjunctive

Actividad 7 **Busco apartamento.** Miguel busca apartamento. Completa lo que dice con la forma correcta del subjuntivo de los verbos indicados.

1. Busco un apartamento que _____ cerca del trabajo. (estar)

2. No me gusta subir escaleras (*stairs*); por eso necesito un apartamento que

_____ ascensor (*elevator*). (tener)

3. Necesito estudiar; por eso, busco un apartamento que _____ tranquilo. (ser)

4. Tengo muchas plantas. Quiero un apartamento que _____ balcón. (tener)

5. No tengo mucho dinero; por eso, busco un apartamento que _____ poco.

(costar)

Actividad 8 **¿Subjuntivo o indicativo?** Completa las siguientes oraciones con la forma apropiada del indicativo o del subjuntivo de los verbos indicados.

1. Mi novio conoce a una secretaria que _____ noventa palabras por minuto. (escribir)

2. Quiero un novio que _____ inteligente. (ser)

3. Mi director necesita un recepcionista que _____ hablar italiano. (saber)

4. Voy a estar en un hotel que _____ cuatro piscinas. (tener)

5. Necesitamos un carro que _____ nuevo. (ser)

6. Quiero un esposo que _____ bien. (bailar)

7. No veo a nadie que nos _____ ayudar. (poder)

8. Necesito unas clases que no _____ antes de las 10. (empezar)

9. Tengo una profesora que no _____ exámenes. (dar)

10. Tenemos unos profesores que _____ bien las lecciones. (explicar)

11. Busco un trabajo que _____ bien. (pagar)

12. Necesito un vendedor que _____ en Caracas. (vivir)

13. No conozco a nadie que _____ un Mercedes Benz. (tener)

14. En la librería tienen unos libros de arte que _____ muy poco. (costar)

15. No hay ningún carro aquí que me _____. (gustar)

Actividad 9 **El apartamento perfecto.** El año que viene vas a buscar apartamento. Describe el apartamento ideal para ti: el número de habitaciones y cómo es, cuánto cuesta el apartamento, dónde está, etc.

Voy a buscar un apartamento que _____

_____

_____

_____

_____

Actividad 10 **Habitación libre.** Buscas un/a compañero/a de apartamento. Escribe un anuncio (*advertisement*) para describir a la persona perfecta.

Busco un/a compañero/a que _____

_____

_____

_____

_____

Actividad 11 **Una clase fácil.** Ya tienes varias clases difíciles para el próximo semestre, pero necesitas unos créditos más. Buscas la clase perfecta: interesante pero sin mucho trabajo. Tu compañero/a de habitación siempre encuentra clases "fáciles". Descríbele la clase que buscas.

Necesito una clase fácil con un profesor que _____

_____

_____

_____

Un poco de todo

Actividad 12 **Los anuncios personales. Parte A.** Recibiste la siguiente nota de un amigo. Completa la nota con palabras afirmativas y negativas (**ningún, algún, ninguna,** etc.).

> Hola:
> Tengo un problema. Nunca conozco a
> _____ chica que quiera salir
> conmigo. Quiero escribir un anuncio personal.
> Escribí _____ líneas, pero no
> me salieron bien. De verdad no tengo
> _____ idea sobre qué escribir.
> ¿Por qué no me escribes el anuncio tú?
> Gracias,
>
> **Miguel Ángel**

Parte B. Como tú eres una persona cómica y escribes bien, vas a escribir un anuncio personal para tu amigo Miguel Ángel. Primero, describe cómo es él y qué le gusta hacer (indicativo). Luego, describe el tipo de mujer que busca (subjuntivo). Recuerda que estás escribiendo por él.

Yo _____

_____

_____

_____

_____

Vocabulario esencial II

En la casa

Actividad 13 **¿Dónde está...?** Escribe en qué habitación o habitaciones normalmente encuentras los siguientes muebles y electrodomésticos. Incluye el artículo definido.

1. sofá _____

2. inodoro _____

3. horno _____

4. cama _____

5. estante _____

6. mesa y seis sillas _____

7. lavabo _____

8. nevera _____

9. televisor _____

10. congelador _____

11. cómoda _____

12. espejo _____

Actividad 14 **Necesitamos...** Gonzalo acaba de alquilar un apartamento semiamueblado.
Mira el dibujo y completa el mensaje que Gonzalo le escribió a su compañero de apartamento con los muebles y electrodomésticos apropiados.

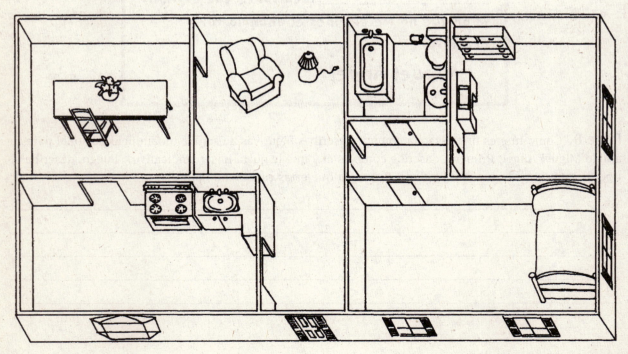

Continúa en la página siguiente →

Paco:

En la sala solo hay _____;
entonces necesitamos _____
_____. En el comedor _____
_____.

Un dormitorio tiene _____
y el otro _____.
Por eso, necesitamos _____.

Tenemos un problema enorme en la cocina: tenemos _____
_____,
pero _____.

Podemos hablar más esta noche.
Chau,
Gonzalo

Gramática para la comunicación II

Giving Advice and Stating Desires: Other Uses of the Subjunctive

Actividad 15 **La influencia.** Jaime quiere ir a vivir a California y sus amigas tienen muchos consejos para él. Completa la conversación con el infinitivo o la forma apropiada del subjuntivo de los verbos indicados.

ANA   Te aconsejo que _____ a Sacramento. (ir)

MARTA Quiero que nos _____ una vez al mes. (llamar)

ANA   Es importante que _____ un carro nuevo antes del viaje.
       (comprar)

MARTA Es mejor _____ por avión. (viajar)

ANA   Necesitas buscar un trabajo que _____ interesante. (ser)

MARTA Te prohibimos que _____ a fumar otra vez. (comenzar)

ANA   Te pido que me _____. (escribir)

MARTA No es bueno _____ la primera oferta de trabajo. (aceptar)

ANA   Es importante que antes de ir, _____ información sobre
       apartamentos. (tener)

Continúa en la página siguiente →

MARTA   Espero que _____ fotos de tu apartamento nuevo. (sacar)

ANA   Te recomiendo no _____ con cualquier (*any*) Fulano, Mengano y Zutano.
         (salir)

MARTA   Es importantísimo que _____. (divertirse)

JAIME   Bien, bien... ¿y si decido ir a Colorado?

Actividad 16 **Los tíos preguntones.** Magdalena pasó el día con sus tíos que son muy simpáticos, pero siempre le preguntan demasiado. Escribe lo que contestó Magdalena a sus preguntas, algunas discretas y otras indiscretas con el subjuntivo.

1. ¿Tus compañeros de apartamento quieren que cocines mucho?

   Sí, _____.

2. ¿Les prohíbes a tus compañeros que hagan fiestas?

   No, _____.

3. ¿Tus compañeras de apartamento y tú les prohíben a sus amigos que fumen en el apartamento?

   Sí, _____.

4. ¿Tu novio quiere que vivas con él?

   No, _____.

5. ¿Tus padres quieren que vivas en una residencia en vez de un apartamento?

   No, _____.

6. ¿Tus padres te aconsejan que cambies de especialización?

   No, _____.

7. ¿Tu profesor de francés te prohíbe que otros te ayuden con tus composiciones?

   Sí, _____.

8. ¿Tu profesor de francés les recomienda a Uds. que usen un CD-ROM?

   Sí, _____.

9. ¿Quieres que tu tío y yo vayamos a visitarte el mes que viene?

   No, _____.

10. ¿Quieres visitarnos durante tus próximas vacaciones?

    Sí, es buena idea que _____.

Nombre _____ Sección _____ Fecha _____

Actividad 17 La queja. Lee esta carta que escribió Raimundo Lerma a una agencia de protección al consumidor en Nicaragua. Luego, completa la respuesta de la agencia.

Puerto Cabezas, 17 de abril de 2006

Estimados señores:

La semana pasada compré una tostadora. Funcionó por tres días y ahora no funciona. Busqué y no encontré ninguna garantía. Volví a la tienda para devolverla y recibir mi dinero, pero no me lo quisieron dar. Ahora tengo un problema: gasté 850 córdobas por una tostadora que no funciona. ¿Qué puedo hacer?

Gracias por su atención,

Raimundo Lerma Zamora

Managua, 20 de abril de 2006

Estimado Sr. Lerma:

Le aconsejamos que _____,

pero es importante que _____.

Si todavía tiene problemas, es mejor que _____

_____.

Atentamente,

Susana Valencia Blanco

Susana Valencia Blanco

Defensa del consumidor

Actividad 18 Un problema serio. Tu hermano menor tiene problemas con las drogas. Tus padres no saben qué hacer y te pidieron consejos. Completa las siguientes oraciones para ayudarlos.

1. Es mejor que Uds. _____.

2. Les aconsejo que Uds. _____.

3. Es bueno que Uds. no _____.

4. Les pido que Uds. _____.

5. Es importante que Uds. _____.

Un poco de todo

■■■

Actividad 19 Ayuda. Hablas con dos estudiantes de Bolivia que llegaron hace poco a tu ciudad. Dales algunos consejos para ayudarlos a buscar un apartamento.

Tipo de apartamento

1. Deben buscar un apartamento que _____

_____

Precio de un alquiler típico

2. Un alquiler normal _____

_____

Depósito típico

3. Es típico pagar _____

_____

Buenas zonas de la ciudad para vivir

4. Les aconsejo que _____

_____

Actividad 20 El estudiante confuso. Lee el siguiente email de un estudiante de inglés que pide consejos a estudiantes que ya tomaron el curso. Luego, completa el email con consejos usando el infinitivo, el presente del indicativo o el presente del subjuntivo de los verbos indicados.

Asunto: Estudiante confuso

A▾ 12▾ ▦ A A A ℳ ☰ ☷ ☶ ☵ ▤▾ ▱▾

Queridos ex estudiantes de inglés elemental:

Tengo un pequeño problema. Me gusta mucho el inglés y estudio muchas horas la noche antes de los exámenes. Memorizo el vocabulario, leo las explicaciones gramaticales y hago toda la tarea en el cuaderno de ejercicios. En los primeros exámenes saqué buenas notas, pero en los últimos tres, mis notas fueron fatales. ¿Qué me aconsejan?

Estudiante confuso

Continúa en la página siguiente →

Nombre _____ Sección _____ Fecha _____

Querido estudiante confuso:

Primero, es bueno estudiar el inglés y es importante tener una actitud

positiva. Tu problema es que esperas hasta el último momento para estudiar.

Hay algunas cosas que _____ fáciles de hacer. Te aconsejamos que
                              (ser)

_____ un poco todos los días. Es mejor que _____
     (estudiar)   (empezar)

a estudiar el vocabulario el primer día de cada capítulo y que después lo

_____ diez o quince minutos cada día. También debes
     (repasar)

_____ las actividades de Internet. A nosotros nos gustan
     (hacer)

mucho porque corregir las actividades en Internet es rápido y tienes la

respuesta correcta en un segundo. Es importante _____
                                                      (comenzar)

con las actividades de vocabulario y gramática y _____
                                                      (terminar)

con las actividades de lectura (conversaciones y párrafos) que son más

abiertas. También tienes que _____ la tarea todos los
                                   (hacer)

días y no esperar hasta el último día. Una cosa más: Tenemos amigos que

_____ buenas notas y estudiamos con ellos; esto es una ayuda
     (sacar)

enorme. Es importante buscar gente que _____ trabajar con
                                             (querer)

otros y que _____ preparada a colaborar.
                 (venir)

Cuando estudias a última hora, recuerdas algunas cosas para el examen, pero

después de dos días no sabes mucho. Por eso, es mejor _____
                                                           (estudiar)

un poco todos los días; así vas a recibir una buena nota en la clase y vas a

poder hablar inglés bien. Esperamos que _____ una buena nota
                                              (sacar)

en la clase.

Un abrazo y buena suerte,

Ex estudiantes de inglés elemental

P.D. Es muy importante que _____ mucho en clase todos los
                                 (hablar)

días.

Lectura

Estrategia de lectura: Using the Dictionary

When you don't know what a word means, follow this procedure:

1. Skip it if it isn't important.

2. Discern meaning from context.

3. Check and see if the word is mentioned again in the reading.

4. Look it up in the dictionary.

Remember: The dictionary should be your last resort or you may become very frustrated trying to look up every single word you do not understand at first glance. See your textbook for information about how to use a dictionary.

Actividad 21 **Cognados.** Mientras lees el siguiente artículo sobre los mercados al aire libre, subraya (*underline*) los cognados.

LOS MERCADOS EN EL MUNDO HISPANO

Si viajas a un país hispano, un lugar interesante para visitar es el mercado al aire libre. Hay muchas clases de mercados: mercados de artesanía, de antigüedades, de comida y también de cosas en general. Algunos de estos mercados son principalmente para turistas y otros son para la gente del lugar. Vas a encontrar mercados que están abiertos todos los días y otros que solo
5   abren días específicos.

En general, se pueden conseguir buenos precios en los mercados y, a veces inclusive, se puede regatear, pero tienes que tener cuidado con el regateo. En algunos lugares el regateo es común: el comerciante espera que el cliente no acepte el primer precio que se le dé, y que haga una contraoferta o pida un precio más bajo. Por otro lado, hay mercados donde no se re-
10   gatea y si lo haces puedes insultar al comerciante. Para no meter la pata, es una buena idea ver qué hace la gente del lugar. Si ellos no regatean, pues entonces, es mejor no hacerlo.

Los mercados de artesanía y de comidas más conocidos de Hispanoamérica están en México, Guatemala y Perú. Allí prevalecieron las culturas azteca, maya e incaica y hoy día sus descendientes venden al público productos de la región y la artesanía que aprendieron a hacer
15   de sus antepasados. En México, Guatemala y Perú están, por ejemplo, los mercados de Oaxaca, Chichicastenango y Huancayo respectivamente, donde la gente local vende telas típicas, hamacas, cerámica, especias y comidas. Para saber si los precios de las artesanías que tienen son buenos o no, y para comparar precios, es buena idea ir a las tiendas artesanales del gobierno, donde tienen productos similares.
20   En la ciudad de México y en Buenos Aires puedes encontrar mercados de antigüedades como la Lagunilla y el mercado de San Telmo, respectivamente. Allí es posible regatear. Los sábados y domingos son los días más interesantes porque hay mucha gente.

Para comprar de todo, existen mercados como el Rastro en Madrid, que está abierto todos los domingos. Este mercado es enorme y está dividido en diferentes zonas donde se venden
25   cosas como antigüedades, ropa y artesanía moderna, y hay además una zona para comprar animales domésticos. En ese mercado normalmente no es apropiado regatear.

Si estás en un país hispano y quieres saber si hay mercados como los que se mencionan aquí, puedes averiguar en la oficina de turismo local o simplemente preguntarle a alguien del lugar.

Actividad 22 **Usa el diccionario.** Adivina qué significan las siguientes palabras del texto que acabas de leer. Luego, consulta el diccionario de abajo para ver si tus predicciones son ciertas.

	Guess	Dictionary Definition
1. línea 2: **artesanía**	_____	_____
2. línea 6: **conseguir**	_____	_____
3. línea 10: **meter la pata**	_____	_____
4. línea 13: **prevalecieron**	_____	_____
5. línea 16: **telas**	_____	_____

ar·te·sa·ní·a f. *(habilidad)* craftsmanship; *(producto)* crafts.
con·se·guir §64 tr. *(obtener)* to obtain; *(llegar a hacer)* to attain; *(lograr)* to manage.
pa·ta f. ZOOL. *(pie)* paw, foot; *(pierna)* leg; COLL. *(pierna humana)* leg; *(base)* leg <*las patas de la mesa* the legs of the table>; ORNITH. female duck ◆ **a cuatro patas** on all fours • **a p.** COLL. on foot • **estirar la p.** COLL. to kick the bucket • **meter la p.** COLL. to put one's foot in it • **p. de gallo** crowfoot.
pre·va·le·cer §17 intr. *(sobresalir)* to prevail; BOT. to take root.
te·la f. *(paño)* fabric; *(membrana)* membrane; *(nata)* film; *(de araña)* web; ANAT. film; BOT. skin; ARTS *(lienzo)* canvas; *(pintura)* painting ◆ **poner en t. de juicio** to call into question • **t. adhesiva** adhesive tape • **t. aislante** electrical tape • **t. metálica** wire netting.

Actividad 23 **Consejos para turistas.** Después de leer el artículo, explica qué aconseja el autor sobre estos temas:

1. el regateo _____
_____

2. cómo saber si los precios son buenos o malos _____
_____

3. cuándo ir a la Lagunilla y a San Telmo _____
_____

4. si se puede regatear en el Rastro de Madrid _____
_____

Capítulo 11 El tiempo libre

Vocabulario esencial I

Los pasatiempos

Actividad 1 **Asociaciones.** Escribe la letra del pasatiempo de la Columna B que mejor corresponda con la(s) palabra(s) de la Columna A.

A

1. _____ plantas
2. _____ el póker
3. _____ hacer una blusa
4. _____ mecánico
5. _____ preparar comida
6. _____ tres horizontal
7. _____ hacer un suéter
8. _____ Pablo Picasso
9. _____ PlayStation, Xbox
10. _____ dinero
11. _____ Monopolio, Scrabble
12. _____ conexión por cable, ADSL
13. _____ Sammy Sosa, Manny Ramírez

B

a. hacer crucigramas
b. tejer
c. hacer jardinería
d. jugar juegos de mesa
e. coleccionar tarjetas de béisbol
f. jugar con juegos electrónicos
g. navegar por Internet
h. cocinar
i. coser
j. arreglar el carro
k. coleccionar monedas
l. jugar a las cartas
m. pintar

Gramática para la comunicación I

Expressing Doubt and Certainty: Contrasting the Subjunctive and the Indicative

Actividad 2 **Por las dudas.** Completa las siguientes oraciones con la forma correcta del indicativo o del subjuntivo de los verbos indicados.

1. Dudo que Laura _____ mañana. (venir)

2. Es posible que él _____ crucigramas contigo. (hacer)

3. Es evidente que nosotros _____ un problema. (tener)

4. No es verdad que mi madre _____ mucho. (coser)

5. ¿Crees que Paco _____ mucho a las cartas? (jugar)

6. No creo que Raúl _____ arreglar el carro. (saber)

7. Es cierto que yo _____ hacerlo. (poder)

8. El médico cree que tú _____ comer menos. (deber)

9. Estamos seguros de que el profesor _____ buenas notas. (dar)

10. Es probable que _____ la carta hoy. (llegar)

11. Es verdad que Uds. _____ mucho. (pescar)

12. Quizás mis hermanos _____ venir esta noche. (querer)

13. Es obvio que la clase _____ a ser difícil. (ir)

14. Es cierto que tú _____ poesías preciosas. (escribir)

15. No crees que Jorge _____ aquí en Madrid, ¿verdad? (estar)

16. Tal vez yo _____ la lotería algún día. (ganar)

17. No hay duda que tu padre _____ bien. (bailar)

18. Está claro que ella nos _____. (mentir)

19. Es dudoso que nosotros _____ juegos de mesa hoy. (jugar)

20. ¿Crees que el profesor de historia me _____? (odiar)

21. No es verdad que los crucigramas _____ aburridos. (ser)

Actividad 3 **Los pasatiempos. Parte A.** Completa la siguiente encuesta (*survey*) sobre los pasatiempos. Luego, completa la encuesta otra vez, con las preferencias de uno de tus padres o de un(a) amigo(a). Escribe tus iniciales y las de la otra persona en la columna apropiada, según las preferencias.

Me/Le gusta:	mucho	poco	nada
1. navegar por Internet			
2. pescar			
3. hacer crucigramas			

Continúa en la página siguiente →

4. jugar juegos de mesa _____ _____ _____

5. coser _____ _____ _____

6. jugar con videojuegos _____ _____ _____

7. pintar _____ _____ _____

8. arreglar carros _____ _____ _____

9. jugar a las cartas _____ _____ _____

10. jugar al billar _____ _____ _____

Parte B. Ahora, escríbele una nota a la persona de la **Parte A.** Uds. van a pasar el fin de semana juntos. Recomienda actividades que les gusta hacer.

➤ *Como a nosotros nos gusta arreglar carros, es posible que trabajemos en mi garaje.*
   También, como siempre pintas, me puedes pintar...

_____

_____

_____

_____

Actividad 4 **Tal vez...** Lee las siguientes conversaciones y contesta las preguntas, usando oraciones completas. Usa **tal vez** o **quizás** en tus respuestas.

➤ —¿Puedo ver uno de esos?
   —Claro que sí.
   —Es muy bonito. ¿Cuánto cuesta?
   —Solo 295 euros.
   ¿Dónde están?
   Tal vez estén en una tienda.
   Quizás estén en una tienda.

1. —Necesito una carta más.

   —¿Solo una? Vas a perder.

   —Yo siempre gano.

   ¿Qué están haciendo? _____

2. —Bienvenidos al programa. Hoy vamos a preparar una ensalada. Primero lavo y corto la lechuga,

   después lavo bien los tomates y también los corto, pero no muy pequeños...

   ¿Dónde está esta persona? _____

   ¿A quiénes crees que les esté hablando? _____

3. —¿Cómo que no me queda dinero?

   —No señor, no hay nada.

   —Pero, debo tener algo.

   ¿Dónde están? _____

Actividad 5 **Tu impresión.** Lee este mensaje que recibiste de tu amigo Ernesto. Luego, completa tu respuesta.

Hola:

Creo que tengo problemas con mi esposa, pero tal vez sea mi imaginación. Hace dos meses empezó un trabajo nuevo como arquitecta. Al principio todo iba bien, pero comenzó a trabajar con un arquitecto joven y últimamente está trabajando muchas horas (anoche no regresó a casa hasta las diez y media). Dice que le gusta mucho el trabajo y sé que, para ella, es muy importante trabajar. Dice que la semana que viene, ese arquitecto y ella tienen que ir a otra ciudad por dos días para asistir a una conferencia. Ella me dice que no pasa nada, pero yo tengo mis dudas. Anteayer, en vez de volver en autobús, él la trajo a casa.

Es posible que no sea nada, pero no estoy seguro. ¿Qué crees tú? ¿Qué debo hacer?

Ernesto

Querido Ernesto:

Es evidente que _____. Es posible que

_____

_____. También dudo que _____

_____. Pero es cierto que _____

_____. Te aconsejo que

_____ porque estoy seguro(a)

de que _____. Te deseo

mucha suerte.

Un abrazo,

_____

Saying How an Action Is Done: Adverbs Ending in *-mente*

Actividad 6 **¿Cómo?** Escribe oraciones, usando las siguientes palabras. Haz cambios y añade otras palabras si es necesario.

➤ yo / correr / rápido / clase **Yo corro rápidamente a clase.**

1. general / ellas / estudiar / biblioteca _____

   _____

2. mi / hermanos / hablar / constante / teléfono _____

   _____

3. yo / saber / cantar / divino _____

4. ellos / jugar con videojuegos / continuo _____

5. nosotros / poder / encontrar / trabajo / Caracas / fácil _____

   _____

Un poco de todo

Actividad 7 **Un anuncio.** Lee este anuncio y contesta las preguntas.

¿QUIERES SER INSTRUCTORA DE AEROBICS?

Inscríbete en:

Guiesca

Tenemos el mejor sistema de enseñanza por medio de un programa activo, con intervención | de profesores ampliamente capacitados dentro de un agradable ambiente.

Servicios que presta: Gimnasia aeróbica, Jazz, Pesas.

Fdo. Iglesias y Calderón
No. 50 Jardín Balbuena
15900 5 - 73 - 63 -78
Inscripción de la S.E.P. No. Reg. 88:056

1. Marca las actividades que se pueden hacer en Guiesca.

   ☐ levantar pesas

   ☐ nadar

   ☐ hacer ejercicio

   ☐ jugar al squash

2. ¿Crees que Guiesca busque personas que tengan experiencia? ¿Por qué sí o no?

   _____

3. ¿Crees que sea un gimnasio para hombres? ¿mujeres? ¿hombres y mujeres?

   _____

   ¿Por qué crees eso? _____

Vocabulario esencial II

El desayuno

Actividad 8 La palabra que no pertenece. Escoge la palabra que no pertenece al grupo.

1. fresas, mantequilla, naranja, manzana

2. yogur, salchicha, tocino, jamón

3. churros, medialuna, galleta, jugo

4. jugo, café, cereal, chocolate caliente

5. tostadas, revueltos, duros, fritos

La preparación de la comida

Actividad 9 En la cocina. Escribe las letras de todas las cosas de la Columna B que asocias con cada verbo de la Columna A. Escribe todas las respuestas posibles para cada verbo.

A	B
1. _____ freír	a. salchicha
2. _____ cortar	b. jamón
3. _____ añadir	c. cuchillo
4. _____ darle la vuelta	d. olla
5. _____ hervir	e. azúcar
6. _____ revolver	f. pan
	g. yogur
	h. huevos
	i. sartén
	j. mantequilla
	k. recipiente
	l. tocino

Gramática para la comunicación II

Giving Instructions: The Passive *se*

Actividad 10 **Una receta.** Completa la siguiente receta con la forma correcta de los verbos indicados. Usa el **se** pasivo.

UNA TORTILLA ESPAÑOLA

Primero, _____ cuatro patatas grandes en   *cortar*

trozos pequeños. Segundo, _____ una cebolla.   *cortar*

Después _____ aceite en una sartén a fuego   *poner*

alto. _____ las patatas y la cebolla al aceite   *añadir*

caliente. Mientras _____ las patatas y la cebolla,   *freír*

_____ cuatro huevos en un recipiente.   *revolver*

_____ sal a los huevos. Después,   *añadir*

_____ las patatas y la cebolla con los huevos y   *revolver*

_____ todos los ingredientes en la sartén. Después   *poner*

de unos minutos, _____ la vuelta. Al final,   *darle*

_____ una tortilla deliciosa con un grupo de amigos.   *comer*

Actividad 11 **Una ensalada.** Tu amiga es un desastre en la cocina. Para ayudarla, le escribiste un mensaje explicándole cómo se prepara una ensalada. Completa la receta con las palabras apropiadas.

Primero se lava y _____ _____ la lechuga. Después _____

_____ y _____ _____ los tomates. _____

_____ la lechuga en el plato y _____ _____ los

tomates encima de la lechuga. También puedes _____ una cebolla si quieres

y ponerla encima de la lechuga. Como te gusta mucho el queso, te aconsejo que

_____ un poco encima de todo. Ahora, _____ _____

aceite y vinagre (pero poco vinagre), después _____ _____ sal

(y pimienta si quieres). Finalmente _____ _____ todo y se come.

Other Uses of *para* and *por*

Actividad 12 **¿Para o por?** Completa estas oraciones con **para** o **por**.

1. Le cambié mi radio _____ su chaqueta.

2. Anoche caminamos _____ la playa _____ varias horas.

3. _____ mí, el trabajo es muy aburrido.

4. Mañana Jaime sale _____ Punta del Este.   Continúa en la página siguiente →

5. Mañana tengo que ir al médico; por eso Victoria va a trabajar _____ mí.

6. ¿Cuánto pagaste _____ los churros?

7. Eran las tres cuando me llamaste _____ teléfono.

8. Mis padres van en tren de Valencia a Madrid y van a pasar _____ Albacete.

9. Debes mandar los documentos _____ email.

10. _____ Álvaro, las tortillas de su abuela son deliciosas.

11. Trabajé más horas de lo normal _____ ganar un poco más de dinero.

12. Compré galletas, croissants y jugo _____ el desayuno.

Expressing Emotions: More Uses of the Subjunctive

Actividad 13 ¡Qué emoción! Completa estas oraciones con el infinitivo o la forma correcta del indicativo o del subjuntivo de los verbos indicados.

1. A Mercedes le sorprende que tú no _____ más. (leer)

2. Es una pena que _____ bombas atómicas. (haber)

3. Espero _____ dinero del banco esta tarde. (sacar)

4. A mi madre le gusta que yo la _____ con los crucigramas del periódico. (ayudar)

5. Mi padre espera que la universidad _____ a mi hermano. (aceptar)

6. Me alegro de que tú _____ aquí. (estar)

7. Sentimos no _____ venir mañana. (poder)

8. Temo que mi novia me _____. (mentir)

9. Es fantástico que a Guillermo le _____ arreglar carros. (gustar)

10. Miguel espera que su compañero le _____ un buen desayuno. (preparar)

11. Es una pena no _____ tiempo hoy para jugar a las cartas. (tener)

12. Rogelio se sorprendió de _____ a Roberto en su clase. (ver)

13. Tenemos miedo de que el examen _____ difícil. (ser)

14. A mi hermana le molesta que yo _____ su guitarra. (tocar)

Actividad 14 ¿Qué sientes? Describe tus emociones y opiniones sobre tu universidad. Escribe sobre el presente o el futuro. No escribas sobre el pasado.

➤ Es bueno que la *universidad tenga una biblioteca grande.*

1. Me sorprendo de que _____.

2. Es fantástico que _____.

3. Me molesta que _____.

4. Es una pena que _____.

5. Me alegro de que _____.

6. Tengo miedo de que _____.

Un poco de todo
▪▪▪

Actividad 15 Las mentes curiosas quieren saber. Lee los siguientes titulares (*headlines*). Algunos son de periódicos respetables y algunos de periódicos sensacionalistas. Escribe tus reacciones, usando estas frases: **Me sorprendo de que..., No creo que..., Me alegro de que..., (No) Es posible que..., Creo que...,** etc.

1. Viajes a Marte en el año 2015. _____

   _____

2. Cumple 110 años y todavía hace artesanías. _____

   _____

3. Mujer de 72 años tiene bebé. _____

   _____

4. Nueva droga del Amazonas. ¿La cura del cáncer? _____

   _____

5. Niño de 6 años va a competir en las semifinales de un campeonato de ajedrez contra adultos. ____

   _____

6. Costa Rica tiene más profesores que policías y no tiene militares. _____

   _____

7. Cada año España tiene más turistas que habitantes. _____

   _____

8. La fruta del futuro: La *nanzana*, una combinación de una naranja y una manzana. _____

   _____

Lectura
▪▪▪

Estrategia de lectura: Topic Sentences and Supporting Evidence

As you read, you need to focus your attention in order to understand the text. One way to do this is to locate the topic sentence (**oración principal**) in each paragraph. Once you have identified these, you can look for supporting information (**ideas de apoyo**).

Actividad 16 Oración principal e ideas de apoyo. Mientras lees el siguiente artículo, escribe las oraciones principales de los párrafos indicados y toma apuntes sobre las ideas de apoyo.

Párrafo 2: _____

_____

   Ideas de apoyo:

   _____

   _____

   _____

Continúa en la página siguiente →

Párrafo 3: _____

_____

    Ideas de apoyo:

    _____

    _____

    _____

Párrafo 4: _____

_____

    Ideas de apoyo:

    _____

    _____

    _____

    _____

Párrafo 5: _____

_____

    Ideas de apoyo:

    _____

    _____

    _____

    _____

    _____

CURIOSIDADES Y COSTUMBRES DEL MUNDO HISPANO

En algunos países hispanos se encuentran enigmas difíciles de comprender. Hay enigmas arqueológicos intrigantes que se están investigando, pero quizás
5   nunca se encuentre una explicación para ellos. Por otro lado, hay fenómenos religiosos curiosos que tienen su origen en civilizaciones pasadas.

Las líneas de Nasca

Uno de los fenómenos arqueológi-
10 cos inexplicables son los dibujos de Nasca, Perú. Allí, en la tierra, hay dibujos gigantescos de animales y flores que solo pueden verse en su totalidad desde el aire. También hay unas líneas
15 muy derechas. Algunos dicen que tal vez sean pistas de aterrizaje[1] que se hicieron en la época prehistórica para visitantes extraterrestres.

Otro enigma que contradice toda lógica está en la Isla de Pascua, Chile. Allí, al lado del mar, hay unas cabezas enormes de piedra volcánica. Hay mucha controversia sobre el origen de estos monolitos, pero se cree que se construyeron unos cuatrocientos años antes de Cristo.
20 Estas piedras pesan más de veinte toneladas[2] cada una y, hoy en día, todavía es inexplicable cómo una pequeña población pudo moverlas tantos kilómetros, desde el volcán hasta la costa. Hay gente que afirma que es un fenómeno sobrenatural.

En el mundo hispano no solo hay fenómenos arqueológicos fascinantes; existen también algunas costumbres religiosas que muestran aspectos únicos de la cultura. Una de estas cos-
25 tumbres es cómo usan la hoja de coca los indígenas de Bolivia y Perú. Ellos le ofrecen la coca a la diosa Pachamama para que ella les dé buena suerte; también mascan[3] la hoja de coca para combatir el hambre y el cansancio que causa la altitud. La hoja de coca se usa además en esa zona para predecir el futuro y para diagnosticar enfermedades.

Un fenómeno religioso que coexiste con el catolicismo es la santería, común en varios
30 países del Caribe. Es de origen africano y consiste en la identificación de dioses africanos con santos cristianos. Cuando los españoles trajeron a los esclavos a América, los forzaron a adoptar el cristianismo, pero ellos no abandonaron totalmente su propia religión y el resultado fue una mezcla de las dos religiones. La santería que se practica hoy en día varía de país en país. En Cuba, por ejemplo, los orishas (dioses) corresponden a los santos cristianos: Babalú es el
35 nombre de San Lázaro y es el protector de los enfermos; Changó, el dios del rayo[4], es Santa Bárbara. Hay símbolos especiales asociados con cada orisha y rituales para honrarlos.

Estos fenómenos arqueológicos y estas costumbres religiosas nos muestran varios aspectos de la cultura hispana. Conocer las costumbres propias de otras culturas nos ayuda a comprenderlas.

_____
[1]**pistas...** *landing strips*   [2]*toneladas métricas. Una tonelada métrica = 2204 libras*   [3]*they chew*   [4]*lightning*

Actividad 17 **Preguntas.** Contesta estas preguntas, usando oraciones completas. _____

1. ¿Crees que las líneas de Nasca sean para extraterrestres? _____

_____

2. ¿Cuál es el fenómeno inexplicable de la Isla de Pascua? _____

_____

3. ¿Para qué usan la coca los indígenas de Perú y Bolivia? _____

_____

4. ¿Cuál es el origen de la santería? _____

_____

5. ¿Conoces otros fenómenos inexplicables en otras partes del mundo? ¿Cuál o cuáles? _____

_____

Capítulo **11** Repaso

▪▪

Para and *por*
▪▪▪

In Chapters 5 and 11 you studied different uses of the words **para** and **por.** Study these examples and then complete the conversations that follow.

—¿**Para** qué estudias?

—Pero trabajas también, ¿no?

—En J. Crew, ¿la ropa es cara?

—¿Cómo supiste del trabajo?

—¿Lo leíste en un periódico?

—¿**Para** qué trabajas?

—¿Cuándo trabajas?

—En tu opinión, ¿es bueno estudiar y trabajar?

—Pero si estudias, ¿hay días que no puedes ir a trabajar?

—¿Cuántos años más vas a estar en la universidad?

—¿Y después de terminar?

—¿Cuándo te vas **para** tu pueblo **para** visitar a tus padres?

—¿Cuándo es tu próxima visita?

—Estudio **para** ser médico/abogado/etc.

—Sí, trabajo **para** J. Crew.

—Sí y no, depende. Es posible pagar $30 o $100 **por** un suéter.

—**Por** un anuncio.

—No, un amigo me lo mandó **por** email.

—Trabajo **para** tener dinero, **para** poder salir con mis amigos y **para** pagar mis estudios.

—Trabajo **por** la tarde los lunes, los martes y los jueves.

—**Para** otras personas, no sé, pero **para** mí, sí. En la universidad aprendo mucho, pero en el trabajo también aprendo.

—Claro, pero tengo un amigo en el trabajo. Si él no puede trabajar, yo trabajo **por** él, y si yo no puedo, él trabaja **por** mí.

—Voy a estar aquí **por** dos años más.

—Pienso viajar **por** Suramérica.

—Me voy **para** mi pueblo pronto.

—Voy **para** Navidad.

Actividad *1* **Conversaciones.** Completa las siguientes conversaciones con **para** o **por**.

Dos estudiantes de francés hablan:

—¿Entiendes la tarea que nos dio la profesora hoy en la clase de francés?

—_____ (1) mí, la lección _____ (2) mañana es fácil, pero hay otras cosas que son

   problemáticas.

—_____ (3) los estudiantes de inglés, los verbos son fáciles.

—Los verbos en francés son difíciles _____ (4) mí.

Dos aficionados al fútbol hablan sobre un nuevo jugador:

—Ahora Jorge juega al fútbol _____ (5) los Huracanes.

—Juega solo _____ (6) tener dinero y _____ (7) ser famoso. No me gusta su actitud.

—A mí tampoco. Si Jorge está enfermo, Lorenzo juega _____ (8) él. ¿Sabías eso?

—Lorenzo es mejor jugador y él juega _____ (9) divertirse.

Dos personas hablan sobre el hermano de uno de ellos:

—¿Conoces a mi hermano Hernando?

—No, ¿cómo es?

—_____ (10) mis padres, es el hijo perfecto.

—¿Y eso?

—_____ (11) Hernando, la educación universitaria es muy importante. Él estudia _____ (12)

   ser maestro de niños pequeños. Tiene clases _____ (13) la mañana, trabaja _____ (14) la

   tarde _____ (15) una compañía internacional y estudia _____ (16) la noche. Los lunes,

   los miércoles y los sábados corre _____ (17) el parque _____ (18) hacer ejercicio. Los

   domingos Hernando sale de la ciudad y se va _____ (19) el pueblo _____ (20) visitar a

   nuestros padres. Normalmente los visita _____ (21) un par de horas. Después, al volver a casa

   pasa _____ (22) la casa de nuestra abuela _____ (23) ver si está bien.

—Ya veo. ¿El señor perfecto tiene novia?

—Claro. Ella vive en otra ciudad, entonces él siempre le manda regalos pequeños. Y también le manda

   mensajes todos los días _____ (24) correo electrónico.

—Tienes razón, su vida es perfecta.

—No, perdón. _____ (25) mí, esa no es una vida perfecta. No puede ir a caminar _____ (26)

   la calle todas las noches con su novia, no puede verla, solo puede hablar con ella _____ (27)

   teléfono o mandarle mensajes _____ (28) correo electrónico.

—Tu hermano piensa en su futuro y tú piensas en el presente.

—Sí, es verdad. Hablando del presente, ¿por qué no nos vamos _____ (29) el club?

—Bueno, pero primero podemos pasar _____ (30) un cajero automático; necesito sacar dinero.

—Bien.

Capítulo 12 ¡Viva la música!

Vocabulario esencial I

El correo y la red

Actividad 1 **Mandar una carta.** Escribe las palabras que corresponden a las siguientes cosas. Incluye el artículo definido en tus respuestas.

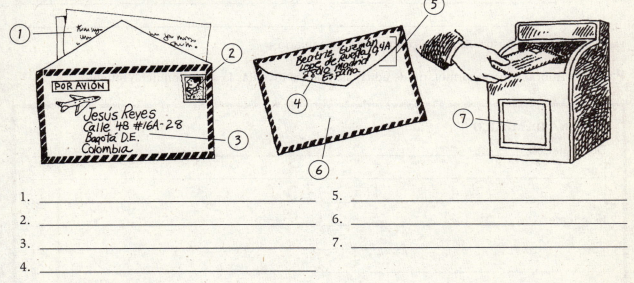

1. _____   5. _____
2. _____   6. _____
3. _____   7. _____
4. _____

Actividad 2 **La red.** Combina las cosas de la Columna A con las de la Columna B.

A	B
1. _____ @	a. iTunes
2. _____ /	b. dos puntos
3. _____ :	c. Google
4. _____ enlace	d. arroba
5. _____ dirección de correo electrónico	e. dto2mo2@gmail.com
6. _____ buscador	f. dto2mo2
7. _____ bajar música	g. barra
8. _____ nombre de usuario	h. http://www.latinolink.com

Actividad 3 **El paquete. Parte A.** Estás en México y tienes que mandarle un paquete muy importante a tu jefe, Diego Velazco Ramírez. El paquete contiene unos contratos y lo vas a mandar al Hotel Meliá Castilla, Capitán Haya 43, 28020 Madrid, España. Es necesario que el paquete llegue mañana o pasado mañana. Completa la conversación que tienes con el empleado del correo.

EMPLEADO   ¿Qué desea?

TÚ   _____

EMPLEADO   ¿Adónde va el paquete?

TÚ   _____

EMPLEADO   ¿Contiene comida o alcohol?

TÚ   _____

EMPLEADO   ¿Cómo lo quiere mandar? ¿Por avión? ¿Urgente?

TÚ   _____

   ¿ _____ ?

EMPLEADO   Mañana o pasado mañana.

TÚ   _____

   ¿ _____ ?

EMPLEADO   140,00 pesos. Favor de completar el formulario.

Parte B. Ahora, llena el formulario de aduanas. Puedes inventar la dirección del remitente.

ADUANA DE MÉXICO

Destinatario: _____

_____

_____

Remitente: _____

_____

_____

Contenido del paquete: _____

_____

_____

Gramática para la comunicación I

Making Comparisons

Actividad 4 **Comparaciones.** Escribe oraciones comparando estas personas o cosas. ¡Ojo! Algunas usan superlativos y otras usan comparativos.

➤ Paris Hilton / Rosie O'Donnell / Oprah / delgado
Paris Hilton es la más delgada de las tres.

1. Danny DeVito / Tom Hanks / bajo _____
_____

2. México / Guatemala / El Salvador / grande _____
_____

3. el tango / la salsa / sensual _____
_____

4. carro / costar / más / diez mil dólares _____
_____

5. George W. Bush / Bill Clinton / George Bush / joven _____
_____

6. el jazz / el merengue / el rock / bueno _____
_____

Actividad 5 **El ejercicio y la salud.** Compara los siguientes gimnasios. Usa el comparativo o el superlativo.

	Cuerposano	Musculín	Barriguita
Número de clases aeróbicas	14/semana	7/semana	21/semana
Precio	$1.700/año	$2.500/año	$1.875/año
Piscina	50 metros	25 metros	40 metros
Número de miembros	1500 Hombres y mujeres	1400 Para toda la familia	1350 Solo mujeres
Extras	Bar con jugos y sándwiches	Máquinas de Coca-Cola, boutique	Bar, cafetería y restaurante

1. clases aeróbicas: Cuerposano / Musculín _____
_____

2. precio: Cuerposano / Musculín / Barriguita _____
_____

3. piscina: Cuerposano / Musculín / Barriguita _____
_____

Continúa en la página siguiente →

4. número de miembros: Musculín / Barriguita _____

_____

5. En tu opinión, ¿cuál es el mejor gimnasio? ¿Por qué? _____

_____

Actividad 6 **Los hermanos Villa.** Mira el dibujo de los hermanos Villa y lee las pistas (*clues*). Después identifica el nombre de la persona en cada dibujo, su edad y qué hace.

1   2   3   4   5

Pistas

Felisa es la más alta de las hermanas.

El estudiante tiene un año más que el músico y un año menos que la secretaria.

La secretaria tiene el pelo más largo de todos.

David es más alto que el músico.

El menor de la familia tiene veinticinco años y se llama Felipe.

La persona que tiene dos años más que Felisa es doctora.

El estudiante no trabaja.

La mayor de todos los hermanos tiene treinta y cuatro años y es la más delgada.

La hermana más alta de las tres es arquitecta.

Maribel es mayor que Ana; Ana tiene solo veintisiete años.

	Nombre	Edad	Ocupación
1.			
2.			
3.			
4.			
5.			

Actividad 7 **¿Cómo es tu familia?** Escribe una pequeña descripción de tu familia usando comparativos y superlativos. Usa adjetivos como **interesante, inteligente, trabajador/a, mayor, menor,** etc.

_____

_____

_____

_____

_____

_____

_____

_____

Making Requests and Giving Commands: Commands with *usted* and *ustedes*

Actividad *8* **Lo que deben hacer.** Lee estas recomendaciones que se pueden escuchar en una oficina de correos y luego cámbialas a órdenes de **Ud.** y **Uds.** Usa pronombres de complemento directo e indirecto si es posible.

➤ Ud. tiene que comprar las estampillas allí. *Cómprelas allí.*

1. Deben hablar con el supervisor. _____

2. No debe beber Coca-Cola aquí. _____

3. Deben sentarse allí. _____

4. No pueden tocar la guitarra aquí. _____

5. Ud. tiene que explicarle su problema a mi supervisor. _____

6. Uds. deben mandarle el paquete a su madre por avión. _____

   _____

7. Señor, no puede poner los pies en la silla. _____

8. Aquí no pueden fumar. _____

9. Debe pagar allí. _____

10. Señores, el paquete está roto, tienen que arreglarlo antes de mandarlo. _____

    _____

11. Está cerrado. Deben volver mañana. _____

Actividad *9* **¡Ojo!** Mira estos dibujos y escribe órdenes apropiadas. Usa pronombres de complemento directo cuando sea posible.

1. _____

2. _____

3. _____

4. _____

Actividad 10 **Sin supervisión.** Los padres de Fabiana y Raúl se fueron de viaje a otra ciudad por el fin de semana. La madre les dejó un mensaje para recordarles lo que deben y no deben hacer. Completa el mensaje con las órdenes apropiadas de los verbos indicados.

Ya saben; vamos a quedarnos en el Hilton en Cartagena. Si necesitan algo,

_____ (llamarnos) al hotel. En la nevera hay una sopa de verduras

y unos filetes. _____ (Prepararlos) en una sartén grande con un

poco de aceite. Por la noche, _____ (salir) pero _____

(regresar) a casa antes de las dos. No _____ (olvidar) que tienen

tarea para el lunes; _____ (empezarla) temprano. Si quieren,

_____ (usar) la computadora de su padre. _____

(Navegar) por Internet, pero no _____ (bajar) música ni

_____ (visitar) salones de chat.

Mamá

P.D. Por supuesto, no _____ (organizar) fiestas en la casa.

Actividad 11 **En la clase. Parte A.** Escribe dos órdenes que un/a profesor/a normalmente les dice a los estudiantes de español elemental antes de un examen final.

1. _____
2. _____

Parte B. Ahora, tú tienes la oportunidad de decirle algunas cosas al/a la profesor/a de español elemental. Escribe dos órdenes que le dirías *(would say)* antes del examen final. Usa la forma de Ud.

1. _____
2. _____

Un poco de todo

Actividad 12 **Instrucciones.** Termina las siguientes instrucciones que les dio una profesora a sus estudiantes. Usa los verbos indicados para escribir sus órdenes y luego comparativos para completar cada instrucción.

1. No _____ (bajar) canciones de Internet en las computadoras de la universidad. Hoy

   día un CD es _____ barato que _____.

2. Todos saben su nombre de usuario. _____ (Escribirlo) en un lugar seguro y luego

Continúa en la página siguiente →

_____ (memorizar) la contraseña. Su contraseña es secreta, no _____ (dársela) a nadie o pueden tener _____ problemas que _____

_____.

3. Para el trabajo que tienen que hacer, _____ (buscar) información en la biblioteca. Los libros son _____ informativos _____ algunas páginas de Internet.

4. Al escribir el trabajo, _____ (ser) creativos. Uds. tienen _____ ideas que _____.

5. Tienen que entregarme el trabajo terminado para el viernes a las 4:00 de la tarde. Como muchos de Uds. no van a estar el viernes porque van al museo con la clase de arte, _____ (mandármelo) por email porque el correo eléctronico es _____ rápido que _____

_____.

Vocabulario esencial II

La geografía

Actividad 13 **La variedad geográfica.** Asocia las palabras de la Columna A con los términos geográficos de la Columna B.

A
1. _____ Misisipí, Amazonas, Ebro
2. _____ Caracas, Quito
3. _____ Etna, Osorno y Popocatépetl
4. _____ las Galápagos, Puerto Rico y Cuba
5. _____ los Pirineos, los Andes
6. _____ Jack y Jill
7. _____ Atlántico, Pacífico
8. _____ Malibú, Luquillo
9. _____ Michigan, Superior y Titicaca
10. _____ Sahara, Atacama

B
a. islas
b. desiertos
c. colina
d. playas
e. ríos
f. océanos
g. ciudades
h. lagos
i. montañas
j. volcanes

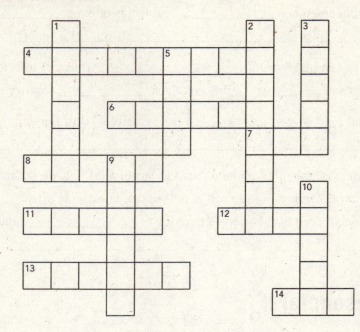

Horizontales

4. Es una carretera para vehículos de alta velocidad.
6. Es más pequeña que una montaña.
7. El Amazonas o el Orinoco.
8. Donde vive Tarzán.
11. Un lugar entre dos montañas: Napa es un _____ .
12. Titicaca es el _____ navegable más alto del mundo.
13. El Atlántico o el Pacífico.
14. El Mediterráneo.

Verticales

1. Los romanos construyeron muchos, pero uno muy famoso y moderno conecta Manhattan y Brooklyn.
2. Iguazú o el salto Ángel.
3. No es la ciudad.
5. Puerto Rico, Cuba o Mallorca.
9. De esto sale lava cuando hace erupción.
10. Viajando por la _____ este de España, vimos el Mediterráneo.

Actividad *15* **Alquiler de carros.** Lee este anuncio de Hertz y contesta las preguntas usando oraciones completas.

Latinoamérica A Su Alcance^{MR} con Hertz.

Descubra el colorido de un mundo de culturas.

Argentina. Brasil. Chile. Venezuela. Perú. Panamá. Y otros siete destinos en Latinoamérica. En cada uno encontrará un mundo de culturas. Países donde verá ruinas arqueológicas casi junto a modernas ciudades. Además de magníficas playas, paisajes montañosos, selvas y miles de maravillas naturales.

Desde Centroamérica hasta la Patagonia, Hertz le espera con un flamante auto, limpio y cómodo, con tarifas garantizadas en dólares (US$). Hertz le proporcionará el placer de descubrir las bellezas de este Nuevo Mundo, mientras disfruta del servicio y la experiencia de la compañía de alquiler de autos más importante en Latinoamérica.

Continúa en la página siguiente →

1. ¿En cuántos países latinoamericanos tiene oficinas Hertz? _____

_____

2. Latinoamérica es un lugar de contrastes. ¿Con qué contrasta Hertz las ruinas arqueológicas?

_____

3. Hertz habla de variedad geográfica. ¿Qué cosas menciona el anuncio? _____

_____

4. ¿Dónde crees que esté la Patagonia? ¿Cerca o lejos de Centroamérica? _____

_____

5. ¿Hertz te puede garantizar un precio antes de salir de los Estados Unidos o depende del país y del

precio del dólar? _____

_____

Gramática para la comunicación II

Making Comparisons: Comparisons of Equality

Actividad 16 **Comparaciones.** Escribe comparaciones basadas en los dibujos.

1. Isabel / Paco / alto _____

2. pelo / Pilar / Ana / largo _____

3. Paula / María / bonito _____

4. Pedro / Martín / dinero _____

5. Pepe / Laura / sueño _____

6. ojos / Elisa / Juana / pequeño _____

Actividad 17 **¿Idénticos?** Mario y David son dos hombres muy parecidos (*similar*). Escribe solo lo que tienen en común, usando **tan, tanto, tantos** o **tantas.**

	Mario	David
altura	1'80	1'80
hermanos	1	0
hermanas	3	3
carros	1	1
novias	2	1
coeficiente intelectual (IQ)	146	146
trabajos	2	3
sueldo	698 euros/semana	698 euros/semana
relojes Rólex	3	2
teléfonos celulares	2	1
llamadas recibidas por día	16	16

1. _____
2. _____
3. _____
4. _____
5. _____
6. _____

Actividad 18 **Los anuncios.** Trabajas para una compañía de publicidad. Tienes que escribir frases que llamen la atención (*catchy phrases*). Usa **tan... como** en tus oraciones.

➤ el detergente Mimosil
El detergente Mimosil te deja la ropa tan blanca como la nieve.

1. la película *Spiderman VI* _____
_____

2. el buscador Google _____
_____

3. la dieta Kitakilos _____
_____

4. el nuevo carro Mercedes Sport _____
_____

Making Requests and Giving Commands: Commands with *tú*

Actividad *19* **Una vida de perros.** Tienes un perro inteligente pero a veces es malo. Escribe órdenes para tu perro.

1. sentarse _____

2. traerme el periódico _____

3. bailar _____

4. no molestar a la gente _____

5. no subirse al sofá _____

6. acostarse _____

7. hacerse el muerto _____

8. no comer eso _____

9. quedarse allí _____

10. venir aquí _____

Actividad *20* **Consejos para tu hermano.** Tu hermano menor va a comenzar sus estudios universitarios este año. Piensa tomar italiano elemental y, como estudias español, él te pidió consejos. Escríbele tus consejos usando órdenes e incluye otras palabras si es necesario.

1. llegar / clase / a tiempo _____

2. ir / oficina del profesor / si necesitar ayuda _____

_____

3. no / salir / noche / antes / examen _____

4. no / copiar / respuestas / cuaderno de ejercicios _____

_____

5. usar / CD-ROM / frecuentemente _____

6. tener / actitud positiva _____

7. no / entregar / tarea / tarde _____

8. no / dormirse / en clase _____

9. ser / estudiante bueno _____

10. decirle / al profesor / si no entender _____

Actividad *21* **Ayuda tecnológica.** La abuela de Alejandra no sabe mucho de computadoras, pero quiere aprender a ver fotografías que recibe en email y cómo mandarles fotos a otros amigos. Termina esta conversación entre Alejandra y su abuela. Usa órdenes de **tú** y pronombres de complementos directos e indirectos si es posible.

ABUELA   Para abrir una foto de un email, hago clic aquí, ¿no?

ALEJANDRA   Sí, abuela, _____.

Continúa en la página siguiente →

ABUELA   Lo hice. Ahhh, ¡qué bonita! ¿La bajo ahora?

ALEJANDRA   No, no _____. Solo vas a bajarla si quieres tener la foto para siempre en tu computadora.

ABUELA   Huy, primero tengo que copiarla, ¿no?

ALEJANDRA   Sí, _____.

ABUELA   ¿Ahora abro un email nuevo?

ALEJANDRA   Sí, _____ ahora.

ABUELA   ¿Escribo la dirección y el mensaje?

ALEJANDRA   Correcto, _____ ahora.

ABUELA   ¿Y dónde copio la foto?

ALEJANDRA   _____ allí mismo en el email después de lo que escribiste.

ABUELA   ¡Huy! Aquí está.¿Luego le mando el email a mi amigo?

ALEJANDRA   Exacto. _____ ahora mismo.

ABUELA   Tengo una nieta súper inteligente y muy buena profesora.

Un poco de todo
■■■

Actividad *22*   **¿Cuánto sabes?** Marca estas oraciones con **C** (cierta) o **F** (falsa). Corrige las oraciones falsas.

1. _____ El Aconcagua es la montaña más alta del mundo.

_____

2. _____ Hay más de veinticinco países de habla española en el mundo.

_____

3. _____ San Agustín, en la Florida, es una ciudad tan vieja como Plymouth, Massachusetts, en los Estados Unidos.

_____

4. _____ El salto Ángel, en Venezuela, es la catarata más alta del mundo.

_____

5. _____ La papa es tan importante en Centroamérica y en México como el maíz en los Andes en Suramérica.

_____

6. _____ Carlos Gardel fue el cantante de salsa más famoso del mundo.

_____

7. _____ Las montañas de los Andes son tan altas como las Rocosas en Norteamérica.

_____

Nombre _____ Sección _____ Fecha _____

Actividad 23 **Imágenes satelitales.** Un profesor chileno le explica a su clase de segundo grado cómo mirar imágenes satelitales de su ciudad, Santiago, en Google. Escribe órdenes formales o informales.

PROFESOR   ¿Todos están en la página Web de mapas de Google?

ESTUDIANTES   Sí.

PROFESOR   Bien. Ahora _____ (mirar) el mapa, _____ (buscar) la palabra "satélite".

PEPITO   ¿Dónde la busco?

PROFESOR   _____ (buscarla) arriba a la derecha en el mapa.

PEPITO   Gracias, ahora la veo.

PROFESOR   Bueno, ahora _____ (hacer) Uds. clic en la palabra "satélite". Una vez que hicieron esto, _____ (escribir) "Santiago, Chile" y _____ (hacer) clic en el botón que dice "búsqueda".

ESTUDIANTES   ¡Qué bonito! ¡Increíble!

PEPITO   Yo no veo fotos.

PROFESOR   A ver Pepito, ¿hiciste clic?

PEPITO   Ah, no señor.

PROFESOR   Pues, _____ (hacerlo) ahora.

PEPITO   Ya veo.

PROFESOR   Bien. Es posible ver la foto de Santiago desde más cerca o más lejos. ¿Ven esta línea vertical a la izquierda de la foto? _____ (hacer) clic, pero no _____ (levantar) el dedo, y luego _____ (subir) o _____ (bajar) el rectángulo. Si lo suben, van a ver la foto más de cerca.

ESTUDIANTES   ¡No lo puedo creer! ¡Allí está mi casa! ¡Veo la escuela! ¡Allí está la piscina de mi casa!

ALICIA   Mi computadora no funciona. Lo subo y lo bajo y no pasa nada.

PROFESOR   Es que levantaste el dedo. _____ (hacer) clic sin levantar el dedo. No _____ (levantarlo). Ahora _____ (subirlo) y _____ (bajarlo).

ALICIA   Ah, ya veo. Gracias.

Actividad 24 **El entrenador personal.** Carlos tiene que bajar de peso rápidamente antes de una operación y, por eso, va a un gimnasio todos los días con un entrenador personal. Termina estas instrucciones que le dio el entrenador a Carlos. Usa órdenes de **tú** de los verbos indicados y comparativos para completar los otros espacios en blanco.

1. _____ (correr) 300 metros. Debes correr _____ rápido como _____

_____ .

2. _____ (sentarte) en esta silla. _____ (levantar) la pierna derecha.

No _____ (bajarla). La pierna debe estar _____ recta (*straight*) como

_____ . Después de un minuto _____ (hacer) lo

mismo con la izquierda.

3. Después de salir del gimnasio, no _____ (ir) a McDonald's y no _____

(comer) comida alta en calorías. Si haces ejercicio y si comes bien, después de tu operación vas a

recuperarte tan rápido _____ un abrir y cerrar de ojos.

Lectura

■■■

Estrategia de lectura: Reading an Interview Article

Prior to reading an interview article, you should go through the following steps to give you some background information:

- Read the headline and subheadline.
- Look at accompanying photographs, drawings, graphs, or tables.
- Scan the text for the interviewer's questions.

Actividad 25 **Lee y adivina.** Lee el título, el subtítulo y las preguntas; luego mira los dibujos. Ahora, contesta esta pregunta.

¿Cuál es la idea principal del artículo?

a. la música de España
b. la historia de la música hispana
c. la historia de la música hispanoamericana

Continúa en la página siguiente →

Nombre _____ Sección _____ Fecha _____

EL MUNDO DE LA MÚSICA HISPANA

Entrevista con el cantante boliviano Pablo Cuerda[1]

POR LAURA RÓGORA

Entré en la sala de su casa y allí me esperaba sentado con su guitarra, compañera inseparable. Charlamos un poco sobre su gira musical por Europa y luego comencé así.

—¿Me puedes contar un poco sobre las influencias que hubo en la música hispana?

—Bueno, la influencia fundamental en España fue la de los árabes. Su música fue la base del flamenco de hoy día que es popular en el sur de España.

—Y el flamenco influyó en la música hispanoamericana, ¿verdad?

—Exactamente. El instrumento principal del flamenco es la guitarra y los españoles la trajeron al Nuevo Mundo.

—¿Y los indígenas adoptaron este instrumento?

—Bueno, es decir, no lo adoptaron sino que lo adaptaron porque crearon instrumentos más pequeños como el cuatro y el charango, que está hecho del caparazón del armadillo. Y, naturalmente, la música indígena es la base de gran parte de la música moderna hispanoamericana.

—Muy interesante. ¿Y qué otra influencia importante existe?

—Pues, la más importante para la zona caribeña fueron los ritmos africanos de los esclavos, que fueron la inspiración para la cumbia colombiana, el joropo de Venezuela, el merengue dominicano, el jazz y los blues norteamericanos y también para la salsa.

—La salsa. ¡Qué ritmo!

—Por supuesto, ¿y sabes que Cuba, Puerto Rico y Nueva York se disputan su origen? Pero en realidad fue en Nueva York donde se hizo famosa la salsa.

—¿Hay otros movimientos musicales?

—Era justamente lo que iba a decir. Un movimiento es el de la "Nueva Trova Cubana" con Silvio Rodríguez y Pablo Milanés, quienes cantan canciones de temas políticos, sociales y sentimentales. El otro movimiento importante es la "Nueva Canción" que nació en Chile en la década de los sesenta. Este tipo de música se conoció en el resto del mundo cuando Simon y Garfunkel incluyeron en un álbum "El cóndor pasa", una canción del conjunto Los Incas, quienes pertenecen a este movimiento. Sirven de inspiración para los cantantes de hoy.

—Pero, ¿qué es la Nueva Canción?

—Es un estilo de música que tiene como elementos esenciales el uso de los ritmos e instrumentos tradicionales de los indígenas de los Andes. Las canciones son de protesta, o sea, de tema político, y critican la situación socioeconómica de los países hispanos. Pero, ahora este estilo de música se conoce en todo el mundo, y se puede oír a los músicos tocando en la calle o en los metros de ciudades de Copenhagan a Tokio.

[1]*Pablo Cuerda is a fictitious character.*

—**Y esto nos lleva a mi última pregunta. ¿Qué escucha la gente joven hoy día?**
—La gente joven escucha de todo: la Nueva Canción, rock nacional y extranjero, la Nueva Trova, rap, pop, rumba, guaracha, bachata, reggaetón y también cumbia, salsa y merengue, y los bailan muchísimo. Permíteme ahora tocarte una canción de Juan Luis Guerra, un innovador de la música hispanoamericana.

Y así terminó nuestra entrevista: con un ritmo y una melodía maravillosos.

Actividad 26 **Completa las ideas.** Después de leer la entrevista, escribe una o dos oraciones sobre cada una de las siguientes ideas relacionadas con el texto.

1. la guitarra _____

_____

2. los esclavos africanos _____

_____

3. la salsa _____

_____

4. "El cóndor pasa" _____

_____

5. La Nueva Trova _____

_____

6. La Nueva Canción _____

_____

Capítulo 13 Turismo por América

Vocabulario esencial I

El viaje

Actividad 1 **Definiciones.** Lee las definiciones y escribe la palabra correcta. Después, contesta la pregunta que está al final usando las letras indicadas.

1. El transporte de pasajeros del aeropuerto al hotel y del

   hotel al aeropuerto.

   __ __ __ __ __ __ __
   7   6

2. Le damos esto a un camarero.

   __ __ __ __ __ __ __ __
          3

3. El plan del viaje.

   __ __ __ __ __ __ __ __ __
   1

4. El opuesto de **obligatorio.**

   __ __ __ __ __ __ __ __
          8

5. El papel que necesitas para entrar a un museo.

   __ __ __ __ __ __
   5

6. La persona que nos explica puntos de interés.

   __ __ __ __ __
      4

7. La comida del mediodía.

   __ __ __ __ __ __ __
       2

8. El chofer del taxi.

   __ __ __ __ __ __ __ __
         9

¿Qué es algo que nadie quiere pagar?

__ __ __ __ __ __ __ __ __
1 2 3 4 5 6 7 8 9

En la casa de cambio

Actividad 2 **El dinero.** Escribe la palabra correcta.

1. En los Estados Unidos las hay de uno, de cinco, de diez, de veinticinco y de cincuenta centavos.

   ¿Qué son? _____

Continúa en la página siguiente →

2. El de un dólar tiene la cara de George Washington. ¿Qué es? _____

3. El anuncio de American Express dice "No salgas de viaje sin ellos". ¿Qué son? _____
_____

4. En este lugar te dicen a cuánto está el dólar. _____

5. Visa, MasterCard y American Express. ¿Qué son? _____

6. Si quieres sacar dinero por la noche y los bancos no están abiertos, ¿adónde vas? _____
_____

7. Si vas a un banco, normalmente hablas con una persona que trabaja allí. ¿Cómo se llama esta
persona? _____

Gramática para la comunicación I

Review of Narrating and Describing in the Past:
The Preterit and the Imperfect

Actividad 3 **¿Qué pasó?** Completa las siguientes oraciones con la forma correcta del pretérito
o del imperfecto de los verbos indicados.

1. Jack y Jill _____ temprano. (levantarse)

2. Jack _____ al baño y _____ a ducharse. (ir, empezar)

3. _____ lavándose el pelo cuando, de repente, _____ _____ cuenta
de que no _____ agua. (Estar, darse, haber)

4. Él _____ y _____; después _____
del baño y _____ a Jill. (secarse, vestirse, salir, buscar)

5. Jill _____ café cuando Jack _____ en la cocina. (preparar, entrar)

6. Cuando Jill lo _____, _____ a reír porque él todavía
_____ jabón en el pelo y en una oreja. (ver, comenzar, tener)

7. Jack le _____ el problema y ellos _____ salir en busca de agua.
(explicar, decidir)

Actividad 4 **¿Y luego?** Completa la continuación de la historia de Jack y Jill, con la forma
correcta del pretérito o del imperfecto de los siguientes verbos. No repitas ningún verbo.

caminar, cantar, empezar, estar, haber, hacer, ir, llegar, llevar, saber

Jack y Jill _____ que _____ agua arriba de la colina cerca de su casa.

Por eso, _____ hacia la colina, un camino de dos kilómetros. Como

_____ calor, ellos _____ pantalones cortos, camisetas y sandalias.

Mientras _____ a la colina _____ sus canciones favoritas para

divertirse. Poco a poco el tiempo _____ a cambiar. Cuando _____ a la

colina, ya _____ lloviendo.

Nombre _____ Sección _____ Fecha _____

Actividad **5** **¿Y cómo terminó?** Escribe el final de la historia de Jack y Jill. Usa este gráfico como guía.

Descripciones y acciones en progreso	Acciones completas
	Jack y Jill subir a la colina.
La colina ser grande y tener muchas piedras.	
Ya llover mucho y eso no los ayudar nada a subir.	
Jill saber que algo malo ir a ocurrir.	
Ella estar subiendo detrás de Jack cuando ➜	de repente él caerse, cortarse y sangrar un poco de un corte en la cabeza.
	Jill gritar y correr para ayudarlo, ←
pero como llevar sandalias, ←	
➜	también caerse.
Por suerte, ella tener su móvil ➜	y llamar una ambulancia que llevarlos al hospital.
Al final, los dos estar bien ➜	y salir del hospital.
	Ellos ir directamente a la compañía de agua para decir que ←
no tener agua en su casa. ←	
	Allí Jack y Jill saber que la cuenta no ←
estar pagada todavía. ←	
	Los dos ponerse rojos como un tomate y pagar la cuenta.
	Luego volver a casa ←
donde haber agua otra vez. ←	

_____
_____
_____
_____
_____
_____
_____

Talking About Unintentional Occurrences:
Se me olvidó and Similar Constructions

Actividad 6 **¡Ay, ay, ay!** Forma oraciones diciendo qué les pasó a estas personas. Sigue el modelo.

➤ a Juan / perder / pasaporte

A Juan se le perdió el pasaporte.

1. a mí / olvidar / examen

_____

2. a los niños / romper / ventana

_____

3. a nosotros / perder / niños

_____

4. a ti / caer / libros

_____

5. a Jack y a Jill / olvidar / pagar / cuenta del agua

Actividad 7 **¡Qué desastre de familia!** Termina esta parte de una carta que Martín le escribió a su primo. Lee todo primero, y después termina la carta con frases como **se me olvidó**. Usa verbos como **caer, olvidar, perder, quemar** y **romper.**

No me vas a creer, pero ayer fue un día fatal. Todo empezó a las 8:15 de la mañana. Iba a llevar a mi esposa al aeropuerto porque tenía que ir a Santo Domingo en viaje de negocios. Salí con mi hijo Ramoncito y mi esposa y cerré la puerta, pero ¡_____ _____ _____ las llaves dentro de la casa! Abrí una ventana y Ramoncito entró, pero _____ _____ _____ la ventana (el niño está un poco más gordo que la última vez que lo viste). Finalmente, Ramoncito salió de la casa con las llaves en la mano. Tuvimos que parar para comprar gasolina. Le estábamos echando gasolina al carro, cuando de repente oímos una explosión. Ramoncito y yo corrimos rápidamente al otro lado de la calle y no nos pasó nada; pero _____ _____ _____ el carro. Mi esposa estaba en el baño y con la explosión, a ella _____ _____ _____ los anteojos en el inodoro. Ella salió corriendo del baño sin poder ver nada y con toda la confusión, _____ _____ _____ el bolso. Claro, el pasaje de avión estaba en el bolso, así que obviamente, ella perdió el vuelo. ¿Verdad que esto parece de película? ¡Qué día!

Un poco de todo

Actividad *8* **¡Pobre Alberto!** Escribe un párrafo describiendo qué le pasó a Alberto la última vez que fue de viaje. Inventa detalles para darle más interés a tu descripción. Usa palabras como **primero, más tarde, luego, mientras, de repente,** etc.

quemarse / el pelo

caerse / las gafas del sol

perderse / el dinero

_____

_____

_____

_____

_____

_____

_____

_____

_____

_____

_____

Vocabulario esencial II

Lugares de interés

Actividad 9 **Asociaciones.** Asocia las frases de la Columna A con las palabras de la Columna B.

A

1. _____ Si se te pierde el pasaporte, tienes que ir a este lugar.
2. _____ Los musulmanes no van a una iglesia, sino a este lugar.
3. _____ En la ciudad de Pisa en Italia hay una muy famosa y bastante inclinada.
4. _____ Los mayas construyeron estas estructuras e hicieron sacrificios humanos encima de ellas.
5. _____ Si quieres ver leones, tigres y otros animales exóticos, visitas este lugar.
6. _____ Los romanos construyeron muchos de estos para llevar agua a las ciudades.
7. _____ Es más grande que una iglesia.
8. _____ Los mexicanos celebran el Día de los Muertos en estos lugares.
9. _____ Si quieres ver flora y fauna en el agua, visitas este lugar.
10. _____ Los judíos van a este lugar para Yom Kippur.
11. _____ Si te gustan las rosas, debes visitar este lugar.
12. _____ La de la China tiene 6.700 kilómetros de largo.

B

a. pirámides
b. sinagoga
c. zoológico
d. mezquita
e. cementerios
f. acueductos
g. acuario
h. catedral
i. consulado
j. torre
k. muralla
l. jardín botánico

Actividad 10 **A buscar.** Usa el Internet para buscar las respuestas a las siguientes preguntas.

1. ¿Dónde están las pirámides del Sol y de la Luna? ¿Quiénes las construyeron y cuándo las construyeron? _____

_____

2. ¿En qué cementerio y en qué ciudad está el cadáver de Eva Perón? _____

3. ¿Dónde está la embajada de los Estados Unidos en España? ¿Y los consulados? _____

_____

4. ¿Qué es Tibidabo? ¿Dónde está? Probablemente al buscar en Internet la palabra "Tibidabo", los sitios que encontraste no estaban en español. ¿Sabes en qué idioma estaban escritos?

_____

_____

Continúa en la página siguiente →

5. Las ruinas mayas de Chichén Itzá están en la península de Yucatán. ¿Qué otras ruinas mayas hay en esa península? _____

_____

6. ¿Dónde está la basílica de Nuestra Señora de Guadalupe? ¿Qué existía en ese lugar anteriormente?

_____

_____

Actividad *11* **Tus preferencias. Parte A.** Quieres ir a Puerto Rico. Contesta las siguientes preguntas usando oraciones completas.

1. ¿Te gusta más tener un itinerario con los días planeados o tener mucho tiempo libre?

_____

2. ¿Te gusta hacer muchas excursiones o prefieres alquilar un carro e ir con un grupo pequeño?

_____

3. ¿Prefieres tener incluidas las comidas en el precio o te gusta probar los restaurantes locales?

_____

Parte B. Usando tus respuestas, decide cuál de estos dos viajes te gustaría hacer y explica por qué.

Puerto Rico—Viaje I

7 días, 6 noches en San Juan

Traslados, hotel de lujo

Todas las comidas incluidas

Excursiones a Luquillo y El Yunque

Excursión opcional a Ponce

Impuestos y propinas incluidos

Puerto Rico—Viaje II

7 días, 6 noches en San Juan

Traslados, hotel de lujo

Comida de bienvenida y cena de despedida

Excursiones opcionales a toda la isla

Impuestos incluidos

_____

_____

_____

_____

Gramática para la comunicación II

Speaking about Past Experiences: The Present Perfect

Actividad *12* **¿Lo has hecho?** Completa las siguientes oraciones con la forma correcta del pretérito perfecto (*present perfect*) de los verbos indicados.

1. María nunca _____ _____ porque tiene miedo. (esquiar)

2. Gustavo, ¿_____ _____ gazpacho alguna vez? (tomar)

Continúa en la página siguiente →

3. Yo nunca _____ _____ mate de coca, un té boliviano. (beber)

4. Nosotros todavía no le _____ _____ a la abuela. (escribir)

5. ¿_____ _____ el Museo de Antropología los chicos? (ver)

6. ¿_____ _____ Ud. por la aduana? (pasar)

7. Mi abuelo tiene 89 años, maneja un carro y nunca _____ _____ accidentes. (tener)

8. Perdón, pero nosotros no lo _____ _____ todavía. (hacer)

Actividad *13* **Las aventuras.** Viste esta prueba (*test*) en una revista. Contesta estas preguntas usando oraciones completas para saber si tú o tus amigos son muy aventureros.

1. ¿Has saltado de un avión?

_____

2. ¿Has dormido toda la noche en un carro?

_____

3. ¿Te han despertado tus amigos a las cuatro de la mañana para salir contigo?

_____

4. ¿Han nadado tú y tus amigos sin traje de baño?

_____

5. ¿Te has enamorado de alguien a primera vista?

_____

6. ¿Has llamado al trabajo alguna vez diciendo que estabas enfermo/a y has salido después con tus amigos?

_____

7. ¿Has dejado un buen trabajo para hacer un viaje?

_____

El resultado: Dos puntos por cada respuesta afirmativa y un punto por cada respuesta negativa.	
1–6	Lee las instrucciones otra vez. No sabes matemáticas.
7–8	Llevas una vida muy tranquila y necesitas ser más arriesgado/a (*daring*).
9–10	Tu vida es normal (un poco aburrida, pero normal).
11–12	Eres bastante aventurero/a. Te gusta vivir bien.
13–14	Necesitas controlarte más, buscar un trabajo y ser una persona más responsable.

Expressing Doubts, Feelings, and Desires about the Past: *Haya* + Past Participle

Actividad 14 **Espero que hayas entendido.** Completa estas oraciones con el presente o el pretérito perfecto del subjuntivo de los verbos indicados. Algunas usan formas de **haber,** otras no.

1. Son las tres y Felipe iba a llegar a las dos. Es posible que su avión no _____ a tiempo. (llegar)

2. Ojalá que los chicos _____ pronto. (venir)

3. Es posible que tus padres no _____ hoy hasta la noche. (volver)

4. Es probable que el concierto _____ mañana. (ser)

5. Es tarde; tal vez Pedro y Pablo ya _____. (salir)

6. Iban a pasar por aquí antes de salir, pero es posible que _____ problemas con el carro. (tener)

7. ¿Seguro que no tienes el pasaporte? Quizás lo _____ en el hotel. (dejar)

8. No están aquí y hace media hora que esperamos. Dudo que _____. (venir)

9. Esperamos que el presidente _____ algo mañana sobre los impuestos. (decir)

10. Necesito una persona que me _____. (entender)

Actividad 15 **Deseos y probabilidades.** Lee estas situaciones y completa las oraciones usando el pretérito perfecto del subjuntivo.

1. Ves un accidente de carros, unas botellas de vino, y también hay una ambulancia.

   Es probable que _____ .

2. Tu jefe quiere una secretaria bilingüe (español/inglés), sin niños, lista para viajar.

   Mi jefe busca una persona que _____

   _____ .

3. Tu hijo te dijo que iba a tomar un avión a las tres o a las cinco. El avión de las tres tuvo un accidente. No te ha llamado todavía.

   Espero que _____ .

4. Quieres recibir una carta de tu novio/a. Estás esperando al cartero y le dices a un amigo:

   Ojalá que me _____ .

5. Tienes un boleto de lotería y estás escuchando las noticias de las ocho.

   Ojalá que _____ .

Un poco de todo

Actividad 16 **Un puesto vacante. Parte A.** Olivia y Sergio entrevistaron a dos candidatos para un puesto de trabajo y ahora están comparando sus impresiones. Primero, lee la conversación. Después de leerla, usa el pretérito perfecto (**he, has, ha**… + *participio pasivo*) o el pretérito perfecto del subjuntivo (**haya, hayas, haya**… + *participio pasivo*) de los verbos indicados para completar la conversación.

OLIVIA   Vamos a ver… ¿Elisa Piñeda _____ en otro país? (vivir)

SERGIO   Sí, vivió en Bélgica por tres años y allí trabajó para la Comunidad Europea con animales en peligro de extinción. Y Francisco Tamames, ¿_____ antes como supervisor? (trabajar)

OLIVIA   Si, pero dudo que _____ mucha experiencia trabajando con animales exóticos. (tener)

SERGIO   Pero, ¿crees que _____ algo en ese trabajo? (aprender)

OLIVIA   No sé, me dio la impresión de que no, pero es muy inteligente y creo que puede aprender rápidamente. Y la Srta. Piñeda, ¿_____ algo relacionado con animales exóticos y sus hábitats? (hacer)

SERGIO   Sí, pero no mucho.

OLIVIA   Tenemos que decidir pronto porque es posible que el Sr. Tamames ya _____ un puesto con otra compañía. (aceptar)

SERGIO   Tienes razón, pero no me gusta tomar decisiones sin pensarlo bien. Creo que es mejor entrevistar a más personas y tomar la decisión para el final de esta semana.

OLIVIA   Buena idea. Estoy totalmente de acuerdo. Me preocupa la falta de experiencia con animales exóticos porque va a tener que trabajar con la construcción de diferentes hábitats y…

Parte B. ¿Para qué tipo de puesto entrevistan?

a.   Una persona para ocuparse de un acuario.

b.   Una persona para ocuparse de un zoológico.

c.   Una persona para ocuparse de un parque salvaje.

Estrategia de lectura: Linking Words

Linking words establish relationships between parts of a text and provide smooth transitions as you read. There is a list of common Spanish linking words in Chapter 13 of your textbook. You will practice working with such words in the following activities.

Actividad 17 **Conecta.** Al leer el texto, contesta estas preguntas sobre las palabras que conectan (*linking words*).

1.   ¿Qué ideas contrasta **sino también** en la línea 2?

Continúa en la página siguiente →

2. ¿Qué grupos contrasta **a diferencia de** en la línea 5?

_____

3. ¿Qué añade **a la vez** en la línea 8?

_____

4. ¿Qué compara **por otro lado** en las líneas 14 y 15?

_____

5. ¿Qué ejemplifica **por ejemplo** en la línea 16?

_____

6. ¿Para quién es el anuncio de Kentucky Fried Chicken?

_____

Un mercado creciente

La población de los Estados Unidos está formada en su gran mayoría por inmigrantes o descendientes de inmigrantes que han venido no sólo de Europa, **sino también** de muchas otras partes del mundo. Los hispanos forman parte de estos inmigrantes; hay más de 40 millones de hispanos en el país y muchas compañías comerciales están investigando e invirtiendo mucho dinero en este mercado hispano.

A diferencia de los norteamericanos, los hispanos gastan una mayor parte de su sueldo en 5
productos para el hogar, a pesar de tener un sueldo promedio menor. Y aunque la mayoría de los inmigrantes hispanos va asimilándose al idioma inglés y a la cultura estadounidense a través de las generaciones, conserva **a la vez** su idioma y su identidad hispana. Muchos de ellos (mexicanos, puertorriqueños, cubanos y centroamericanos) viven relativamente cerca de su país de origen y esto les permite estar en contacto con su familia, sus amigos y su cultura. Los hispanos también mantienen 10
contacto con su lengua y con su cultura a través de las cadenas hispanas de televisión de los Estados Unidos y de muchos periódicos y revistas.

Basándose en sus investigaciones, las compañías comerciales hacen dos tipos de propaganda para los hispanos. Por un lado, hay propaganda dirigida a la comunidad hispana en general y **por otro lado,** debido a las diferencias entre hispanos de diferentes países, hay propaganda dirigida hacia 15
grupos en particular. **Por ejemplo,** una propaganda de la cerveza Coors que se basa en un rodeo puede ser muy popular entre los mexicanos de Los Ángeles, San Antonio y Houston, pero no entre otros grupos de hispanos. Asimismo, la compañía Goya Foods presenta una propaganda de frijoles rojos para la comunidad puertorriqueña de Nueva York y otra de frijoles negros para la comunidad cubana de Miami. En este anuncio de Kentucky Fried Chicken usan la palabra "chévere". Esto indica 20
que el anuncio es para gente de origen caribeño.

Uno, Dos y Tres,
¡Qué Pollo Más Chévere ...
El de Kentucky es!

El sabor único de la Receta Original de Kentucky Fried Chicken, en sus deliciosas variedades, harán de su fiesta un verdadero placer. Cámbiese ahora al gran sabor y ... ¡ahorre!

Kentucky Fried Chicken®

El poder adquisitivo de la población hispana en los Estados Unidos ha hecho que el mundo de los negocios tome conciencia de la importancia de este mercado. Las compañías comerciales, con la ayuda de expertos norteamericanos e hispanos, empiezan a comprender que la cultura hispana está formada por una multitud de culturas diferentes, que tienen puntos en común, pero que también 25
tienen características y sutilezas propias.

Actividad *18* **¿Qué aprendiste?** Anota (*Jot down*) qué sabes ahora sobre los siguientes temas.

1. La diferencia entre la inmigración europea y la hispana

    _____
    _____
    _____

2. Los factores que motivan a las compañías norteamericanas a invertir en el mercado hispano

    _____
    _____
    _____

Capítulo 13 Repaso

Present subjunctive, present perfect subjunctive, indicative, infinitive

In Chapters 10, 11, and 13, you learned some uses of the subjunctive mood. The subjunctive is used in the dependent clause if the independent clause contains a verb of doubt, emotion, desire/giving advice, hope, need/want, or sweeping negation.

Here are some examples.

Dudo que él tenga razón. (*doubt*)

Es fantástico que ellos se casen. (*emotion*)

Él quiere que tú lo hagas. (*desire*)

Espero que él venga. (*hope*)

Busco un apartamento que sea bonito. (*need/want*)

No hay ninguna clase que sea fácil en esta universidad. (*sweeping negation*)

Remember: If there is no change of subject, then there is no need for the word **que** and the infinitive is used. Compare these sentences.

Mi padre quiere que **yo** estudie medicina.

Yo quiero estudi**ar** medicina.

When expressing present doubt, emotion, etc., about the past, use the present perfect subjunctive (**haya, hayas,** etc., + *past participle*).

Dudo que ellos **hayan venido.**

Es una lástima que ella no **haya ganado** las elecciones.

Busco un médico que **haya estudiado** acupuntura.

No hay nadie aquí que **haya vivido** en Suramérica.

Actividad 1 **Conversaciones.** Completa las siguientes conversaciones con la forma apropiada de los verbos indicados. Usa el presente del subjuntivo, el pretérito perfecto del subjuntivo, el indicativo o el infinitivo.

1. —Mi novio quiere que nosotros _____ a Puerto Rico para las vacaciones. (ir)

   —¿Quieres _____ tú? (ir)

   —Sí, por supuesto. Pero busco un hotel que _____ barato y céntrico, y que

   también _____ en la playa. Tú tienes amigos que alguna vez

   _____ a Puerto Rico, ¿no? (ser, estar, viajar)

   —Sí, Miguel y Simón fueron hace poco y Sebastián Navarra es de San Juan. Es posible que

   _____ algo. (saber)

2. —Es una pena que Santiago no _____ al cine anoche. (ir)

   —¿Por qué no pudo ir?

   —¿No lo sabías? Tuvo un accidente automovilístico y es posible que _____

   la pierna derecha. (romperse)

   —No, no lo sabía. ¡Qué horror! ¿Está en el hospital?

   —Sí, está en La Milagrosa. Voy a verlo esta tarde.

   —¿Quieres que yo _____ contigo? (ir)

   —Sí, me gustaría.

   —Le quiero _____ algo. (comprar)

   —Creo que le _____ mucho los bombones. (gustar)

   —Buena idea.

3. —No entiendo a los políticos de hoy. Quieren que nosotros les _____, pero

   siempre mienten. (creer)

   —Es verdad. En las últimas elecciones Javier Martini dijo que no iba a subir los impuestos y yo le

   creí. Es una pena que, solo dos meses después de ganar, _____ los

   impuestos un 4%. (subir)

   —Yo quiero que todos los políticos _____ que el pueblo quiere gente

   honrada. (entender)

   —Es una lástima que _____ Martini las últimas elecciones. Yo no quiero que

   él _____ otra vez. (ganar, presentarse)

   —Ese señor no se va a presentar porque la gente lo quiere _____ a Siberia.

   (mandar)

   —Es verdad. No hay nadie que _____ pagar más impuestos. Ese hombre no

   es nada popular en este momento. (querer)

Capítulo 14 Derechos universales

Vocabulario esencial I

Cómo llegar a un lugar

Actividad 1 **Por la ciudad.** Asocia estas palabras con sus definiciones.

1. _____ Tiene una luz roja, una amarilla y una verde; es...
2. _____ El lugar por donde cruzas la calle es...
3. _____ Necesitas uno para tomar el metro o el autobús; es...
4. _____ El lugar donde dejas el carro es...
5. _____ El lugar donde para el metro es...
6. _____ Si no hay ascensor, tienes que subir por...
7. _____ Es más pequeño que una calle y está entre edificios; es...
8. _____ Una persona que camina por la ciudad es...

a. un boleto
b. el estacionamiento
c. un semáforo
d. las escaleras
e. un peatón
f. la estación
g. el cruce peatonal
h. un callejón

Actividad 2 **¿Qué está haciendo?** Di qué está haciendo el hombre en cada dibujo. Usa **está + -ando / -iendo**.

➤ *Está entrando al edificio.*

1. _____
2. _____
3. _____
4. _____
5. _____

Actividad *3* **Las órdenes.** Mira los dibujos de la Actividad 2 y escribe una orden (*command*) formal para cada acción.

➤ *Entre Ud. al edificio.*

1. _____

2. _____

3. _____

4. _____

5. _____

Actividad *4* **Para llegar a mi casa.** Escribe instrucciones para un amigo sobre cómo ir desde tu clase de español hasta tu residencia, apartamento o casa. Dale instrucciones muy completas e incluye órdenes. Por ejemplo: **Para llegar a mi casa, sal de la clase y baja las escaleras. Al salir del edificio, dobla a la derecha. Camina dos cuadras. Al llegar a la calle Washington, dobla a la derecha.** (etc.)

_____

_____

_____

_____

_____

_____

_____

Gramática para la comunicación I

Negating: *Ni... ni*

Actividad *5* **La fiesta.** El sábado por la noche fuiste a una fiesta horrible de los empleados de la oficina donde trabajas. Contesta estas preguntas de forma negativa. Usa **nadie, nunca, ni... ni, ninguno,** etc.

1. ¿Cómo fuiste a la fiesta? ¿Tomaste el metro y luego el autobús?

_____

2. ¿Bailaste con alguien?

_____

3. ¿Tocaron salsa y merengue?

_____

4. ¿Cuántos clientes fueron anoche?

_____

Continúa en la página siguiente →

5. ¿Comiste tortilla y patatas fritas?

   _____

6. ¿Fueron Rafael y Enrique?

   _____

7. ¿Hiciste algo interesante?

   _____

Asking and Requesting: *Preguntar* Versus *Pedir*

Actividad **6** **¿Preguntar o pedir?** Completa estas oraciones con la forma apropiada de **pedir** o **preguntar.**

1. Yo te _____ que lo hagas.

2. Ellos me _____ si sabía el número de teléfono de Victoria.

3. El ladrón me _____ el dinero, pero yo no tenía nada.

4. Felipe, ¿por qué no le _____ al taxista dónde está el museo?

5. Anoche, el niño nos _____ cuándo íbamos a volver a visitarlo.

6. Ayer, Carlos y Ramón le _____ a María el dinero que les debía.

Actividad **7** **El preguntón.** Lee esta parte de una carta que Carla le escribe a Fernanda sobre un nuevo amigo. Después de leerla, termina la carta con la forma apropiada de los verbos **pedir** o **preguntar.**

… No me vas a creer, pero hay un hombre que siempre veo en el metro y me parece muy interesante. Últimamente, habla mucho conmigo. Al principio, todos los días me _____ (1) sobre el tiempo. Quería saber si iba a llover por la tarde o no. Ayer me _____ (2) qué llevaba en los paquetes que yo tenía. Y después me _____ (3) mi número de teléfono de casa. Él llamó anoche, pero yo no estaba. Entonces, le _____ (4) a mi madre cuándo iba a volver yo. Volvió a llamar, pero yo todavía estaba en el centro con mis amigos, entonces le _____ (5) a mi madre el número de mi móvil...

Giving Indirect Commands: *Decir* + Subjunctive

Actividad **8** **Te digo que...** Completa estas oraciones con la forma correcta de los verbos indicados, usando el subjuntivo o el indicativo.

1. Te digo que yo no _____ qué pasó. (saber)

2. El policía les está diciendo que _____ de aquí. (salir)

3. Le digo que me _____ el dinero mañana o voy a llamar a mi abogado. (traer)

4. Me dice que mañana _____ a nevar. (ir)

5. Tu madre siempre te dice que no _____ eso. (hacer)

Continúa en la página siguiente →

6. Les dice que _____ esos papeles a la oficina. (llevar)

7. Nos dicen que _____ mala la comida en este restaurante. (ser)

8. ¿Nos estás diciendo que _____ nosotros? (ir)

Actividad 9 **¿Una amiga?** Conoces a una persona que piensa que tú eres su mejor amigo/a y te llama a todas horas. Le estás explicando a tu amigo Manolo cuánto te molesta ella. Completa la conversación.

MANOLO   ¿Qué cosas te dice esa mujer?

TÚ   Me dice que su trabajo _____ y

que sus hijos _____ .

MANOLO   ¿Te habla de sus problemas?

TÚ   Claro, siempre.

MANOLO   ¿Y le das consejos?

TÚ   Sí, le digo que _____ .

Pero te digo que la escucho todos los días.

MANOLO   No puedes continuar así. ¿Qué vas a hacer?

TÚ   ¡Le voy a decir que no me _____ más!

Un poco de todo

Actividad 10 **Cómo se llega.** Termina esta conversación entre dos amigos sobre cómo llegar a una fiesta.

RAMÓN   Te quiero invitar a una fiesta en mi apartamento el sábado. Vivo en la calle Lagasca, número 16.

JUAN   ¿Cómo llego? ¿Voy en coche o metro?

RAMÓN   No, no vayas _____ . Está un

poco lejos del metro y nunca hay lugar para estacionar. Toma el autobús #32. La parada está

_____ .

JUAN   Bueno, y ¿para al lado de tu casa?

RAMÓN   No exactamente. Después de bajar _____ .

JUAN   Bien. Voy a llevar algo para comer.

RAMÓN   No, no tienes que llevar nada.

JUAN   Hombre, claro que voy a llevar algo.

RAMÓN   No, no por favor.

JUAN   Una cosita por lo menos.

RAMÓN   Te digo que _____ .

JUAN   Pero, hombre.... Solo te _____ que me dejes llevar una cosita.

Continúa en la página siguiente →

RAMÓN	¿Qué?
JUAN	Es una sorpresa.
RAMÓN	Hombre. Dime qué.
JUAN	No.
RAMÓN	No seas tan misterioso. Te _____ qué es.
JUAN	No es qué sino quién: ¿Puedo llevar a mi novia?
RAMÓN	Hombre, ¡por supuesto que sí!

Vocabulario esencial II

Los animales

Actividad 11 **Los animales.** Los animales de la televisión forman parte de la cultura de los Estados Unidos y de otros países. Di qué tipo de animales son éstos.

1. Leo _____
2. Fernando _____
3. Chita _____
4. Garfield _____
5. Mister Ed _____

6. Yogi y Boo Boo _____
7. Dumbo _____
8. Tweetie _____
9. Elsie _____
10. Lassie y Rin Tin Tin _____

Actividad 12 **Las mascotas.** Contesta las siguientes preguntas sobre los animales.

1. ¿Tienes mascotas? Si contestas que sí, descríbelas. Si contestas que no, di por qué no quieres tener mascota o qué mascota te gustaría tener y por qué.

_____

_____

_____

2. En un zoológico, ¿qué animales son los más divertidos y por qué?

_____

_____

_____

3. Muchas universidades tienen mascotas que son animales. Imagina que tu universidad quiere cambiar su mascota. ¿Cuál de los siguientes animales crees que sea el mejor y por qué?

un oso, un león, una serpiente o un toro

_____

_____

_____

Gramática para la comunicación II

Avoiding Repetition: Nominalization

Actividad *13* **Evita la redundancia.** Cambia estas oraciones para evitar la redundancia.

1. Tengo unos pantalones negros y unos pantalones blancos.

   _____

2. Quiero la blusa de rayas y también la blusa azul.

   _____

3. ¿Compraste las sillas de plástico y las sillas rojas?

   _____

4. Vamos a pedir un café con leche y un café solo.

   _____

Actividad *14* **La corbata manchada.** Al Sr. Sanz se le acaba de manchar (*stain*) la corbata con jugo de tomate y tiene que ir a una reunión importante. Por eso, va a una tienda para comprar una corbata nueva. Completa esta conversación entre el Sr. Sanz y el vendedor. Usa **el, la, los, las** o **uno, una, unos, unas.**

SR. SANZ   Necesito comprar una corbata.

VENDEDOR   Tenemos muchas. ¿Desea Ud. algún color en especial?

SR. SANZ   Quiero _____ roja, pero puede tener otros colores también.

VENDEDOR   Aquí tengo _____ rojas y allí hay _____ rojas con rayas de diferentes colores.

SR. SANZ   Me gustan _____ de rayas, especialmente _____ roja con rayas azules. Es muy elegante, ¿no?

VENDEDOR   Desde luego, y es de seda.

SR. SANZ   Bueno, quisiera _____ roja con rayas azules que está allí.

Expressing Possession: Long Forms of Possessive Adjectives and Pronouns

Actividad *15* **La posesión.** Cambia estas oraciones usando las formas largas de los adjetivos posesivos.

➤ Mi amigo es guapo.

   El amigo mío es guapo.

1. Mi carro es alemán. _____

2. Su caballo es grande. _____

3. ¿Están aquí sus documentos? _____

4. ¿Dónde está mi osito rosado? _____

Continúa en la página siguiente →

5. Nuestros hijos son pequeños todavía. _____

Actividad 16 **Los pronombres posesivos.** Cambia estas oraciones sustituyendo los sustantivos (*nouns*) por pronombres posesivos.

➤ Mi madre es simpática.

La mía es simpática.

1. Me fascinan tus peces exóticos.

_____

2. ¿Tienes mi CD de Marc Anthony?

_____

3. Ellos no necesitan traer sus DVDs.

_____

4. Nuestros pájaros dicen palabras, pero el pájaro de Ud. solo dice pío pío.

_____

5. Mi casa tiene tres dormitorios.

_____

6. ¿Dónde están mis libros de economía?

_____

Actividad 17 **¡Qué desorden!** Pon esta conversación en orden. La primera oración ya está numerada.

_____ ¡Ah! La veo allí. Está debajo de la cama.

_____ ¿Cuáles?

__1__ ¿Dónde está la mía?

_____ ¿Y has visto mis pantalones?

_____ ¿Tu camisa?

_____ Los verdes.

_____ No sé. ¿Dónde la pusiste?

_____ No tengo idea; por eso te pregunto.

_____ No, pero de todos modos, no te vas a poner la camisa azul con los pantalones verdes.

_____ Sí, la azul.

Actividad 18 **Los anuncios.** Tú haces anuncios de televisión para algunos productos comerciales. En tus anuncios, criticas a la competencia. Completa estos anuncios.

➤ Los carros nuestros tienen una garantía de cinco años, pero...

los suyos tienen solamente una de tres.

1. Las neveras nuestras tienen mucho espacio, pero _____

_____

Continúa en la página siguiente →

Workbook ▪▪▪ Capítulo **14** **219**

2. La ropa nuestra es buena y barata, pero _____

_____

3. Los guías turísticos nuestros saben mucho, pero _____

_____

Un poco de todo

Actividad *19* **Los compañeros.** Verónica vive en un apartamento con Marisa y no está muy contenta. Eduardo vive con Rafael y tampoco está contento con su compañero. Lee estas descripciones de los dos y completa la conversación. Si es posible, usa frases como **la mía, el mío, ese compañero tuyo/mío, esa compañera tuya/mía.**

Marisa	Rafael
Deja la ropa por todos lados. No lava los platos. Siempre lleva amigos a casa. Nunca limpia el baño. Usa la ropa de Verónica sin pedirle permiso. Tiene un perro que come zapatos.	Siempre habla por teléfono. No paga el alquiler a tiempo. Nunca lava los platos y tampoco limpia el baño. Tiene un loro que canta ópera. Su novia siempre está en el apartamento y se come la comida de Eduardo.

EDUARDO   Tengo un compañero que me molesta muchísimo.

VERÓNICA   ¡Crees que solo tú tienes problemas!

EDUARDO   Es que ese compañero _____.

VERÓNICA   Pues, la _____ tampoco.

Pero además, _____.

EDUARDO   Eso no es nada. Ese compañero _____.

VERÓNICA   ¡Qué horror! La _____

¿Y sabes que _____?

EDUARDO   La cosa que más me molesta es que _____.

VERÓNICA   Necesito buscar una compañera que _____

_____

EDUARDO   A lo mejor debo _____ también.

Estrategia de lectura: Recognizing False Cognates

■■■ ▬▬▬▬▬▬▬▬▬▬▬▬▬▬▬▬▬▬▬

Throughout the readings in this book, you have probably noticed how many English cognates there are in Spanish. You have also seen that there are false cognates, that is, words that are spelled similarly in both languages, but have different meanings. The following is a list of commonly used false cognates.

actual present-day	**la noticia** news item
asistir a to attend	**real** royal; true
embarazada pregnant	**realizar** to accomplish
la facultad school (*of law, English, etc.*)	**sensible** sensitive
gracioso/a funny	**simpático/a** pleasant, nice
la librería bookstore	**soportar** to tolerate

Actividad *20* **Antes de leer.** Antes de leer la parte de un diario que escribió Juan Carlos, contesta estas preguntas.

1. ¿Has estado en México alguna vez? Si contestas que sí, ¿qué lugares visitaste?

   _____

   _____

2. ¿Sabes qué civilizaciones indígenas vivieron en México?

   _____

   _____

3. Escribe en la primera columna del gráfico lo que sabes sobre estos lugares, cosas o personas relacionados con México. Si no sabes nada, escribe **No sé nada.** Después de terminar la primera columna, lee el diario de Juan Carlos y escribe en la segunda columna algo que aprendiste al leer.

Lo que ya sabía	Lo que aprendí al leer
1. Diego Rivera	
2. El Museo de Antropología	
3. Tenochtitlán	
4. Chichén Itzá	

Chichén Itzá, México

El diario de Juan Carlos

martes, 25 de marzo

Hoy discutí con Álvaro, pues me tenía loco buscando su pasaporte. Finalmente fue al consulado de España para sacar uno nuevo. Dimos una vuelta por la ciudad. Fuimos por el Paseo de la Reforma hasta el Zócalo y visitamos la Catedral y el Palacio Nacional donde se ve la historia de México en los murales de Diego Rivera. Luego vimos la Plaza de la Tres Culturas y almorzamos. Del restaurante fuimos al Parque de Chapultepec y visitamos el Museo de Antropología. ¡Qué maravilla! La cantidad de objetos olmecas, mayas, toltecas y aztecas que había era impresionante: joyas, instrumentos musicales, cerámica, ropas y, por supuesto, el calendario azteca. Nos contó la guía de la excursión que ya en el siglo XIV los aztecas eran capaces de calcular el año solar.

El imperio azteca constaba de una confederación de tres ciudades —una de ellas era Tenochtitlán, la capital, que estaba donde actualmente está la Ciudad de México. Es increíble lo bien planeada que estaba la ciudad: tenía agua potable y sistemas sanitarios mucho mejores que los que Europa llegó a tener en el siglo XVIII. (Esto yo ya lo sabía; lo aprendí en la facultad.)

Salimos del museo (demasiado corta la visita; tengo que regresar algún día) y fuimos a la Plaza de las Tres Culturas: ruinas aztecas, una iglesia colonial y rascacielos del siglo XX. ¡Qué buen ejemplo de la mezcla de culturas del México actual!

miércoles, 26 de marzo

Anoche fuimos a ver el Ballet Folklórico y me fascinó. Me acosté muy tarde y estaba muerto de cansancio. Hoy llegamos a Mérida, Yucatán. El viaje en autobús me cansó mucho pero, por suerte, me divertí charlando con el Sr. Ruiz, porque es muy gracioso. Es una lástima que la Dra. Llanos ya no lo soporte. Llegamos tardísimo al hotel. Ahora a dormir, porque mañana salimos temprano para visitar Chichén Itzá.

jueves, 27 de marzo

Hoy fuimos a las ruinas de Chichén Itzá, donde vivieron muchos de los mayas entre los años 300 y 900 d.C. No se sabe bien dónde comenzó esta civilización: algunos dicen que en el Petén, Guatemala; otros creen que fue en Palenque, México. Los mayas eran muy avanzados en astronomía y matemáticas y conocían el uso del cero antes de que los árabes lo introdujeran en Europa. Cultivaban no solo el maíz como los aztecas después, sino también el cacao, la batata y el chile. Estos genios también inventaron un sistema de escritura jeroglífica. Todo esto es tan fascinante que ahora quiero conocer otras ciudades mayas como Copán en Honduras y Tikal en Guatemala.

Bueno, de Chichén Itzá lo que más me gustó fue el templo de Kukulkán. Es un lugar impresionante; al entrar sentí una sensación de temor y me salí pronto. En ese templo hay un jaguar rojo con ojos de jade pintado en la pared. Es bellísimo.

Mañana partimos para Uxmal. A ver si les mando otro mensaje electrónico a las chicas.

Actividad 21 **Explícalo.** Después de leer el texto, explica en otras palabras qué significan las palabras en negrita. ¡No uses inglés!

1. Juan Carlos dice que lo aprendió en **la facultad.**

   _____

2. La ciudad de Tenochtitlán estaba en el lugar donde **actualmente** está la Ciudad de México.

   _____

   _____

3. Juan Carlos dice que el Sr. Ruiz es **gracioso.**

   _____

   _____

4. La Dra. Llanos no **soporta** al Sr. Ruiz.

   _____

   _____

Capítulo 15 El medio ambiente

Vocabulario esencial I

El medio ambiente

Actividad 1 **El medio ambiente.** Completa estas oraciones con la palabra o las palabras apropiadas.

1. El hotel usa _____ _____; por eso, no paga mucho en electricidad y calefacción.

2. Todos los meses llevamos los periódicos a un lugar donde los _____.

3. Hay muchos animales que están en peligro de _____.

4. En Chernobil tuvieron un accidente en una planta de _____ _____.

5. En los lagos del norte de los Estados Unidos hay un gran problema con la _____ ácida por el uso del carbón.

6. Hay gente que no sabe cómo respetar el medio ambiente y, por eso, se ven grandes cantidades de _____ en los parques nacionales porque la gente tira botellas y papeles por todos lados.

7. La Ciudad de México tiene muchos problemas con la _____; hay días en que las personas que sufren de asma y otras enfermedades respiratorias no pueden salir de la casa.

8. Van a abrir una _____ nueva de carros y dicen que va a haber cuatrocientos puestos de trabajo.

La conciencia. Lee este anuncio comercial de Bariloche, Argentina. Luego marca con una X solamente los métodos de conservación que se mencionan en el anuncio.

Señor Turista:
Bariloche le ofrece
sus bellezas.
Colabore conservándolas.

De la arena nace el vidrio
del vidrio la botella...
Pero la botella no se
convierte en arena.
¡No insista!

Cuando vuelan
parecen pájaros o mariposas.
Cuando caen
son papel
y ¡ensucian!
Guárdelos para tirarlos en un
lugar adecuado.

Use y disfrute los bosques, playas
y lagos.
Manténgalos limpios.

Esa basura es para la
bolsa de residuos.
En su auto comienza una
campaña de limpieza.
¡Alto!

Las flores son para mirarlas.
¡No las corte!

Recuerde que los elementos reflectivos
(vidrios, latas, etc.)
pueden provocar
incendios.

Limpieza es además cultura.
¡Practíquela aquí también!

1. _____ no tirar papeles

2. _____ reciclaje de productos hechos de vidrio (*glass*)

3. _____ el uso de la energía solar

4. _____ conservar el uso de la electricidad

5. _____ manejar obedeciendo los límites de velocidad

6. _____ no tirar basura en los bosques

7. _____ no cortar las plantas

8. _____ reciclar papel de periódico

9. _____ separar la basura en grupos: papeles, plásticos, aluminio, etc.

10. _____ tener una bolsa para la basura en el carro

Opuestas. Carmela y Magdalena son hermanas. A Carmela no le importa nada el medio ambiente y Magdalena es la presidenta de Greenpeace de su ciudad. Lee lo que hace Carmela y luego escribe un párrafo sobre lo que hace Magdalena para proteger el medio ambiente.

Continúa en la página siguiente →

Carmela

Carmela tiene un carro grande que usa mucha gasolina. Todas las semanas pasa por la gasolinera a llenar el tanque. Todas las mañanas toma duchas súper largas. Cuando sale de casa deja las luces encendidas y nunca apaga el televisor. La semana pasada compró una bolsa de piel (*skin*) de cocodrilo. También votó por un candidato que quiere construir una planta nuclear cerca de su casa porque cree que va a crear puestos de trabajo para la gente. Además quiere que destruyan un parque de su ciudad para construir un centro comercial. A este parque llegan pájaros en peligro de extinción para pasar el invierno.

Magdalena

_____
_____
_____
_____
_____
_____
_____
_____

Actividad 4 El político. Lee parte de una conferencia que dio un político y di si estás de acuerdo con sus ideas o no. Usa frases como **(no) es verdad que…, (no) creo que…, es posible que…, todavía hay problemas con…**

Les digo que aquí, en este estado, no hay problemas de contaminación. Quemamos la basura o se la mandamos a otros estados y así preservamos la ecología de nuestro estado tan bonito. Antes teníamos algunas especies de osos y de peces en peligro de extinción; pero ahora tenemos más de cien osos y la situación de nuestros lagos también está mejorando, aunque todavía no es aconsejable comer los peces. Estamos trabajando con todas las fábricas y no hay ni una que contamine el medio ambiente. Vamos a construir una planta nueva para producir energía nuclear que va a dar energía a la parte sur del estado. No tengan miedo de la energía nuclear; es limpia y barata. Además, la planta va a dar trabajo a quinientas personas. Trabajemos juntos para tener el mejor estado posible.

Tu opinión:

_____
_____
_____
_____
_____

Gramática para la comunicación I

I. Expressing Pending Actions: The Subjunctive in Adverbial Clauses

Actividad 5 **El futuro indefinido.** Completa estas oraciones con la forma correcta de los verbos indicados en el subjuntivo o el indicativo (presente o pasado).

1. Cuando _____ tu tío, dile que lo voy a ver mañana. (venir)

2. Después de que tú _____ esto, quiero leerlo. (traducir)

3. Ayer corrimos por el parque hasta que _____ a llover. (empezar)

4. Voy a ser estudiante hasta que se me _____ el dinero. (acabar)

5. Debemos estudiar después de que los niños y yo _____ de la película. (volver)

6. Él me llamó después de que su secretario le _____ el mensaje. (dar)

7. Le voy a pagar cuando Ud. _____ todo el trabajo y no antes. (terminar)

8. El hombre me vio cuando yo _____ el dinero de la bolsa. (sacar)

Actividad 6 **El pesimista.** Eres muy pesimista. Completa estas oraciones de forma original.

1. Los políticos van a hacer algo sobre la lluvia ácida cuando _____

_____

2. La gente no va a reciclar productos hasta que _____

_____

3. El hombre va a seguir destruyendo las selvas hasta que _____

_____

4. Tenemos que pensar en la ecología antes de que el mundo _____

_____

Making Suggestions: *Let's . . .*

Actividad 7 **¡Vámonos!** Sugiere (*Suggest*) qué debemos hacer.

➤ estudiarlo

¡Estudiémoslo!

1. bailar _____

2. sentarnos _____

3. beberlo _____

4. no decírselo _____

5. levantarnos _____

6. cantar _____

Continúa en la página siguiente →

7. no mandárselo _____

8. escribirlo _____

Actividad *8* **Invitaciones y soluciones.** Completa cada conversación con una sugerencia (*suggestion*). Usa los verbos **bailar, volver, alquilar, sentarse** y **decir** y otras palabras si es necesario.

➤ —Necesitamos pan, leche, patatas, huevos y carne.

   —***Comprémoslos en el supermercado.***

1. —¡Qué música más buena!

   —_____ .

2. —No podemos decirle esto a Fernando, porque no nos va a creer.

   —_____ .

3. —Estoy cansada y no quiero bailar más. Quiero ver si mis hijos están bien.

   —_____ .

4. —Lo siento, pero no podemos ir a la costa porque mi carro no funciona.

   —_____ .

5. —¿Prefieres estar en la barra (*bar*) o en una mesa?

   —_____ .

Requesting Information: *¿Qué?* and *¿cuál/es?*

Actividad *9* **¿Qué o cuál/es?** Completa estas preguntas usando **qué** o **cuál/es**.

1. ¿_____ de los carros alquilaste?

2. ¿_____ necesita Ud.?

3. ¿_____ son las exportaciones principales de Venezuela?

4. ¿_____ de éstas quieren Uds.?

5. ¿_____ eres, liberal o conservador?

6. ¿_____ es tu número de teléfono?

7. ¿_____ es la capital de Venezuela?

8. ¿_____ es la filosofía?

9. ¿En _____ ciudad viven tus abuelos?

10. ¿_____ libro estás leyendo?

Un poco de todo

Actividad 10 **¿Qué crees?** Completa estas preguntas usando **qué** o **cuál/es.** Después contéstalas con oraciones completas para expresar tus ideas sobre la protección del medio ambiente.

1. —¿_____ son algunas cosas que se pueden reciclar?

   —_____ .

2. —¿_____ reciclas tú?

   —_____ .

3. —¿_____ es la forma de energía más limpia?

   —_____ .

4. —¿_____ sabes de la lluvia ácida?

   —_____ .

5. —¿_____ tipo de fábricas hay en tu ciudad?

   —_____ .

6. —¿_____ de las fábricas produce contaminación?

   —_____ .

7. —Cuando compres un carro nuevo, ¿_____ tipo vas a comprar?

   —_____ .

8. —¿_____ sabes de los biocombustibles?

   —_____ .

Vocabulario esencial II

La personalidad

Actividad 11 **Todos son diferentes.** Completa estas oraciones que dice Imelda sobre su familia. Usa las formas apropiadas de los siguientes adjetivos.

agresivo	cobarde	insoportable	perezoso
amable	creído	justo	sensato
ambicioso	honrado	mentiroso	sensible
astuto	ignorante	orgulloso	testarudo
chismoso	indiferente	pacifista	valiente

1. Mi amigo es muy _____ y le da vergüenza pedir ayuda.

2. Mi hijo, el político, es una persona muy _____. Él sabe que la violencia es un problema serio, pero, en vez de construir más prisiones, él quiere mejorar el sistema educativo del país.

Continúa en la página siguiente →

3. Mi otra hija es una mujer muy _____; algún día va a ser presidenta de una compañía (si no es presidenta del país) y va a tener más dinero del que es necesario. Seguro que no va a darles ni un peso a los pobres.

4. El esposo de mi hija mayor no hace nada. Siempre mira televisión. Es muy _____.

5. Mi nieto, el hijo de mi hija mayor, es muy _____. No tiene miedo de nadie. Ayer en el metro un hombre estaba molestando a una señora y el niño lo paró y le dijo que no debía hacer cosas así. ¡Y solo tiene cuatro añitos!

6. Mi hermano es muy _____; ayer un hombre me estaba molestando en un autobús y mi hermano no le dijo nada. La próxima vez voy a ir con mi nieto.

7. Mi esposo Juan es un hombre muy _____; ayer fuimos a ver la película *Bambi* y él lloró cuando se murió la madre de Bambi.

8. Mi madre es muy _____. Siempre nos ayuda aunque no está muy bien de salud, no critica a nadie y siempre está contenta.

9. Nuestro perro es muy _____ y da miedo; por eso nadie entra en nuestra casa si no hay alguien de la familia allí.

10. A veces yo soy demasiado _____. Ayer me dieron 20 euros de más en el supermercado y volví a la tienda para devolverlos.

11. Mi sobrino es muy _____; se cree superior a todo el mundo.

12. La hermana menor de mi esposo asiste a la universidad, pero no le importa nada la política. Es bastante _____ a todo, no como los otros estudiantes que siempre están luchando por una causa u otra.

13. Mi sobrina Maricarmen no puede estar con su primo Carlos. Ella dice que él es machista y, por eso, le parece _____. No lo quiere ver ni pintado en la pared.

14. Mis padres eran maravillosos, sabían que cada hijo era diferente y nunca favorecieron a nadie. Eran muy _____ con nosotros.

15. Mi vecino me cae la mar de mal. Sabe algo de todos los que viven en mi edificio y cada vez que me ve me cuenta algo íntimo sobre alguno. Me molesta muchísimo. Es muy _____.

16. El hijo de mi hermana nunca dice la verdad y siempre dice que sus hermanos hicieron algo que no debían hacer. No se puede creer lo que él dice porque es un niño muy _____ y esto les causa problemas a mi hermana y a su marido.

Actividad 12 **¿Cómo son?** Escoge la oración que mejor describe a cada persona. A veces hay más de una posibilidad. Marca todas las posibilidades.

1. _____ Se divorció de su esposa y la dejó a ella con un hijo y sin nada en el banco.

2. _____ Todos los domingos, pasa por la casa de su madre y le lleva flores.

3. _____ Juan tuvo un accidente con mi carro y obviamente yo no iba a pagar el arreglo. Pero me dijo Juan que el carro era mío y no suyo y que por eso era mi responsabilidad.

4. _____ Ayer Carlos compró un perro y lo llamó "Gatito", pero supongo que eso es normal para él porque tiene un gato que se llama "Perrito".

5. _____ Lorenzo va a ir a la selva de Perú con un grupo de gente a luchar contra una compañía de petróleo importante que está contaminando la zona. Después de pasar dos semanas allí, piensa ir a otro pueblo y ser traductor voluntario para un grupo de médicos que vienen de Alemania.

a. Es un santo.
b. Es un loco de atar.
c. Es un caradura.
d. Es un sinvergüenza.
e. Es buena gente.

Actividad 13 **En una reunión.** Una feminista está hablando con los participantes de un congreso. Aquí tienes una parte de su conversación con ellos. Completa las respuestas del público con adjetivos.

LA FEMINISTA   El sexismo se ve en todas partes. Si un hombre tiene muchas ideas y quiere tener un puesto mejor, se dice que tiene ambiciones; pero si una mujer hace esto, ¿saben cómo la llaman?

EL PÚBLICO   La llaman _____.

LA FEMINISTA   Si una mujer no quiere hacer algo porque tiene miedo, se dice que está bien y se considera normal, pero si un hombre tiene miedo, ¿saben cómo lo llaman?

EL PÚBLICO   Lo llaman _____.

LA FEMINISTA   Si una mujer no quiere trabajar y desea estar en su casa con sus hijos, la llaman ama de casa, pero si un hombre no quiere ir a trabajar y desea estar en casa limpiando, cocinando y cuidando a los hijos, piensan que no le gusta trabajar. ¿Saben cómo lo llaman?

EL PÚBLICO   Lo llaman _____.

LA FEMINISTA   Si un hombre llora y demuestra sus emociones lo llaman débil, pero si una mujer actúa así, ¿saben cómo la llaman?

EL PÚBLICO   La llaman _____.

LA FEMINISTA   ¡Qué lástima que existan personas que piensen así en el mundo! Me dan lástima esas personas que piensan así. ¿Saben cómo las llamo?

EL PÚBLICO   Las llama _____.

Actividad 14 **Nadie es perfecto.** Usa adjetivos para describir a tu mejor y a tu peor profesor/a de la escuela secundaria. Explica tanto las cualidades como los defectos de cada persona.

Mi mejor profesor/a era

_____

_____

Mi peor profesor/a era

_____

_____

Gramática para la comunicación II

I. Expressing a Past Action That Preceded Another Past Action: The Pluperfect

Actividad 15 **Hablando del pasado.** Escribe oraciones completas para decir qué había ocurrido cuando ocurrió algo más. Usa el pluscuamperfecto (*pluperfect*) de uno de los verbos que se presentan. Añade palabras necesarias.

➤ tú / abrir / puerta / cuando / perro / salir

Tú ya habías abierto la puerta cuando el perro salió.

1. nosotros / comprar / comida / antes de / llegar / casa

   _____

2. la clase / terminar / examen / cuando / yo / entrar

   _____

3. ellos / vender / carro / cuando / nosotros / llegar

   _____

4. yo / salir / cuando / tu hermano / caerse / escaleras

   _____

5. ella / visitar / Ecuador / antes de / empezar / universidad

   _____

Actividad 16 La historia. Lee la siguiente información sobre la historia de América. Luego escribe oraciones usando la información. Sigue el modelo.

1492	Colón llega a América.
1494	Se firma el Tratado de Tordesillas que divide las nuevas tierras entre España y Portugal.
1502	Bartolomé de las Casas llega a América y empieza a documentar los abusos de los conquistadores contra los indígenas.
1512	Ponce de León llega a la Florida.
1513	Núñez de Balboa es el primer europeo que ve el Pacífico.
1519	Sale Magallanes para dar la vuelta al mundo.
1520	Muere Moctezuma.
1521	Cortés toma México para España; muere Magallanes.
1522	Elcano completa el viaje de Magallanes y así termina de dar la vuelta al mundo.
1525	Muere Cuauhtémoc, último emperador azteca, después de tres años de tortura.
1532	Pizarro termina con el imperio incaico en Perú.
1533	Pizarro ejecuta a Atahualpa, el último emperador inca.
1542	Hernando de Soto es el primer europeo que encuentra el río Misisipí.
1620	Los peregrinos fundan la colonia de Plymouth en el estado de Massachusetts.

➤ Colón / Tratado de Tordesillas

Colón ya había llegado a América cuando se firmó el Tratado de Tordesillas. / Cuando se firmó el Tratado de Tordesillas, Colón ya había llegado a América.

1. Ponce de León / Núñez de Balboa

_____

_____

2. Cortés / Pizarro

_____

_____

3. morir Magallanes / Elcano

_____

_____

4. Pizarro / Cuauhtémoc

_____

_____

Continúa en la página siguiente →

5. Moctezuma / Atahualpa

_____

_____

6. Hernando de Soto / Núñez de Balboa

_____

_____

7. Hernando de Soto / los peregrinos y la colonia de Plymouth

_____

_____

Other Uses of *por*

Actividad 17 Expresiones. Usa expresiones con **por** para completar estas oraciones.

1. _____, ¿sabes la dirección de Victoria?

2. La comida estuvo horrible y el servicio también, pero _____,

    la música estuvo buena.

3. Elisa manejaba a 135 kilómetros _____; _____

    no la vio ningún policía.

4. Debes llevar cheques de viajero en vez de dinero en efectivo _____

    pierdes tu tarjeta bancaria y no puedes usar cajeros automáticos.

5. Simón estudia mucho; _____ saca buenas notas.

6. _____ que voy a tu fiesta; siempre son buenísimas.

Relating Ideas: The Relative Pronouns *que, lo que,* and *quien*

Actividad 18 Uniendo ideas. Termina estas oraciones con las palabras **que, lo que** o **quien/es.**

1. El carro _____ está enfrente de la tienda es mío.

2. ¿Conoces al señor _____ lleva el abrigo negro?

3. No ocurrió _____ Uds. creen.

4. La jefa para _____ trabajo es muy sensata.

5. Me gusta ese libro _____ tienes en la mano.

6. ¿Te interesó _____ viste?

7. Éste es el empleado de _____ te hablé ayer.

8. La chica con _____ se casó mi hermano se llama Alejandra.

9. Voy a estudiar algo _____ sea fácil.

Actividad *19* **Conectar ideas para aprender historia.** Combina las siguientes oraciones cortas sobre la historia hispana para formar oraciones largas. Usa **que, lo que** o *una preposición* + **quien/es.**

1. Cristóbal Colón habló con los Reyes Católicos. De ellos recibió el dinero para su primera expedición.

   _____

   _____

2. Ponce de León exploró la Florida en busca de la fuente de la juventud (*youth*). La fuente de la juventud en realidad no existía. Pero las cosas que encontró fueron indígenas y bellezas naturales.

   _____

   _____

3. A principios del siglo XVI, los españoles les llevaron el catolicismo a los indígenas. Esto significó para los indígenas un cambio en su vida y en sus costumbres.

   _____

   _____

4. Hernando de Soto fue uno de los conquistadores españoles. Él tomó posesión de Perú para España.

   _____

   _____

5. Simón Bolívar liberó una parte de Hispanoamérica. Hoy en día, incluye Colombia, Venezuela, Ecuador y Panamá.

   _____

   _____

Un poco de todo

Actividad **20** **Querida Esperanza. Parte A.** Lee este email y rellena los espacios con palabras lógicas.

Continúa en la página siguiente →

(Enviar) (Adjuntar) (Imprimir) (Borrador)   ● ● ○

Para: [   ]

Asunto: [   ]

Querida Esperanza:

Mi novia y yo llevamos cinco años juntos. Ella quiere casarse, pero últimamente yo tengo dudas. Ella

tiene un trabajo con muchas responsabilidades, pero me preocupa porque es muy _____

_____: nunca está contenta con su puesto y siempre quiere uno mejor. Algún día va a querer ser presi-

denta de la compañía. Ella fue la persona _____ le hizo ganar millones a la compañía. Los clientes

ven que ella es buena _____, y _____ supuesto, todos quieren trabajar con ella. Siempre

corre de un lado a otro y maneja a 150 kilómetros _____ hora. ¿Qué significa esto para nosotros?

_____ que me preocupa es que pasa más tiempo con sus compañeros de trabajo que conmigo y

que va a pasar poco tiempo con nuestros futuros hijos. El otro día fuimos a cenar y tenía la intención de

proponerle matrimonio durante el postre, pero cuando llegó el postre, ella ya _____ recibido tres

llamadas y yo no sabía qué hacer, por _____ no hice nada. _____ suerte sé que me quiere

de verdad y que es una mujer muy _____ y que va a llorar si algún día le cuento lo _____

pasó en ese restaurante. Yo la quiero. ¿Tiene Ud. algunos consejos para mí?

     Desesperado, pero amado

Parte B. Tú eres Esperanza. Contesta el email de la Parte A.

Enviar   Adjuntar   Imprimir   Borrador

Para: _____

Asunto: _____

Querido Desesperado, pero amado:

_____

_____

_____

_____

_____

_____

_____

_____

_____

Esperanza

Estrategia de lectura: Mind Mapping

As you already have learned, activating background knowledge is an important step to improving reading comprehension. One way to tap this knowledge is to do a mind map, like the one in Chapter 15 of your textbook.

Actividad 21 **El mapa mental.** Haz un mapa mental sobre los recursos naturales (*natural resources*) para prepararte mejor para leer una carta de un periódico.

recursos naturales

Carta abierta a los hermanos hispanoamericanos

Como ciudadano de Hispanoamérica considero que tengo la obligación de pedirles a los gobernantes que hagan algo para salvar nuestra tierra antes de que sea demasiado tarde. Para modernizarnos e intentar convertirnos en países desarrollados, necesitamos la tecnología, pero esta tecnología que trae avances constantes muchas veces destruye nuestros recursos naturales.

    Tomemos Guatemala, por ejemplo. ¿Cuánto tiempo vamos a continuar destruyendo la selva tropical? Decimos que necesitamos esa área para criar animales y tener comida. ¿Pero a qué precio? Matamos animales y vegetales que ya habitan esa zona y así provocamos la extinción de animales y de plantas. Uds. dirán que nosotros, los guatemaltecos, no somos los únicos que destruimos el ambiente y hay que reconocer que es verdad. Sin embargo, Costa Rica, que también tiene este problema, lo admite y está intentando salvar su selva con la ayuda de científicos estadounidenses.

    Usemos los recursos naturales, pero con moderación. ¿Qué va a ocurrir, por ejemplo, el día que se termine el petróleo mundial? El petróleo es un recurso, sí, pero como todo recurso tiene un límite. Si países latinoamericanos como Brasil y Argentina pueden obtener combustible para carros de la caña de azúcar, Guatemala, Honduras, Cuba y la República Dominicana pueden hacer lo mismo con su exceso de caña de azúcar, y así reducir notablemente el consumo de petróleo. La fuente de energía que puede reemplazar de forma parcial el petróleo es la energía hidroeléctrica y su posibilidad de desarrollo en Hispanoamérica es gigantesca. Países ejemplares como Paraguay, Perú y Costa Rica lograron aumentar considerablemente su producción en la última década.

    Ya se ha prohibido el uso de flourocarburos en acondicionadores de aire, neveras, etc. y parece que el agujero en la capa del ozono sobre la Antártida se está cerrando. Pero tenemos que estar atentos y hacer todo lo posible para que se cierre lo antes posible porque en el estado actual se filtra la radiación ultravioleta en Chile y Argentina. ¿Qué significa esto? Miles de casos de enfermedades como cáncer de la piel y cataratas en los ojos. Debemos eliminar este peligro antes de que sea demasiado tarde.

    ¿Es éste el mundo que les queremos dejar a nuestros hijos? Por favor, tomemos conciencia.

Un ser humano preocupado

Actividad *22* **Problemas y soluciones.** Después de leer la carta, contesta esta pregunta.

¿Cuáles son los problemas y las soluciones que menciona el autor en la carta?

Problemas	Soluciones
1.	1.
2.	2.
3.	3.

Capítulo 15 Repaso

Narrating in the past

Past narration has a number of components; here are a few of the major ones.

- **Preterit and Imperfect**

  Use the preterit to move the action along by narrating the start or end of an action or a completed past action; use the imperfect to set the scene, provide description, and describe past actions in progress.

  Era una noche oscura cuando yo _llegué_ a casa. Mientras _abría_ la puerta _sonó_ el teléfono...

- **Pluperfect**

  Use the pluperfect to narrate an action that occurred prior to another action in the past.

  Ya _había terminado_ los estudios cuando aceptó un trabajo en Nueva York.

- **Present Perfect**

  Use the present perfect to ask the question, *"Have you ever . . . ?"*

  ¿_Has trabajado_ como camarero alguna vez?

Remember: After adverbs like **antes** and **después,** you need a conjugated verb. But, after the preposition **de,** you need an infinitive. Compare these sentences.

> **Primero fui al cine y _después comí_ con mis amigos en un restaurante.**
>
> **_Antes de comer_ con mis amigos en un restaurante, fui al cine.**

Actividad 1 **¡Qué miedo!** Completa la siguiente conversación con la forma apropiada de los verbos indicados. Usa el pretérito, el imperfecto, el pluscuamperfecto, el pretérito perfecto (*present perfect*) o el infinitivo.

Lucía le cuenta a su amiga una experiencia que tuvo.

—¿Sabes lo que me _____ (1. ocurrir) anoche?

—No, ¿qué te _____ (2. pasar)?

—Pues yo _____ (3. acostarse) temprano y ya _____ (4. dormir) varias

horas cuando _____ (5. despertarse) muy asustada.

—Pero, ¿Por qué?

—No sé. _____ (6. Ser) más o menos las dos de la mañana cuando yo _____

(7. oír) un ruido terrible. Entonces _____ (8. levantarse) con mucho cuidado,

_____ (9. abrir) la puerta de mi habitación, pero no _____ (10. ver) ni

_____ (11. oír) nada. Aunque _____ (12. tener) mucho miedo,

_____ (13. decidir) ir a investigar. Antes de _____ (14. salir) de mi habitación,

_____ (15. tomar) mi raqueta de tenis para protegerme y _____ (16. salir)

muy despacio. Ya _____ (17. bajar) las escaleras, cuando _____

(18. volver) a oír ruidos extraños en la sala. ¿Alguna vez _____ (19. tener) tú tanto

miedo que casi no puedes caminar? Pues, yo _____ (20. estar) paralizada de terror, pero

_____ (21. entrar) en la sala y en ese momento alguien encendió la luz. _____

(22. Haber) un grupo de personas. _____ (23. Ser) mis mejores amigos que habían

llegado mientras yo _____ (24. dormir) para sorprenderme porque hoy es mi cumpleaños.

—Ay, ¿pero cómo entraron?

—Mi novio _____ (25. tener) la llave de mi casa y todos _____ (26. entrar) en

silencio; pero mientras _____ (27. caminar) en la oscuridad, uno de ellos _____

(28. hacer) el ruido que me _____ (29. despertar). ¿Sabes? Primero yo _____

(30. llorar) y despúes les _____ (31. dar) las gracias a mis amigos.

¿_____ (32. vivir) tú un momento similar alguna vez?

—No, nunca, pero me gustaría. Y a propósito, ¡feliz cumpleaños!

Capítulo 16 La universidad y el trabajo

Vocabulario esencial I

Los estudios

Actividad 1 **Asociaciones.** Asocia las frases de la Columna A con las palabras de la Columna B.

A

1. _____ Ingeniería, Arquitectura o Psicología
2. _____ lo que pagas cada año
3. _____ papelitos pequeños con información
4. _____ un trabajo escrito de quince páginas o más
5. _____ un examen de mitad de semestre
6. _____ un profesor con años de experiencia
7. _____ una maestría o un doctorado
8. _____ un instructor con poca experiencia y que a veces estudia también
9. _____ Filosofía y Letras, Medicina o Derecho
10. _____ no aprobar a un estudiante
11. _____ un estudiante que solo va a clase para oír, no recibe nota

B

a. las chuletas
b. el oyente
c. un parcial
d. una carrera
e. un catedrático
f. la matrícula
g. un asistente de cátedra
h. un título
i. una facultad
j. una monografía
k. aplazar

Actividad 2 **Buenos o malos hábitos. Parte A.** Marca si las siguientes acciones que hacen los estudiantes universitarios son buenas (B) o malas (M).

1. _____ faltar a muchas clases y darles excusas falsas a los catedráticos
2. _____ estar en la luna durante una clase
3. _____ siempre prestar atención en clase
4. _____ repetir un curso
5. _____ aprobar todas las asignaturas

Continúa en la página siguiente →

6. _____ tener flojera

7. _____ estar estresado por no hacer las monografías con anticipación

8. _____ usar chuletas en los parciales

9. _____ tomar apuntes claros y organizados en cada clase

10. _____ hablar con sus profesores fuera de clase con preguntas, comentarios, etc.

Parte B. Tomando en cuenta tus respuestas a la Parte A, ¿te consideras un/una estudiante bueno/a, normal o malo/a? ¿Qué puedes hacer para ser mejor estudiante?

_____

_____

_____

_____

_____

Actividad 3 **La universidad.** Contesta estas preguntas sobre tu universidad.

1. ¿Cuánto cuesta la matrícula por año?

   _____

2. ¿Tienes clase con asistentes de cátedra o con catedráticos? ¿Prefieres tener catedráticos o asistentes de cátedra como profesores?

   _____

   _____

3. ¿Prefieres tener profesores exigentes o profesores que regalan la nota? ¿Por qué?

   _____

   _____

4. ¿A veces tienes flojera o siempre haces un gran esfuerzo?

   _____

5. ¿Escribes monografías con anticipación o las dejas para el último momento?

   _____

6. ¿Cuándo fue la última vez que pasaste la noche en vela? ¿Por qué lo hiciste?

   _____

   _____

7. En tu opinión, ¿la vida estudiantil es estresante o no? ¿Por qué?

   _____

   _____

Gramática para la comunicación I
■■■

Describing: *Lo* + Masculine Singular Adjective

Actividad 4 **Lo bueno.** Completa estas oraciones usando expresiones como **lo bueno, lo interesante, lo fácil, lo malo, lo triste.**

1. Tengo un nuevo trabajo; _____ es que ganaré mucho más dinero, pero

   _____ es que tengo que trabajar en un pueblo de la selva que no tiene electricidad;

   tampoco tiene agua corriente (*running water*).

2. Voy a ir a Bariloche; _____ es que puedo esquiar, pero _____ es

   que también tengo que pasar muchas horas en conferencias sobre medicina nuclear. Sé que me dor-

   miré en las conferencias porque voy a estar cansado de tanto esquiar.

3. Mañana tengo un examen; _____ es que en la primera parte solamente tengo que

   decir si las oraciones son ciertas o falsas, pero _____ es que también tengo que es-

   cribir una composición y nunca me expreso bien cuando escribo.

Actividad 5 **Este año.** Termina estas oraciones sobre tu vida universitaria de este año.

1. Lo interesante _____.

2. Lo más inesperado _____.

3. Lo triste _____.

4. Lo malo _____.

5. Lo bueno _____.

6. Lo más cómico _____.

Expressing the Future: The Future Tense

Actividad 6 **El futuro.** Completa estas oraciones con la forma apropiada del futuro de los verbos indicados.

1. El año que viene yo _____ trabajo interesante. (tener)

2. Uds. _____ algún día. (casarse)

3. ¿Cuándo _____ tú ayudarme? (poder)

4. Nosotros se lo _____ cuando podamos. (decir)

5. Paco _____ en casa de sus tíos cuando vaya a la universidad. (quedarse)

6. Yo _____ un buen médico. (ser)

7. Si Ud. tiene tiempo mañana, _____ con mi jefe, ¿verdad? (hablar)

8. Yo _____ a las ocho y _____ el vino. (salir, llevar)

Continúa en la página siguiente →

9. Si tenemos dinero, este verano _____ a las islas Galápagos. (ir)

10. Yo te lo _____ mañana. (comprar)

Actividad 7 **La semana que viene.** Haz una lista de tres cosas que harás la semana que viene y tres cosas que debes hacer.

➤ **Para hacer**

   Estudiaré para un parcial de biología.

1. _____

2. _____

3. _____

➤ **Para hacer si hay tiempo**

   Debo empezar a escribir un ensayo para la clase de filosofía.

4. _____

5. _____

6. _____

Actividad 8 **Predicciones.** Primero, escribe nombres de personas famosas para las categorías indicadas. Después, haz predicciones sobre qué estarán haciendo, dónde vivirán, en qué trabajarán, si estarán casados/divorciados, etc., dentro de diez años. Usa la imaginación.

1. Un/a cantante: _____

   Tu predicción: _____

   _____

   _____

2. Un/a político/a: _____

   Tu predicción: _____

   _____

   _____

3. Un actor / una actriz: _____

   Tu predicción: _____

   _____

   _____

4. Tu profesor/a de español: _____

   Tu predicción: _____

   _____

   _____

Actividad *9*   **Bola de cristal.** Haz predicciones sobre el mundo de Hollywood y de Washington.

1. El próximo presidente de los Estados Unidos _____

   _____.

2. El próximo escándalo en Washington _____

   _____.

3. La mejor película del año _____

   _____.

4. La boda del año en Hollywood _____

   _____.

5. El divorcio menos esperado _____

   _____.

Expressing Hypothetical Actions and Reporting: The Conditional

Actividad *10*   **Forma hipótesis.** Completa estas oraciones con la forma apropiada del potencial (*conditional*) de los verbos indicados.

1. ¿Qué _____ tú en mi lugar? (hacer)

2. Yo _____ que ella tiene razón. (decir)

3. Fernando nos dijo que no _____ venir mañana. (poder)

4. Nosotros creímos que Uds. _____ por qué no podíamos hacerlo. (entender)

5. Sabía que Víctor no _____ en un examen. (copiar)

6. Pepe y Carmen no _____ sin despedirse. (irse)

7. El niño gritó que no lo _____. (hacer)

8. El chofer dijo que hoy no _____ más autobuses para Mérida. (salir)

9. Me dijo que en ese hotel todo el mundo _____. (divertirse)

10. Nos explicaron que después de terminar los estudios, nosotros _____

    la oportunidad de trabajar en otro país. (tener)

Actividad *11*   **¿Qué harías?** Completa estas miniconversaciones dando consejos. Usa el potencial.

1. —No sé qué hacer; mi jefe quiere que yo salga con él.

   —En tu lugar, yo _____

2. —Tengo un problema; los frenos de mi carro están muy malos y no tengo dinero para arreglarlos.

   —En tu lugar, yo _____

3. —Un buen amigo mío quiere sentarse a mi lado durante el examen y quiere que yo le deje mirar mi examen. Parece que no estudió mucho anoche y está muy estresado.

   —En tu lugar, yo _____

Continúa en la página siguiente →

    Workbook ■■■ Capítulo **16**   **247**

4. —Lo bueno es que tengo una entrevista con la compañía Xerox, pero lo malo es que es el mismo día de mi examen final de economía. No quiero cambiar la entrevista y el profesor es muy estricto en cuanto a los exámenes.

    —En tu lugar, yo _____.

Un poco de todo

Actividad 12 Los planes. Parte A. Completa estas preguntas sobre tu futuro laboral.

1. Dentro de diez años, ¿Dónde estarás? ¿Cómo será tu vida? ¿Qué trabajo tendrás?

    _____

    _____

    _____

2. ¿Qué estás haciendo ahora mismo en la universidad para prepararte para tu futuro?

    _____

    _____

    _____

Parte B. Ahora que eres estudiante universitario/a sabes que hay algunas cosas que hiciste en la escuela secundaria que no te ayudaron mucho para prepararte para la universidad. Dale consejos a un estudiante de la secundaria para que esté mejor preparado. Usa el potencial.

➤ *Yo que tú, tomaría clases con profesores exigentes.*

1. Yo que tú, _____.

2. Yo que tú, _____.

3. Yo que tú, _____.

4. Yo que tú, _____.

Vocabulario esencial II

En busca de trabajo

Actividad 13 El trabajo. Estás leyendo en una revista la siguiente lista de consejos para conseguir trabajo. Completa las oraciones con las palabras apropiadas.

1. Primero, se debe buscar en Internet y en el periódico en la sección de _____ clasificados.

2. Cuando Ud. busque trabajo, es importante que tenga un poco de _____ en ese tipo de trabajo. Muchas compañías piden hasta tres años. También es necesario tener un _____ universitario para muchos puestos.

3. Primero Ud. tiene que completar una _____, mandarles un

Continúa en la página siguiente →

_____ y tener tres cartas de _____.

4. Después de evaluar a los candidatos para un puesto, es posible que lo llamen para hacerle una

_____.

5. Antes de aceptar el trabajo, es importante hablar de cuánto va a ser el _____ y

qué beneficios incluye. También es importante el _____ en caso de que

se enferme.

6. Después de que le ofrezcan un trabajo, Ud. va a firmar un _____.

Actividad *14* **Las ocupaciones.** Haz este crucigrama.

Horizontal

4. persona que cocina muy bien
6. Una mujer que vende casas o apartamentos es una agente _____.
8. mujer que dirige y revisa el trabajo de muchas personas
9. hombre que cura (*cure*) animales
10. Persona a la que le gustan las computadoras: Es _____ de sistemas.
11. hombre que trabaja con libros en un lugar muy silencioso

Vertical

1. hombre que apaga incendios, salva a personas y, a veces, baja los gatos de los árboles cuando no quieren bajarse solos
2. mujer que decide si una persona es inocente o no
3. hombre que trabaja con madera
4. hombre que les da ideas o sugerencias a otros
5. persona que tiene un sofá para sus clientes
7. hombre a quien le gusta la investigación

Actividad 15 **Tu vida laboral.** Contesta estas preguntas sobre tu vida laboral.

1. ¿Has trabajado tiempo completo en alguna empresa? Si contestas que sí, ¿tenías seguro médico?

   _____

   _____

2. ¿Trabajas tiempo parcial mientras estudias? Si contestas que sí, ¿dónde y cuántas horas por semana?

   _____

   _____

3. ¿Alguna vez te han despedido de un trabajo? Si contestas que sí, ¿por qué?

   _____

   _____

4. ¿Has hecho una pasantía? Si contestas que sí, ¿dónde y qué hiciste? Si contestas que no, ¿te gustaría

   hacer una pasantía y con qué tipo de empresa? _____

   _____

Gramática para la comunicación II
■■■

Expressing Probability: The Future and the Conditional

Actividad 16 **Probabilidad.** Completa estas oraciones con la forma apropiada del futuro o el potencial de los verbos indicados.

1. ¿Dónde está Felisa? ¿_____ enferma? (estar)

2. ¿Qué hora _____ cuando llegaron anoche? (ser)

3. Me pregunto qué _____ comiendo esos señores que están allí. (estar)

4. Ahora, su hermano menor _____ unos diecinueve años. (tener)

5. Sus hijos _____ diez y quince años cuando sus padres se divorciaron. (tener)

6. _____ millones de pesos en el banco cuando lo robaron. (Haber)

7. Gabriela salió a las siete, así que _____ llegando a Roma ahora. (estar)

8. Quiero comprar este carro. ¿Cuánto _____? (costar)

Actividad 17 **Posiblemente...** Lee estas miniconversaciones y contesta las preguntas con oraciones completas. Como no estás seguro/a de las respuestas, usa el futuro para hablar de probabilidad.

1. —¿Incluyo mi trabajo de guía turístico?

   —¿Por qué no? Si quieres encontrar un empleo, por lo menos...

   —Lo voy a incluir. Creo que es mejor escribirlo aquí debajo de mi trabajo de agente de viajes.

   —Debes ponerlo todo en orden cronológico.

Continúa en la página siguiente →

¿Qué está escribiendo?

_____

_____

2.   —¿Ud. me puede ayudar?

—Sí, como no. ¿Qué quieres saber?

—Estoy escribiendo sobre los años 1939–1945 y Francisco Franco. Quería saber si Ud. me podría dar

los nombres de algunos libros.

—Puedes empezar con libros escritos por Madariaga y Payne.

¿Quiénes están hablando y por qué necesita ayuda?

_____

_____

3.   —Bien, muy bien. ¿Tiene Ud. algunas preguntas?

—Sí, sí. Si me dan el trabajo, ¿tendré que viajar con frecuencia?

—Es posible que haga un viaje al mes a nuestras oficinas en La Paz.

¿Qué están haciendo?

_____

_____

4.   —Mira, aquí hay uno que dice "Se necesita chef los fines de semana".

—Y aquí hay otro que dice "Se buscan camareros. Restaurante elegante. Horario flexible".

¿Qué están leyendo?

_____

_____

Actividad *18*   **Un encuentro raro.**   Lee lo que pasó y contesta las preguntas. Usa la imaginación.

Ayer vi a una mujer que entró en la librería. Noté que llevaba un sobre en la mano y que estaba
muy nerviosa. Ella me preguntó si teníamos el libro *Las aventuras de Miguel Littín* de Gabriel García
Márquez. Le dije que sí y le indiqué dónde estaba. Mientras estaba mirando el libro, entró un
hombre de barba y con gafas de sol. Llevaba abrigo negro y sombrero. Mientras el señor miraba libros
de arte, la mujer puso el sobre dentro del libro. Después, ella me dijo que no tenía dinero, pero que iba
a volver mañana para comprar el libro y salió. Después de unos minutos, vi al hombre de barba abrir
el libro y sacar el sobre. Cuando él salía, yo...

1.   ¿Quién sería la mujer?

_____

2.   ¿Quién sería el hombre?

_____

3.   ¿Qué habría en el sobre?

_____

Continúa en la página siguiente →

4. ¿Por qué irían a la librería y no a otro lugar?

   _____

5. ¿Conocería el hombre a la mujer?

   _____

6. ¿Qué haría el vendedor después?

   _____

7. ¿Adónde iría el hombre de barba al salir de la librería?

   _____

The Subjunctive in Adverbial Clauses

Actividad 19 ¿**Infinitivo o subjuntivo?** Completa estas oraciones con la forma apropiada —infinitivo o subjuntivo— de los verbos indicados.

1. Antes de que ellos _____, debemos preparar algo de comer. (venir)

2. Vamos a llevar los abrigos, en caso de que _____. (nevar)

3. Teresa saldrá con Vicente esta noche con tal de que él _____ de estudiar temprano. (terminar)

4. Diana enseña inglés para _____ dinero. (ganar)

5. Vamos a llegar el sábado sin que nadie lo _____. (saber)

6. Aceptaré el trabajo con tal de que me _____ un buen sueldo. (ofrecer)

7. Ellos van a arreglar el carro antes de _____ a la playa. (ir)

8. La compañía nos da clases especiales para que _____ todo lo necesario sobre los nuevos productos. (saber)

9. Saldremos a bailar esta noche a menos que mi madre no _____ venir para estar con los niños. (poder)

10. Mándamelo antes de _____; solo necesito tener una idea de lo que estás haciendo. (terminar)

Actividad 20 **A trabajar.** Buscas un trabajo para este verano. Lee la frase, escoge la mejor opción para ti y termina la oración haciendo los cambios necesarios.

1. Buscaré un trabajo para _____.

   a. ganar dinero y poder pagar los estudios

   b. tener experiencia y mejorar mi currículum

2. Aceptaré el trabajo con tal de que _____.

   a. pagar más de $15 la hora

   b. tener los fines de semana libre

   c. poder trabajar al aire libre (*outdoors*)

   d. ser interesante y poder aprender

Continúa en la página siguiente →

3. Le pediré a _____ que me escriba una carta de recomendación en caso de que la

   compañía _____.

   a. querer saber que soy responsable

   b. querer saber sobre mi experiencia como voluntario

   c. querer saber sobre mi último trabajo

   d. querer saber sobre mi preparación académica

4. Si recibo una oferta, la aceptaré a menos que la compañía _____

   _____.

   a. estar en un pueblo pequeño

   b. estar en una ciudad grande

   c. estar lejos de mi apartamento

   d. estar lejos de la casa de mis padres

Un poco de todo

Actividad *21* **La experiencia.** Lee esta conversación entre Teresa y su tío don Alejandro sobre el futuro de Juan Carlos. Luego completa otra conversación entre Teresa y Juan Carlos, basada en los consejos de don Alejandro.

TERESA   Tío, sabes que Juan Carlos va a solicitar un puesto en Venezuela. ¿Tienes algún consejo para él?

TÍO   ¡Claro que sí! Es importantísimo que le mande una carta a ese amigo de su padre y que le dé las gracias. Esa carta debe llegar antes que la solicitud. El currículum debe estar impreso (*printed*) en una impresora láser porque parece más profesional. Puede usar mi impresora si quiere. Si le piden que vaya a Venezuela para hacer una entrevista, solo debe ir si ellos se lo pagan todo. Si lo paga él, van a pensar que es un tonto. Y por último, no debe firmar el contrato sin saber qué sueldo va a ganar y qué seguro médico u otros beneficios va a tener. Tiene que leer el contrato con cuidado.

TERESA   Gracias tío. Se lo diré.

La conversación entre Teresa y Juan Carlos:

TERESA   Hablé con mi tío y tiene muchos consejos para ti.

JUAN CARLOS   ¡Ay, qué bueno! ¿Qué me aconseja?

TERESA   Primero, debes escribirle una carta al señor dándole las gracias antes _____

   de que _____.

JUAN CARLOS   Ya le escribí.

TERESA   Segundo, tienes que imprimir (*print*) el currículum en un papel bonito con una impresora láser para que _____.

JUAN CARLOS   Por supuesto. Pero, ¿dónde voy a poder hacer eso?

Continúa en la página siguiente →

TERESA	Mi tío dijo que _____ .
JUAN CARLOS	¡Perfecto! ¿Algo más?
TERESA	Tercero, si te piden que vayas a Venezuela para una entrevista, no vayas a menos que
	_____ .
JUAN CARLOS	O.K. Esa idea me gusta.
TERESA	Una cosa más; solamente acepta el trabajo con tal de que ellos _____
	_____ .
JUAN CARLOS	Le daré las gracias a tu tío.
TERESA	¡Ah! Yo que tú, no firmaría el contrato sin _____ .

Estrategia de lectura: Understanding the Writer's Purpose and Tone

When writing a text, the writer chooses a purpose (such as informing, entertaining, or convincing) and a tone (serious, funny, or aggressive, for example). By identifying the purpose and tone of a text, you can improve your comprehension and be more aware of the writer's point of view.

Actividad 22 Antes de leer. Mira la foto que acompaña el artículo de la página siguiente y luego lee el título y el subtítulo. Di cuál crees que sea el propósito del artículo y el tono del autor.

Propósito: a. entretener b. informar c. convencer

Tono: a. serio b. divertido c. crítico

Actividad 23 Los pobres. Cada país tiene gente rica y gente humilde. Compara las posesiones de la familia Calabay Sicay con las de una familia pobre de tu país.

_____

_____

_____

_____

_____

_____

_____

_____

_____

_____

_____

_____

_____

_____

FAMILIA
CALABAY SICAY

GUATEMALA

*En San Antonio de Palopó,
la población indígena lucha por su supervivencia*

Guatemala ha vivido bajo el terror de la guerra civil.[1] El balance es elocuente: 100.000 muertos—alrededor de uno de cada 20 habitantes—, 400 pueblos destruidos y un éxodo de más de 100.000 personas hacia los campos de refugiados de México. Durante más de un siglo, la nación ha estado controlada por su poderoso ejército y por un puñado de familias ricas descendientes de europeos. En la base de la pirámide social, desposeídos de cualquier tipo de privilegio, están los indígenas mayas, que constituyen más de la mitad de la población. La familia Calabay Sicay pertenece a la tribu de los cakchiqueles, uno de los 22 colectivos indígenas de Guatemala. Viven en San Antonio de Palopó, un hermoso lugar a orillas del lago Atitlán. Aquí se respira tranquilidad. Sin embargo, sus habitantes se resisten tenazmente a relacionarse con extranjeros.

Los Calabay Sicay son campesinos, por eso es frecuente encontrar a Lucía atando en manojos las cebollas que cultiva Vicente, su marido, y que después venden en el mercado de Sololá, la ciudad importante más próxima. Ese trabajo es casi un descanso. La vida en San Antonio de Palopó no es fácil. Las comodidades escasean, y por no tener no tienen ni agua corriente en la casa. Para *matar* el poco tiempo libre del que disponen, Lucía hila pulseras y bolsas en un telar pequeño. Vicente utiliza otro más grande para tejer *las cobijas* (mantas) con las que se tapan sus tres hijos.

- Número de personas que viven en la casa: 5.
- Tamaño de la vivienda: 29,4 M². Una habitación con la cocina independiente.
- Semana laboral: padre, 60 horas; madre, todo el día.
- Equipamiento doméstico: radios: 1. Teléfonos: 0. Televisores: 0. Automóviles: 0.
- Posesiones más apreciadas: para la madre, un cuadro religioso y la Biblia. Para el padre, un casete portátil. Para las hijas, las muñecas. Para el hijo, un balón de fútbol.
- Renta per capita: 740 euros
- Porcentaje de sus ingresos que la familia Calabay Sicay dedica a comida: 66%.
- Desearían adquirir: televisor, cacerolas, sartenes, mesa de cocina.
- Número de veces que la familia ha estado a más de 50 Km de su casa: 0.
- Desean para el futuro: se conforman con sobrevivir.

[1] *The Guatemalan Civil War lasted 36 years and ended in 1996.*

Actividad *24* **La globalización.** Contesta las siguientes preguntas sobre la vida de la familia Calabay Sicay.

1. ¿La gente de la zona de la familia Calabay Sicay quiere tener más comunicación con extranjeros o no quiere tener relaciones con otros?

   _____

   _____

2. Los Calabay Sicay son de origen maya. ¿Qué posesiones tienen que representan un contacto con gente de otras culturas?

   _____

   _____

3. ¿Qué posesiones querrían tener en el futuro? ¿Cuál de esas posesiones los podría poner en contacto con las ideas de otros?

   _____

   _____

4. En tu opinión, ¿cómo será la vida de esta familia dentro de veinte años? ¿Ellos van a notar las influencias de la globalización?

   _____

   _____

Capítulo 17 Mirar un cuadro

Vocabulario esencial I

El arte

Actividad 1 **El arte.** Completa las siguientes oraciones con palabras apropiadas asociadas con el arte.

1. En clase, cuando estoy aburrido, hago _____ graciosos del profesor.

2. No es un original; es una _____.

3. Picasso no solo fue pintor; fue también _____. Una de sus esculturas abstractas está en Chicago. A algunas personas les gusta y a otras no.

4. El Greco, Velázquez y Goya eran tres _____ españoles famosos.

5. En muchas clases de arte, antes de pintar personas y escenas, los estudiantes tienen que pintar como práctica una _____, que puede ser de frutas encima de una mesa.

6. Muchos artistas pintaron a los reyes españoles, pero algunos de los _____ más famosos son los que hizo Velázquez del rey Felipe II.

7. La _____ de Velázquez se llama *Las Meninas*. En este cuadro se ve a la infanta Margarita, a los reyes, a Velázquez mismo (*himself*) y a otras personas del palacio. Este cuadro es famoso en todo el mundo.

8. Frida Kahlo pintó muchos cuadros de ella misma. Esos _____ muestran el dolor y sufrimiento que ella pasó al tener un accidente terrible en las calles de México D. F.

Actividad 2 **Obras. Parte A.** Busca información sobre Claudio Bravo (Museo Nacional de Bellas Artes, Chile) y Frida Kahlo en Internet y contesta las siguientes preguntas.

Claudio Bravo

1. ¿Dónde y cuándo nació? _____

2. ¿Qué tipo de cuadros predominan en su arte: autorretratos, retratos, naturalezas muertas, dibujos, paisajes o escenas? _____

_____

Continúa en la página siguiente →

3. ¿Dirías que sus cuadros parecen fotografías o tienen elementos surrealistas[1]?

_____

_____

Frida Kahlo

4. ¿Dónde y cuándo nació? _____

5. ¿Qué tipo de cuadros predominan en su arte: autorretratos, retratos, naturalezas muertas, dibujos,

   paisajes o escenas? _____

_____

6. ¿Llamarías su estilo realista[2] o surrealista? _____

_____

[1]Una de las características del surrealismo es el uso de imágenes fantásticas del subconsciente. A veces, los cuadros parecen representaciones de sueños (*dreams*).

[2]Un cuadro realista parece una fotografía.

Parte B. ¿Cuál de los dos artistas prefieres y por qué?

_____

_____

_____

Gramática para la comunicación I

▪▪▪

Expressing Past Feelings and Doubts: The Imperfect Subjunctive

Actividad **3** **El pasado del subjuntivo.** Completa estas oraciones con la forma apropiada de los verbos indicados en el imperfecto del subjuntivo.

1. Carlos IV quería que Goya le _____ un retrato. (pintar)

2. Era posible que El Greco _____ problemas con los ojos. (tener)

3. El cuñado de Goya le aconsejó que _____ a Madrid a estudiar arte. (ir)

4. Me prohibieron que _____ fotos en el Museo del Oro. (sacar)

5. Salvador Dalí buscaba personas que _____ tan locas como él. (estar)

6. Un amigo nos aconsejó que _____ la exhibición de Botero en Madrid y nos

   fascinó lo grande que era todo. (ver)

7. Vi unos cuadros de Claudio Bravo y eran tan realistas que yo dudaba que _____

   cuadros; creía que eran fotos. (ser)

8. Fue interesante que Picasso _____ pintar *Guernica* en ese momento histórico.

   (decidir)

9. Te dije que _____ la exhibición de Rufino Tamayo. ¿Por qué no fuiste? (visitar)

10. ¡Qué lástima que Frida Kahlo _____ tan joven! (morir)

Actividad *4* **La niñez.** Cuando éramos niños todos teníamos dudas, sorpresas y miedo. Completa estas oraciones de forma original.

1. Yo dudaba que mis profesores _____.

2. Tenía miedo de que mis padres _____.

3. Me sorprendió que mi hermano/a _____.

4. Era posible que yo _____.

5. Yo jugaba sin que _____.

Using the Subjunctive in Different Time Frames

Actividad *5* **¿Estudie, haya estudiado o estudiara?** Completa estas oraciones con la forma apropiada de los verbos indicados usando el presente del subjuntivo, el pretérito perfecto del subjuntivo (*present perfect subjunctive*) o el imperfecto del subjuntivo.

1. ¿Crees que ellos ya _____ el museo? (visitar)

2. Dudábamos que el profesor _____ la respuesta. (saber)

3. Es posible que se _____ la escultura mañana. (vender)

4. La ciudad busca un artista que _____ hacer un estudio de la historia de la zona para hacer un mural. (querer)

5. Hoy visité a mi abuelo, que está muy enfermo. Hablé con él por media hora pero dudo que me _____. (entender)

6. Le dijo que hoy no _____ a los niños al parque porque iba a llover. (llevar)

7. Lo mandé por avión para que _____ pronto. (llegar)

8. Fue una pena que nosotros no _____ salir anoche. (poder)

9. Fue fantástico que nosotros finalmente _____ ese cuadro que queríamos. (comprar)

10. Nos sorprendió que el Museo del Prado _____ tantos cuadros italianos y flamencos (*Flemish*). Es una colección excelente. (tener)

Actividad *6* **La telenovela.** Lee este guion de una telenovela; después completa las frases. Usa el indicativo, el pretérito perfecto del subjuntivo (*present perfect subjunctive*) o el imperfecto del subjuntivo.

PILAR   No sé si puedo seguir mintiéndole a Roberto.

ANTONIO   No estás mintiendo; solamente le dices esas cosas a tu marido para que no sepa nada.

PILAR   Sí, es verdad. Le miento para que no mate a Hernando.

ANTONIO   Sin duda; es que tienes que recordar que Maruja era la hermana menor de Roberto y que él la adoraba.

Continúa en la página siguiente →

PILAR	Él no entiende que Hernando intentó ayudar a Maruja. Claro que fue el carro de Hernando y que los frenos no funcionaron, pero él no quería que ella se muriera en ese accidente. Hernando no hizo absolutamente nada malo. Él la quería.
ANTONIO	Claro que la quería. Cuando estaban comprometidos siempre le regalaba flores y después de la boda eran muy felices, hasta que llegó ese…
PILAR	Es que Roberto sabe que Hernando nunca tuvo dinero y cuando Maruja se murió, Hernando recibió todo: el dinero, las joyas, la casa de Caracas y la casa de la playa.
ANTONIO	Roberto no sabe que Maruja tuvo una aventura amorosa y que se iban a divorciar. Si le dices algo, va a creer que Hernando la mató. No puedes decirle la verdad a Roberto.
PILAR	Yo sé que…

1. Es una lástima que _____.
2. Pilar no cree que Hernando _____.
3. Pilar decía mentiras para que _____.
4. Era evidente que _____.
5. Roberto cree que Hernando _____.
6. Antonio le aconsejó a Pilar que _____.
7. Es importante que Roberto _____.

Un poco de todo

Actividad 7 **Dos artistas.** Para contestar las siguientes preguntas, busca información en Internet sobre dos cuadros de pintores famosos.

Diego Rivera: *Los explotadores*

1. ¿Cuáles son los dos grupos representados en el cuadro?

_____

_____

2. ¿Qué quería el pintor que aprendiera la gente al mirar esta escena: que el trabajo era duro o que los ricos abusaban a los pobres?

_____

_____

_____

3. ¿Crees que Rivera haya sido marxista, capitalista, fascista o colonialista? ¿Por qué?

_____

_____

_____

Continúa en la página siguiente →

4. ¿Por qué crees que Rivera haya pintado esta escena en un mural de un edificio público y no en un cuadro para colgar en un museo o en una colección privada?

_____

_____

_____

Ángel Rodríguez-Díaz: *The Protagonist of an Endless Story*

5. ¿A quién pintó el artista en este cuadro? ¿De dónde es esta mujer y por qué es famosa?

_____

_____

_____

6. Mira la cara de la mujer, la posición de los brazos y la perspectiva del cuadro. En tu opinión, ¿qué quería el artista que pensara la gente al ver el cuadro: que era una mujer fuerte y dominante o débil y confusa?

_____

_____

_____

7. ¿Qué colores usó el artista al pintar el cielo (*sky*)? ¿Es un cielo pacífico, violento o dinámico?

_____

_____

_____

8. ¿Qué elementos incluyó el artista para dar una idea del origen étnico de la mujer: el vestido, el corte de pelo, las plantas, los aretes (*earrings*), el cielo?

_____

_____

_____

9. Usa la imaginación para contestar esta pregunta, ¿te gustaría que la mujer del cuadro fuera tu amiga, tu profesora, tu senadora o tu jefa? ¿Por qué?

_____

_____

_____

Vocabulario esencial II

La expresión del amor

Actividad *8* **El amor.** Termina cada oración con una palabra o frase de la siguiente lista relacionada con el amor.

amante	casarse	divorciarse	querer
amar	celos	enamorarse	querido/a
amorosa	comprometido/a	odiar	separarse
aventura	compromiso	pareja	soledad
cariño	corazón	pelearse	

1. Ellos están _____, se casarán en julio.

2. Matilde siempre _____ con Francisco. Ella le grita y se oyen los gritos por todo el edificio.

3. Es mejor vivir con alguien, porque la _____ puede ser muy triste.

4. Julia tiene _____ de Adriana porque piensa que su esposo ha tenido una

   _____ _____ con ella. Por eso, Julia está pensando en

   _____ de él por un tiempo.

5. Jennifer Aniston _____ con Brad Pitt y después de unos años ellos

   _____.

6. Se dice que Brad Pitt _____ de Angelina Jolie a primera vista y tuvieron una hija en África en mayo de 2006.

Actividad *9* **Para encontrar tu pareja ideal. Parte A.** Contesta las siguientes preguntas basadas en el anuncio comercial de la página 263.

1. ¿Qué tipo de agencia es SELEVIP?

   _____

2. ¿Es una compañía nacional o internacional?

   _____

3. ¿Cómo indica el anuncio que SELEVIP es una agencia muy seria y que usa los métodos más modernos?

   _____

4. ¿Qué se debe hacer para tener más información?

   _____

Parte B. Como dice el anuncio, "para ser feliz no debes estar solo". Rellena el cuestionario en la página 263 para dar el primer paso hacia encontrar tu pareja ideal con la ayuda de la agencia SELEVIP.

Gramática para la comunicación II

Expressing Reciprocal Actions

Actividad *10* **¿Acciones recíprocas?** Completa estas oraciones con los pronombres apropiados y la forma correcta de los verbos indicados. ¡Ojo! No todas las acciones son recíprocas.

1. Anoche, los novios _____ _____ en la puerta de la casa. (abrazar)

2. En los cines, los jóvenes _____ _____ cuando apagan la luz. (besar)

3. Cuando era pequeña, mi tía siempre _____ _____, pero no me gustaba mucho porque me daba miles de besos. (besar)

4. Yo _____ _____, pero ella no me vio. (ver)

5. Ellos _____ _____ todos los días en clase y la profesora siempre se enfada. (hablar)

Expressing Hypothetical Situations: Clauses with *si*

Actividad *11* **Lo hipotético.** Completa estas oraciones con la forma apropiada de los verbos indicados.

➤ Si Paco tuviera dinero, compraría un carro nuevo.

Si mañana tengo tiempo, lo haré.

1. Si yo _____ Antonio, le _____ la verdad. (ser, decir)

2. Mis padres _____ por todo el mundo, si _____ dinero. (viajar, tener)

3. Si me _____ el viernes, _____ al cine. (pagar, ir)

4. Si nosotros no _____ que estudiar tanto, _____ trabajar. (tener, poder)

5. Si tú _____ aquí en México, yo te _____ el Parque de Chapultepec, la Plaza de las Tres Culturas, el Zócalo y mucho más. (estar, enseñar)

6. Si Carlos _____ tiempo mañana, lo _____. (tener, hacer)

7. Fernando miente tanto que si él _____ la verdad, yo no le _____. (decir, creer)

8. Si Uds. no _____ conmigo, yo _____ problemas ahora. (estar, tener)

Actividad *12* **Soluciones.** Es más fácil darles soluciones a otros que solucionar nuestros problemas. Termina estas oraciones dando soluciones.

1. Si estuviera en las Naciones Unidas, _____

   _____.

2. Si fuera el presidente de los Estados Unidos, _____

   _____.

Continúa en la página siguiente →

3. Si tuviera millones de dólares, _____

_____ .

4. Si pudiera hablar quince minutos por televisión, _____

_____ .

5. Si fuera Ralph Nader, _____

_____ .

Un poco de todo

Actividad 13 **Todo es posible.** Completa estas oraciones con la forma correcta de los verbos indicados en el tiempo y modo (*tense and mood*) apropiados.

1. Ayer mientras yo _____, _____ un accidente de tráfico. Espero que no

_____ nadie. (correr, ver, morirse)

2. Cuando Jorge _____ cinco años, su familia _____ a Punta del Este por primera vez. Como nunca había visto el océano Atlántico, a él le sorprendió que un océano

_____ tan grande. (tener, viajar, ser)

3. Ellos _____ de Taxco a las siete; entonces es posible que ya

_____ a la capital. (salir, llegar)

4. Pobre Tomás. Su novia _____ una aventura amorosa con su mejor amigo Enrique. Si yo

_____ él, no _____ con ninguno de los dos por el resto de mi vida. (tener,

ser, hablar)

5. Mi amigo Adán _____ ahora en Ecuador, pero cuando _____ aquí en Perú

siempre nos _____: nos _____ información en la biblioteca, nos

_____ a comer cuando teníamos exámenes y nos _____ su carro cuando

_____ a visitar a nuestros padres. Fue una pena que _____ trabajo en

Ecuador. (vivir, vivir, ayudar, buscar, invitar, dar, ir, encontrar)

Actividad 14 **Historia de amor.** Completa esta historia de amor sobre Juan Carlos y Claudia. Primero, lee todo el párrafo, después vuelve a leerlo y rellena los espacios.

Cuando Juan Carlos conoció a Claudia, ella no creía que él _____

_____. Juan Carlos estaba muy nervioso, porque él dudaba que Claudia _____

_____. Por eso, él llamó a Teresa para ver qué le

gustaba hacer a Claudia. Al final, él le pidió a Claudia que saliera con él y así empezó todo. Era evidente

que _____ y todos pensaban que se

iban a casar. Por eso, a Claudia le sorprendió que Juan Carlos _____

_____ un trabajo en Caracas porque ella no quería que ellos _____

_____ separados. Al final, fueron a Alcalá de Henares

Continúa en la página siguiente →

y Juan Carlos le pidió que ella _____ con

él. Ahora están comprometidos y la boda será al final del verano. Si pudieran, todos sus amigos que estu-

dian en España _____ a la boda, pero no tienen el dinero.

Actividad 15 Interpretaciones. La semana pasada, Víctor salió con Laura. Él quedó encantado y quiere salir con ella otra vez. Ella, en cambio, lo encontró muy aburrido y no quiere salir más con él. Al día siguiente hablaron con un amigo que tenían en común (*a mutual friend*). Escribe lo que dijeron.

Víctor	Laura
Dudaba que _____ _____ .	Dudaba que _____ _____ .
No podía creer que ella _____ _____ .	No podía creer que él _____ _____ .
Me sorprendió que ella _____ _____ .	Me sorprendió que él _____ _____ .
Volví a casa antes de que ella _____ _____ _____ .	Volví a casa antes de que él _____ _____ _____ .
Si saliera con ella otra vez _____ _____ .	Si saliera con él otra vez _____ _____ .

Estrategia de lectura: Reading Between the Lines

As you have learned while using *¡Claro que sí!*, many skills contribute to being a good reader. The better you become at reading, the more adept you are at making inferences or "reading between the lines."

Actividad 16 Los memos. Parte A. Julia Guzmán es la jefa de Gustavo Tamames. Unos empleados de la compañía acaban de encontrar los siguientes memos. Léelos.

MEMO

Sr. Tamames:

No me quería pelear con Ud. Claro que puedo hacerlo y me gustaría hacerlo, pero nadie puede saber nada. Sé que formamos la pareja perfecta, pero si supiera la gente, me moriría de vergüenza. ¿Qué tal el martes a las ocho?

Srta. Guzmán

Continúa en la página siguiente →

MEMO

Srta. Guzmán

   Imposible el martes. Tengo que salir con mi esposa (es su cumpleaños), pero el jueves sería perfecto. Creo que el jueves es el mejor día para ir al Club Caribe. No creo que encontremos a nadie que nos conozca.

Gustavo

MEMO

Gustavo:

   El jueves a las ocho en el nuevo Club Caribe. Tengo muchas ganas de bailar contigo.

Julia

MEMO

Julia:

   Gracias por el baile. ¡Eres increíble! Gracias por todo. ¡Soy el hombre más feliz del mundo!

Gustavo

MEMO

Gustavo:

   Gracias a ti por una noche inolvidable. Tengo muchos celos de tu esposa pero yo nunca he estado tan feliz. Es una pena que yo no pueda ir a Puerto Rico.

Julia

Parte B. Ahora termina estas oraciones como si fueras uno de los empleados que acaba de encontrar y leer los memos. Para terminar las oraciones tienes que leer entre líneas (*read between the lines*).

1. Era probable que la esposa de Gustavo no _____.

2. Es posible que en el Club Caribe ellos _____.

3. Yo no creía que Gustavo _____.

4. Si yo fuera Gustavo, _____.

5. Si yo fuera la esposa de Gustavo, _____.

6. A mí me sorprendió que Julia _____.

Actividad 17 **La verdad. Parte A.** Después de leer los memos y de expresar sus opiniones sobre la situación (Actividad 16), los empleados leyeron este artículo en el periódico. Léelo.

Anoche en el nuevo club nocturno, Club Caribe, tocó el conjunto La Salsa Tropical y para terminar hubo una competencia de baile. Ganó la pareja de Julia Guzmán y Gustavo Tamames. Recibieron un viaje para dos a San Juan, Puerto Rico, por una semana. Julia Guzmán dijo que no iba a ir y que le iba a dar su pasaje a la esposa de Gustavo para que pudieran celebrar su aniversario de diez años en Puerto Rico. Gustavo le prometió a Julia que le traería un buen regalo de su viaje. La esposa de Gustavo le explicó a este periódico que ella y su esposo se habían enamorado en Puerto Rico y que no habían tenido dinero para volver. Recibir el pasaje fue una sorpresa para la Sra. de Tamames. Otra cosa curiosa es que Julia es la jefa de Gustavo; por eso, él dijo que no creía que fuera a tener problemas en el trabajo al pedir una semana de vacaciones.

Parte B. Ahora completa esta carta donde la Sra. de Tamames le da las gracias a Julia.

Querida Srta. Guzmán:

Me parece increíble que Ud. y mi esposo _____.

Estoy segura que nuestro viaje a Puerto Rico _____.

Espero que algún día nosotros _____ por Ud.

Muchísimas gracias por todo.

La saluda atentamente,
Elisa Fernández de Tamames

Capítulo 18 La despedida

Práctica comunicativa

Actividad 1 **Corregir.** Corrige estas oraciones según lo que aprendiste en las lecturas y en las secciones de **¿Lo sabían?** del libro de texto y en las lecturas del cuaderno de ejercicios.

1. El Salto Ángel e Iguazú son dos montañas de Suramérica.

_____

2. Gabriel García Márquez es de México.

_____

3. Bolivia tiene una capital, Sucre.

_____

4. Las islas Canarias son de Ecuador; allí está el Instituto Darwin.

_____

5. Los mayas y los incas son principalmente de México y de Centroamérica y los aztecas son de los Andes.

_____

_____

6. Los moros llevaron su lengua a España. Esta lengua forma la base del español de hoy día.

_____

7. El Museo del Prado está en Bogotá y tiene la mayor colección de oro precolombino del mundo.

_____

_____

8. Un tipo de música muy popular del Caribe es el flamenco.

_____

9. En Guatemala hay cuatro idiomas oficiales: el catalán, el gallego, el vasco y el español.

_____

Actividad *2* **Un día.** En las clases de español siempre ocurre algo divertido. Cuenta una cosa que pasó en la clase este año. Usa el pretérito y el imperfecto para contar la historia.

_____

_____

_____

_____

_____

_____

_____

_____

Actividad *3* **Tus costumbres.** Usa oraciones completas para contestar estas preguntas sobre qué hiciste este año para aprender español.

1. ¿Habías estudiado español antes de este año?

   _____

   Si contestas que sí, ¿cuántos años hace que lo estudiaste y por cuánto tiempo?

   _____

2. Piensa en tus hábitos de este último año. ¿Cuántas horas por semana estudiabas?

   _____

3. ¿Qué hacías para aprender vocabulario?

   _____

   _____

4. ¿Qué te parecieron las grabaciones? ¿Las escuchabas solo una vez o más de una vez?

   _____

   _____

5. ¿Te gustaba hablar con tus compañeros en clase?

   _____

6. ¿Hablabas mucho o poco en clase?

   _____

7. Si tuvieras que tomar esta clase otra vez, ¿hablarías más en clase?

   _____

8. Antes de empezar el curso, ¿pensabas que iba a ser fácil o difícil?

   _____

Continúa en la página siguiente →

9. ¿Has aprendido mucho o poco?

_____

10. ¿Usarás el español en el futuro?

_____

Si contestas que sí, ¿cómo?

_____

_____

11. Si mañana viajaras a un país hispano, ¿podrías comunicarte con la gente a un nivel básico?

_____

_____

Actividad 4 Los consejos. Si tuvieras un amigo que quisiera estudiar español, ¿qué consejos le darías? Para ayudarlo, escribe siete instrucciones o sugerencias utilizando el imperativo (*commands*).

1. Para aprender vocabulario, _____ .

2. Cuando escuches las conversaciones, _____ .

3. Cuando estudies la gramática, _____ .

4. Para entender las lecturas, _____ .

5. En clase, _____ .

6. En clase, no _____ .

7. Cuando escribas en español, no _____ .

Lab Manual

Capítulo preliminar
¡Bienvenidos!

Tips for Using the Lab Audio Program

1. Listen to and do the pronunciation section when you begin to study each chapter.

2. Do the rest of the lab activities after studying the grammar explanation in the second half of each chapter.

3. Read the directions and the items in each activity in your Lab Manual before listening to the audio.

4. You are not expected to understand every word you hear on the audio. All you need to be able to do is to comprehend enough information to complete the activities in the Lab Manual.

5. Listen to the audio as many times as may be needed. At first you may feel that the speakers speak too quickly; however, with practice you will find that it becomes easier as you become more comfortable listening to Spanish.

Mejora tu pronunciación

Stressing Words

You have already seen Spanish stress patterns in the text. Remember that a word that ends in *n, s,* or a vowel is stressed on the next-to-last syllable; for example, **repitan, Hond*u*ras, am*i*go.** A word that ends in a consonant other than *n* or *s* is stressed on the last syllable; as in the words **español, fav*or*, Madr*id*.** Any exception to these two rules is indicated by a written accent mark on the stressed vowel, as in **And*ré*s, Per*ú*, *á*ngel.**

Placing correct stress on words helps you to be better understood. For example, the word **am*i*go** has its natural stress on the next-to-last syllable. Listen again: **am*i*go,** not **amigo,** nor **amigo; amigo.** Try to keep stress in mind when learning new words.

Actividad 1 Escucha y subraya.

A. Listen to the following names of Hispanic countries and cities and underline the stressed syllables. You will hear each name twice.

1. Pa-na-ma
2. Bo-go-ta
3. Cu-ba
4. Ve-ne-zue-la
5. Me-xi-co
6. Ma-drid
7. Te-gu-ci-gal-pa
8. A-sun-cion

Continued on next page →

B. Pause the recording and decide which of the words from part **A** need written accents. Write the missing accents over the appropriate vowels.

Actividad 2 **Los acentos.**

A. Listen to the following words related to an office and underline the stressed syllables. You will hear each word twice.

1. o-fi-ci-na
2. di-rec-tor
3. pa-pel
4. dis-cu-sion

5. te-le-fo-no
6. bo-li-gra-fo
7. se-cre-ta-rio
8. ins-truc-cio-nes

B. Pause the recording and decide which of the words from part **A** need written accents. Write the missing accents over the appropriate vowels.

Mejora tu comprensión

Actividad 3 **La fiesta.** You will hear three introductions at a party. Indicate whether each one is formal or informal.

	Formal	Informal
1.	☐	☐
2.	☐	☐
3.	☐	☐

Actividad 4 **¿De dónde eres?** You will hear three conversations. Don't worry if you can't understand every word. Just concentrate on discovering where the people in the pictures are from. Write this information on the lines provided.

1. _____   2. _____   3. _____

Actividad 5 **¡Hola! ¡Adiós!** You will hear three conversations. Don't worry if you can't understand every word. Just concentrate on discovering whether the people are greeting each other or saying good-by.

	Saludo (*greeting*)	Despedida (*saying good-by*)
1.	☐	☐
2.	☐	☐
3.	☐	☐

Actividad 6 **La entrevista.** A man is interviewing a woman for a job. You will only hear what the man is saying. As you listen, number the response that the woman should logically make to each of the interviewer's statements and questions. Before listening to the interview, pause the recording, and look at the woman's possible responses. You may have to listen to the interview more than once.

_____ Gracias.

_____ Soy de Caracas.

_____ Claudia Menéndez.

_____ ¡Muy bien!

Actividad 7 **Las capitales.** You will hear a series of questions on the capitals of various countries. Select the correct answers. Before listening to each question, pause the recording and read the three possible responses.

1. Washington, D.C.   San Salvador   Lima
2. México   Guatemala   Madrid
3. Ottawa   Washington, D.C.   Buenos Aires
4. Lima   Bogotá   Tegucigalpa
5. Caracas   Santiago   Managua

Actividad 8 **Las órdenes.** You will hear a teacher give several commands. Number the picture that corresponds to each command. If necessary, pause the recording after each item.

Actividad 9 **Las siglas.** Listen and write the following acronyms.

1. _____   4. _____

2. _____   5. _____

3. _____   6. _____

Actividad 10 **¿Cómo se escribe?** You will hear two conversations. Concentrate on listening to the names that are spelled out within the conversations and write them down.

1. _____   2. _____

Capítulo 1 ¿Quién es?

Mejora tu pronunciación

Vowels

In Spanish, there are only five basic vowel sounds: **a, e, i, o, u.** These correspond to the five vowels of the alphabet. In contrast, English has long and short vowels; for example, the long *i* in *pie* and the short *i* in *pit*. In addition, English has the short sound, schwa, which is used to pronounce many unstressed vowels. For example, the first and last *a* in the word *banana* are unstressed and are therefore pronounced [ə]. Listen: *banana*. In Spanish, there is no similar sound because vowels are usually pronounced the same way whether they are stressed or not. Listen: **banana.**

Actividad 1 **Escucha la diferencia.** Listen to the contrast in vowel sounds between English and Spanish.

Inglés	Español
1. map	mapa
2. net	neto
3. beam	viga
4. tone	tono
5. taboo	tabú

Actividad 2 **Escucha y repite.** Listen and repeat the following names, paying special attention to the pronunciation of the vowel sounds.

1. **Ana Lara**
2. **Pepe Méndez**
3. **Mimí Pinti**
4. **Toto Soto**
5. **Lulú Mumú**

Actividad 3 **Repite las oraciones.** Listen and repeat the following sentences from the text-book conversations. Pay attention to the pronunciation of the vowel sounds.

1. ¿Cómo se llama Ud.?
2. Buenos días.
3. ¿Cómo se escribe?

4. ¿Quién es ella?
5. Juan Carlos es de Perú.
6. Las dos Coca-Colas.

Mejora tu comprensión

Actividad 4 **Guatemala.** You will hear a series of numbers. Draw a line to connect these numbers in the order in which you hear them. When you finish, you will have a map of Guatemala.

1	2	3	4	5	6	7	8	9	10
11	12	13	14	15	16	17	18	19	20
21	22	23	24	25	26	27	28	29	30
31	32	33	34	35	36	37	38	39	40
41	42	43	44	45	46	47	48	49	50
51	52	53	54	55	56	57	58	59	60
61	62	63	64	65	66	67	68	69	70
71	72	73	74	75	76	77	78	79	80
81	82	83	84	85	86	87	88	89	90
91	92	93	94	95	96	97	98	99	100

Actividad 5 **Los números de teléfono.** You will hear a telephone conversation and two recorded messages. Don't worry if you can't understand every word. Just concentrate on writing down the telephone number that is given in each case.

1. _____ 2. _____ 3. _____

Actividad 6 **¿Él o ella?** Listen to the following three conversations and select the person who is being talked about in each case. Don't worry if you can't understand every word. Just concentrate on discovering to whom each discussion refers.

1. ☐   ☐   2. ☐   ☐   3. ☐   ☐

Actividad 7 **En el tren.** Carlos is talking to a woman with a child on the train. Listen to the four questions that he asks. For each of the four questions, number the appropriate response one to four. Note that there is one extra response below that will not be used. Before you begin the activity, pause the recording and read the possible responses.

_____ Dos años.   _____ De Tegucigalpa.

_____ Andrea.   _____ Ella se llama Deborah.

_____ Son de México.

Actividad 8 **La conversación.**

A. You will hear a series of sentences. Write each sentence or pairs of sentences you hear in the first column below. Be sure to use correct capitalization and punctuation. You will hear each sentence or pair of sentences twice.

A. _____	_____
B. _____	_____
C. _____	_____
D. _____	_____
E. _____	_____
F. _____	_____
G. _____	_____
H. _____	_____

Continued on next page →

Lab Manual ■■■ Capítulo 1   **281**

B. Now stop the recording and put the sentences you have written in the correct order to form a logical conversation. Number each sentence in the blank in the right-hand column above.

Actividad 9 **En el hotel.** You will hear a conversation between a hotel receptionist and a guest who is registering. Fill out the computer screen with the information about the guest. Don't worry if you can't understand every word. Just concentrate on listening for the information needed. You may have to listen to the conversation more than once. Remember to look at the computer screen before you begin the activity.

```
                                    Huésped no. 3586
        NOMBRE:

        OCUPACIÓN:

        DIRECCIÓN: Calle 5 No 232

        CIUDAD:              PAÍS: Nicaragua

        APARTADO POSTAL:

        TELÉFONO:
```

Actividad 10 **Los participantes.** Mr. Torres and his assistant are going over the participants they have chosen for a TV game show. Listen to their conversation and fill out the chart with information on the participants. Don't worry if you can't understand every word. Just concentrate on listening for the information needed to complete the chart. You may have to listen to the conversation more than once.

Participantes	Nacionalidad	Ocupación	Edad
Francisco	*chileno*		
Laura		*abogada*	
Gonzalo			*30*
Andrea	*mexicana*		

Conversación: En el Colegio Mayor Hispanoamericano
Conversación: En la cafetería del colegio mayor

Capítulo 2 ¿Te gusta?

Mejora tu pronunciación

The consonant *d*

The consonant **d** is pronounced two different ways in Spanish. When **d** appears at the beginning of a word or after *n* or *l*, it is pronounced by pressing the tongue against the back of the teeth; for example, **depósito.** When **d** appears after a vowel, after a consonant other than *n* or *l*, or at the end of a word, it is pronounced like the *th* in the English word *they*; for example, **médico.**

Actividad 1 **Escucha y repite.** Listen and repeat the names of the following occupations, paying attention to the pronunciation of the letter **d.**

1. **d**irector
2. **d**eportista
3. ven**d**e**d**or
4. mé**d**ico
5. estu**d**iante
6. aboga**d**a

Spanish *p, t,* and [*k*]

In Spanish, **p, t,** and **[k]** ([k] represents a sound) are unaspirated. This means that no puff of air occurs when they are pronounced. Listen to the difference: *Paul,* **Pablo.**

Actividad 2 **Escucha y repite.** Listen and repeat the names of the following objects often found around the house. Pay attention to the pronunciation of **p, t,** and **[k].**

1. **p**erió**d**ico
2. **t**eléfono
3. **c**ompu**t**adora
4. **t**elevisor
5. **c**ámara
6. dis**c**o **c**ompa**c**to

Actividad 3 **Las cosas de Marisel.** Listen and repeat the following conversation between Teresa and Marisel. Pay attention to the pronunciation of **p, t,** and **[k].**

TERESA	¿Tienes **c**afé?
MARISEL	¡Claro **qu**e sí!
TERESA	¡Ah! **T**ienes **c**omputadora.
MARISEL	Sí, es una Ma**c**intosh. Me gusta la Ma**c**intosh.
TERESA	¿De veras? A mí no me gusta la Ma**c**.

Mejora tu comprensión

Actividad 4 **La perfumería.** You will hear a conversation in a drugstore between a customer and a salesclerk. Select only the products that the customer buys and indicate whether she buys one or more than one of each item. Don't worry if you can't understand every word. Just concentrate on the customer's purchases. Before you listen to the conversation, read the list of products.

		Uno/a	Más de uno/a (*more than one*)
1.	aspirina	☐	☐
2.	crema de afeitar	☐	☐
3.	champú	☐	☐
4.	cepillo de dientes	☐	☐
5.	desodorante	☐	☐
6.	jabón	☐	☐
7.	pasta de dientes	☐	☐
8.	peine	☐	☐
9.	perfume	☐	☐

Actividad 5 **El baño de las chicas.** Alelí, Teresa's young cousin, is visiting her at the dorm and she is now in the bathroom asking Teresa a lot of questions. As you hear the conversation, indicate in the drawing which of the items mentioned belong to whom.

Actividad 6 **¿Hombre o mujer?** Listen to the following remarks and select the person or persons being described in each situation.

1. _____ _____   2. _____ _____

3. _____ _____   4. _____ _____

Actividad 7 **El mensaje telefónico.** Ms. Rodríguez calls home and leaves a message on the answering machine for her children, Esteban and Carina. Ms. Rodríguez reminds them to do four things. Select each item that she reminds them about. Before you listen to the message, pause the recording and read the list of reminders. Notice there are five items in the list and she only mentions four. Don't worry if you can't understand every word. Just concentrate on which reminders are for Esteban and which ones are for Carina.

	Esteban	Carina
1. comprar hamburguesas	☐	☐
2. llamar a Carlos	☐	☐
3. estudiar matemáticas	☐	☐
4. mirar un DVD	☐	☐
5. no ir al dentista	☐	☐

Actividad 8 **El regalo de cumpleaños.**

A. You will hear a phone conversation between Álvaro and his mother, who would like to know what she can buy him for his birthday. Select the things that Álvaro says he already has. Don't worry if you can't understand every word. Just concentrate on what Álvaro doesn't need. Before you listen to the conversation, read the list of items.

Álvaro tiene...

☐ escritorio   ☐ lámpara   ☐ reloj   ☐ silla   ☐ toallas

B. Now write what Álvaro's mother is going to give him for his birthday. You may need to listen to the conversation again.

El regalo es _____ .

Actividad 9 **La agenda de Diana.**

A. Pause the recording and write in Spanish two things you are going to do this weekend.

1. _____

2. _____

B. Now complete Diana's calendar while you listen to Diana and Claudia talking on the phone about their weekend plans. Don't worry if you can't understand every word. Just concentrate on Diana's plans. You may have to listen to the conversation more than once.

DÍA	ACTIVIDADES
viernes	*3:00 P.M. –examen de literatura*
sábado	
domingo	

Actividad 10 **La conexión amorosa.** Mónica has gone to a dating service and has made a tape describing her likes and dislikes. Listen to the recording and then choose a suitable man for her from the two shown. Don't worry if you can't understand every word. Just concentrate on Mónica's preferences. You may use the following space to take notes. Before you listen to the description, read the information on the two men.

A Mónica le gusta:

NOMBRE: Óscar Varone
OCUPACIÓN: profesor de historia
EDAD: 32
GUSTOS: música salsa, escribir

NOMBRE: Lucas González
OCUPACIÓN: médico
EDAD: 30
GUSTOS: música clásica, salsa, esquiar

El hombre perfecto para Mónica es _____ .
                                              (nombre)

Conversación: ¡Me gusta mucho!
Conversación: Planes para una fiesta de bienvenida

Capítulo 3 Un día típico

Mejora tu pronunciación

The consonants *r* and *rr*

The consonant **r** in Spanish has two different pronunciations: the flap, as in **caro,** similar to the double *t* sound in *butter* and *petty,* and the trill sound, as in **carro.** The **r** is pronounced with the trill only at the beginning of a word or after *l* or *n,* as in **reservado, sonrisa** (*smile*). The **rr** is always pronounced with the trill, as in **aburrido.**

Actividad 1 **Escucha y repite.** Listen and repeat the following descriptive words. Pay attention to the pronunciation of the consonants **r** and **rr.**

1. enfermo
2. rubio
3. moreno
4. gordo

5. aburrido
6. enamorado
7. preocupado
8. borracho

Actividad 2 **Escucha y marca la diferencia.** Circle the word you hear pronounced in each of the following word pairs. Before you begin, look over the pictures and word pairs.

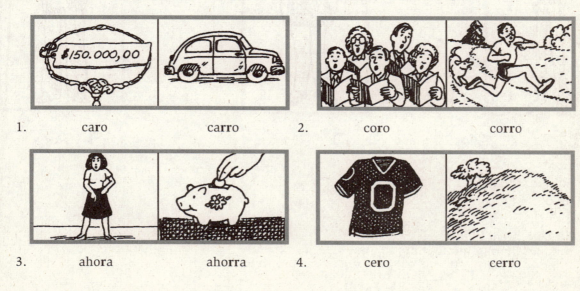

1.   caro   carro   2.   coro   corro

3.   ahora   ahorra   4.   cero   cerro

Actividad 3 **Teresa.** Listen and repeat the following sentences about Teresa. Pay attention to the pronunciation of the consonants **r** and **rr**.

1. Estudia turismo.

2. Trabaja en una agencia de viajes.

3. Su papá es un acto**r** famoso de Puerto **R**ico.

4. ¿Pero ella es puertorriqueña?

Mejora tu comprensión

Actividad 4 **¿Dónde?** You will hear four remarks. Match the letter of each remark with the place where it is most likely to be heard. Before you listen to the remarks, review the list of places. Notice that there are extra place names.

1. _____ farmacia   4. _____ supermercado

2. _____ biblioteca   5. _____ agencia de viajes

3. _____ teatro   6. _____ librería

Actividad 5 **Mi niña es...** A man has lost his daughter in a department store and is describing her to the store detective. Listen to his description and place a check mark below the drawing of the child he is looking for. Don't worry if you can't understand every word. Just concentrate on the father's description of the child. Before you listen to the conversation, look at the drawings.

1. ☐   2. ☐   3. ☐

Actividad 6 **Su hijo está...** Use the words in the list to complete the chart about Pablo as you hear a conversation between his teacher and his mother. Fill in **en general** to describe the way Pablo usually is. Fill in **esta semana** to indicate how he has been behaving this week.

aburrido	antipático	bueno
cansado	inteligente	simpático

Pablo Hernández

En general, él es _____

_____

Pero, esta semana él está _____

_____

Actividad 7 **La conversación telefónica.** Teresa is talking with her father long-distance. You will hear her father's portion of the conversation only. After you hear each of the father's questions, complete Teresa's partial replies.

1. _____ _____ Claudia.

2. _____ economía.

3. _____ _____ la Universidad Complutense.

4. _____ de Colombia.

5. _____, pero ahora _____ en Quito.

6. _____ es comerciante.

7. _____ ama de casa.

8. _____, gracias.

9. _____, _____ mucho.

10. _____ en la agencia de viajes del tío Alejandro.

11. _____ muy ocupado.

Actividad 8 | **Intercambio estudiantil.** Marcos contacts a student-exchange program in order to have a foreign student stay with him. Complete the following form as you hear his conversation with the program's secretary. Don't worry if you can't understand every word. Just concentrate on filling out the form. Before you listen to the conversation, read the form.

C.A.D.I.E.: CONSEJO ARGENTINO DE INTERCAMBIO ESTUDIANTIL
Nombre del interesado: **Marcos Alarcón**
Teléfono:
Móvil: Edad: Ocupación:
Gustos: **leer ciencia ficción**
Preferencia de nacionalidad:

Actividad 9 | **Las descripciones.**

A. Choose three adjectives from the list of personality characteristics that best describe each of the people shown. Pause the recording while you make your selection.

artístico/a	intelectual	inteligente
optimista	paciente	pesimista
serio/a	simpático/a	tímido/a

Tu opinión

1. _____

_____

_____

Tu opinión

2. _____

_____

_____

B. Now listen as these two people describe themselves, and enter these adjectives in the blanks provided. You may have to listen to the descriptions more than once.

Su descripción

1. _____

_____

_____

Su descripción

2. _____

_____

_____

Actividad 10 El detective Alonso. Detective Alonso is speaking into his tape recorder while following a woman. Number the drawings in the upper left corner according to the order in which he says the events take place. Don't worry if you can't understand every word. Just concentrate on the sequence of events.

Conversación: Una llamada de larga distancia
Conversación: Hay familias... y... FAMILIAS

Capítulo 4 — ¿Tarde o temprano?

Mejora tu pronunciación

The consonant ñ

The pronunciation of the consonant **ñ** is similar to the *ny* in the English word *canyon*.

Actividad 1 **Escucha y repite.** Listen and repeat the following words, paying attention to the pronunciation of the consonants **n** and **ñ**.

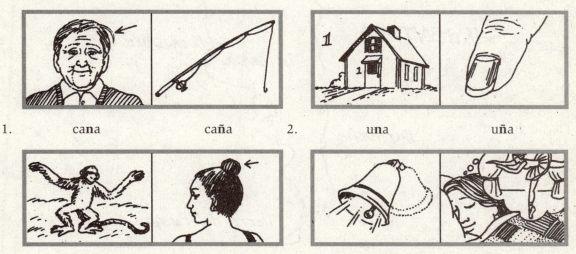

1. cana   caña   2. una   uña

3. mono   moño   4. sonar   soñar

Actividad 2 **Escucha y repite.** Listen and repeat the following sentences. Pay special attention to the pronunciation of the consonants **n** and **ñ**.

1. Subo una montaña.
2. Trabajo con niños que no tienen padres.
3. Tú conoces al señor de Rodrigo, ¿no?
4. ¿Cuándo es tu cumpleaños?

Mejora tu comprensión

Actividad 3 **Los sonidos de la mañana.** Listen to the following sounds and write what Paco is doing this morning.

1. _____
2. _____
3. _____
4. _____

Actividad 4 **El tiempo este fin de semana.**

A. As you hear this weekend's weather forecast for Argentina, draw the corresponding weather symbols on the map under the names of the places mentioned. Remember to read the place names on the map and look at the symbols before you listen to the forecast.

| lluvia | nube | viento | nieve | sol |

ARGENTINA

Jujuy

Cataratas del Iguazú

Buenos Aires

La Pampa

Bariloche

Tierra del Fuego

B. Now replay the activity and listen to the forecast again, this time adding the temperatures in Celsius under the names of the places mentioned.

Actividad 5 **La identificación del ladrón.** As you hear a woman describing a thief to a police artist, complete the artist's sketch. You may have to replay the activity and listen to the description more than once.

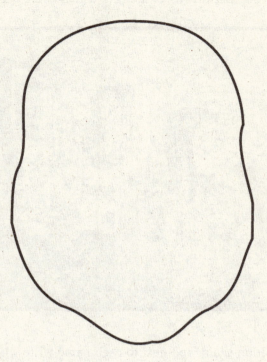

Actividad 6 **Celebraciones hispanas.**

A. A woman will describe some important holidays around the Hispanic world. As you listen to the description of each holiday, write the date on which it is celebrated.

Fecha

1. Día de los Muertos   _____

2. Día de los Santos Inocentes   _____

3. Día Internacional del Amigo   _____

4. Día de Reyes   _____

B. Now listen again and match the holiday with the activity people usually do on that day. Write the number of the holiday from the preceding list.

a. _____ las personas reciben emails de otras personas

b. _____ las personas hacen bromas (*pranks*)

c. _____ las personas hacen un altar en casa

d. _____ los niños reciben juguetes (*toys*)

Actividad 7 ¿Conoces a ese chico?

A. Miriam and Julio are discussing some guests at a party. As you listen to their conversation, write the guests' names in the drawing. Use arrows to indicate which name goes with which person.

Miguel

Laura

Carmen

Ramón

Begoña

B. Now listen to the conversation again, and next to each name write who the person knows or what the person knows how to do using **conocer** or **saber**.

Actividad 8 **La entrevista.** Lola Drones, a newspaper reporter, is interviewing a famous actor about his weekend habits. Cross out those activities listed in Lola's notebook that the actor does *not* do on weekends. Remember to read the list of possible activities before you listen to the interview.

se levanta tarde

corre por el parque

hace gimnasia en un gimnasio

ve televisión

estudia sus libretos (*scripts*)

sale con su familia

va al cine

Conversación: Noticias de una amiga
Conversación: El mensaje telefónico

Capítulo 5 Los planes y las compras

Mejora tu pronunciación

The consonants *ll* and *y*

The consonants **ll** and **y** are usually pronounced like the *y* in the English word *yellow*. When the **y** appears at the end of a word, or alone, it is pronounced like the vowel **i** in Spanish.

Actividad 1 **Escucha y repite.** Listen and repeat the following verse. Pay special attention to the pronunciation of the **ll** and the **y**.

Hay una toalla   Hoy no llueve.
en la playa amarilla.   Ella no tiene silla.

Actividad 2 **Escucha y repite.** Listen and repeat the following sentences. Pay special attention to the pronunciation of the **ll** and the **y.**

1. **Y** por favor, otra cerveza.
2. ¿Tiene por casualidad un periódico de hoy?
3. Se come muy bien allí.
4. **Y** entonces, como es su cumpleaños, ella invita.

Mejora tu comprensión

Actividad 3 **¿Qué acaban de hacer?** As you hear the following short conversations, select what the people in each situation have just finished doing. Remember to read the list of possible activities before you begin.

1. a. Acaban de ver una película.
   b. Acaban de hablar con un director.
2. a. Acaban de beber un café.
   b. Acaban de comer.
3. a. Acaban de ducharse.
   b. Acaban de jugar un partido de fútbol.

Actividad 4 — El cine.

You will hear a recorded message and a conversation, both about movie schedules. As you listen, complete the information on the cards. Don't worry if you can't understand every word. Just concentrate on filling out the cards. Remember to look at the cards before beginning.

GRAN REX

La historia oficial

Horario: _____, _____, _____, 10:00

Precio: $_____ $_____ matinée.

SPLENDID

La mujer cucaracha

Horario: _____, 8:00, _____

Precio: $_____ $_____ matinée.

Actividad 5 — Las citas del Dr. Malapata.

As you hear Dr. Malapata's receptionist making appointments for two patients, complete the corresponding scheduling cards.

DR. MALAPATA

Paciente:

Fecha: Hora:

Fecha de hoy:

DR. MALAPATA

Paciente:

Fecha: Hora:

Fecha de hoy:

Actividad 6 **Las sensaciones.** Listen to the conversation between Alberto and Dora, and select the different sensations or feelings they have. Read the list of sensations and feelings before you listen to the conversation. Note that there are extra sentences.

	Alberto	Dora
1. Tiene calor.	☐	☐
2. Tiene frío.	☐	☐
3. Tiene hambre.	☐	☐
4. Tiene miedo.	☐	☐
5. Tiene sed.	☐	☐
6. Tiene sueño.	☐	☐
7. Tiene vergüenza.	☐	☐

Actividad 7 **Ofertas increíbles.** Listen to the following radio ad about a department store and select the articles of clothing that are mentioned. Remember to read the list of items before you listen to the ad.

_____ blusas de cuadros   _____ cinturones de plástico

_____ blusas de rayas   _____ faldas de seda

_____ camisas de manga corta   _____ trajes de baño de algodón

_____ camisas de manga larga   _____ zapatos de diferentes colores

_____ chaquetas de cuero

Actividad 8 **La fiesta.**

A. Look at the drawing of a party and write four sentences in Spanish describing what some of the guests are doing. Pause the recording while you write.

Pablo

_____

Fabiana

_____

Lucía

_____

Mariana

_____

1. _____

2. _____

3. _____

4. _____

Continued on next page →

B. Miriam and Julio are discussing some of the guests at the party. As you listen to their conversation, write the guests' names in the drawing. Use arrows to indicate which name goes with which person. Don't worry if you can't understand every word. Just concentrate on who's who.

C. Now listen to the conversation again and write the occupations of the four guests below their names.

| Actividad | 9 | **Los fines de semana.** |

A. Write three sentences in Spanish describing things you usually do on weekends. Pause the recording while you write.

1. _____
2. _____
3. _____

B. Pedro is on the phone talking to his father about what he and his roommate Mario do on weekends. Listen to their conversation and select Pedro's activities versus Mario's. Remember to read the list of activities before you listen to the conversation.

	Pedro	**Mario**
1. Se acuesta temprano.	☐	☐
2. Se acuesta tarde.	☐	☐
3. Sale con sus amigos.	☐	☐
4. Se despierta temprano.	☐	☐
5. Se despierta tarde.	☐	☐
6. Duerme 10 horas.	☐	☐
7. Duerme 14 horas.	☐	☐
8. Juega al fútbol.	☐	☐
9. Almuerza con sus amigos.	☐	☐
10. Pide una pizza.	☐	☐
11. Juega al tenis.	☐	☐

Conversación: ¿Qué hacemos esta noche?
Conversación: De compras en San Juan

Capítulo 6 Ayer y hoy

Mejora tu pronunciación

The sound [g]

The sound represented by the letter *g* before *a, o,* and *u* is pronounced a little softer than the English *g* in the word *guy:* **gustar, regalo, tengo.** Because the combinations **ge** and **gi** are pronounced **[he]** and **[hi]**, a *u* is added after the *g* to retain the **[g]** sound: **guitarra, guerra.**

Actividad 1 **Escucha y repite.** Listen and repeat the following phrases, paying special attention to the pronunciation of the letter **g.**

1. mi ami**ga**
2. te **gu**stó
3. es ele**ga**nte
4. sabes al**go**
5. no ten**go**
6. no pa**gué**

Actividad 2 **¡Qué guapo!** Listen and repeat the following conversation between Claudio and Marisa. Pay special attention to the pronunciation of the letter **g.**

MARISA   Me **gu**stan mucho.

CLAUDIO   ¿Mis bi**go**tes?

MARISA   Sí, estás **gu**apo pero cansado, ¿no?

CLAUDIO   Es que ju**gué** al tenis.

MARISA   ¿Con **Gó**mez?

CLAUDIO   No, con López, el **guí**a de turismo.

The sound [k]

The **[k]** sound in Spanish is unaspirated, as in the words **casa, claro, quitar,** and **kilo.** Hear the contrast between the **[k]** sound in English where a puff of air comes out as one pronounces the letter, and the **[k]** sound in Spanish where there is no puff of air: *case,* **caso;** *kilo,* **kilo;** *cape,* **capa.** The **[k]** sound in Spanish is spelled *c* before *a, o,* and *u; qu* before *e* and *i;* and *k* in a few words of foreign origin such as **kiwi, karate, kilómetro.** Remember that the *u* is not pronounced in *que* or *qui,* as in the words **qué** and **quitar.**

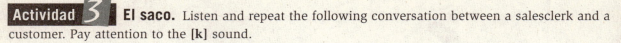

Actividad 3 **El saco.** Listen and repeat the following conversation between a salesclerk and a customer. Pay attention to the [k] sound.

CLIENTE   ¿**Cu**ánto **cu**esta ese sa**co**?

VENDEDORA   ¿**A**quel?

CLIENTE   Sí, el de **cu**ero negro.

VENDEDORA   ¿No **qui**ere el sa**co** azul?

CLIENTE   No. Bus**co** uno negro.

Mejora tu comprensión

Actividad 4 **El gran almacén.** You are in Falabella, a department store in Chile, and you hear about the sales of the day over the loudspeaker system. As you listen, write the correct price above each of the items shown. Remember that Spanish uses periods where English uses commas and vice versa: **3.500 pesos.**

Actividad 5 **Los premios.**

A. You will listen to a radio ad for a photo contest that mentions the prizes (**premios**) that will be awarded and how much each is worth. Before you listen to the ad, stop the recording and write down under **tu opinión** how much you think each item is worth in dollars.

	tu opinión	el anuncio (*ad*)
Mercedes-Benz	$ _____	$ _____
viaje para dos por una semana a Las Vegas	$ _____	$ _____
reproductor de DVD	$ _____	$ _____
cámara digital	$ _____	$ _____
chaqueta de cuero	$ _____	$ _____

B. Now listen to the ad and write down how much each prize is worth in Mexican pesos in the second column.

Actividad 6 **La habitación de Vicente.** Vicente is angry because Juan Carlos, his roommate, is very messy. As you listen to Vicente describing the mess to Álvaro, write the names of the following objects in the drawing of the room, according to where Juan Carlos leaves them.

medias   teléfono   libros   periódico

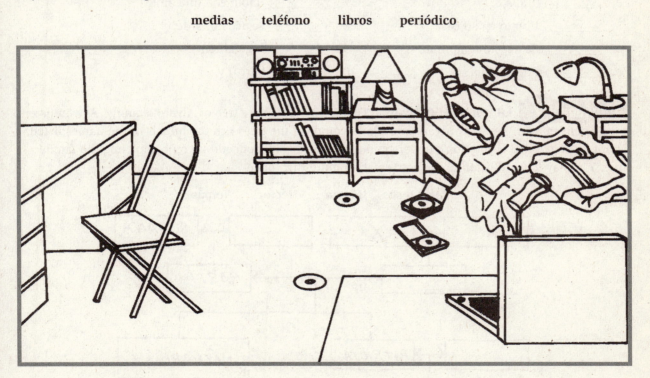

Actividad 7 **¿Presente o pasado?** As you listen to each of the following remarks, select whether the speaker is talking about the present or the past.

	Presente	Pasado
1.	☐	☐
2.	☐	☐
3.	☐	☐
4.	☐	☐

Actividad 8 **El fin de semana pasado.**

A. Write in Spanish three things you did last weekend. Pause the recording while you write.

1. _____

2. _____

3. _____

B. Now listen to Raúl and Alicia talking in the office about what they did last weekend. Write **R** next to the things that Raúl did, and **A** next to the things that Alicia did. Remember to look at the list of activities before you listen to the conversation.

1. _____ Fue a una fiesta.
2. _____ Trabajó.
3. _____ Comió en su casa.
4. _____ Se acostó temprano.
5. _____ Fue al cine.

6. _____ Tomó café.
7. _____ Habló con una amiga.
8. _____ Se acostó tarde.
9. _____ Jugó al tenis.
10. _____ Miró TV.

Actividad 9 **La familia de Álvaro.** This is an incomplete tree of Álvaro's family. As you listen to the conversation between Álvaro and Clara, complete the tree with the initials of the names listed. Don't be concerned if you don't understand every word. Just concentrate on completing the family tree. You may have to listen to the conversation more than once.

Juan José   Flavia   Héctor   Tomás

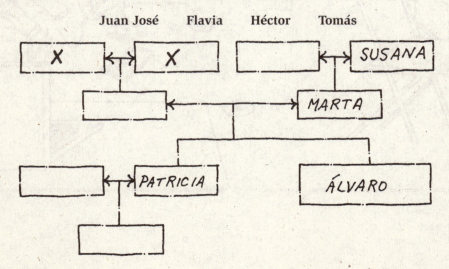

Nombre _____ Sección _____ Fecha _____

Actividad 10 **Una cena familiar.** Tonight there is a family dinner at Álvaro's, and his mother is planning the seating arrangements. Listen to Álvaro's mother, Marta, as she explains her plan to Álvaro. Write the name of each family member on the card in front of his/her place setting. You may have to refer to **Actividad 9** for the names of some of Álvaro's relatives.

Actividad 11 **El matrimonio de Nando y Olga.**

A. Nando and Olga have already gotten married, and now Hernán, Nando's father, gets a phone call. Read the questions; then listen to the phone call and jot one-word answers next to each question. You may have to listen to the conversation more than once.

1. ¿Quién llamó al padre de Nando por teléfono? _____

2. ¿A quién le hizo un vestido la Sra. Montedio? _____

3. ¿Qué le alquiló la mamá de Nando a su hijo? _____

4. ¿Quién les regaló una cámara de video a los novios? _____

5. ¿Quiénes les regalaron un viaje? _____

6. ¿A quiénes llamaron los novios desde la República Dominicana? _____

B. Now pause the recording and use your one-word answers to write down complete answers to the questions from part **A**.

1. _____
2. _____
3. _____
4. _____
5. _____
6. _____

Conversación: Una llamada de Argentina
Conversación: La boda en Chile

Capítulo 7 Los viajes

Mejora tu pronunciación

The consonants *b* and *v*

In Spanish, there is generally no difference between the pronunciation of the consonants **b** and **v**. When they occur at the beginning of a sentence, after a pause, or after *m* or *n*, they are pronounced like the *b* in the English word *bay;* for example, **bolso, vuelo, ambos, envío.** In all other cases, they are pronounced by not quite closing the lips, as in **cabeza** and **nuevo.**

Actividad 1 **Escucha y repite.** Listen and repeat the following travel-related words, paying special attention to the pronunciation of the initial **b** and **v.**

1. **b**anco
2. **v**estido
3. **v**uelo
4. **b**olso
5. **v**uelta
6. **b**otones

Actividad 2 **Escucha y repite.** Listen and repeat the following weather expressions. Note the pronunciation of **b** and **v** when they occur within a phrase.

1. Está nu**b**lado.
2. Hace **b**uen tiempo.
3. ¿Cuánto **v**iento hace?
4. Llue**v**e mucho.
5. Está a dos grados **b**ajo cero.

Actividad 3 **En el aeropuerto.** Listen and repeat the following sentences. Pay special attention to the pronunciation of **b** and **v.**

1. **B**uen **v**iaje.
2. ¿Y su hijo **v**iaja solo o con Ud.?
3. Las lle**v**as en la mano.
4. ¿Dónde pongo las **b**otellas de ron?
5. **V**amos a hacer escala en Miami.
6. Pero no lo **v**a a **b**eber él.
7. **V**oy a cambiar mi pasaje.

Mejora tu comprensión

Actividad 4 **¿Qué es?** As you hear each of the following short conversations in a department store, select the object that the people are discussing.

1. ☐ una blusa   ☐ un saco
2. ☐ unos pantalones ☐ un sombrero
3. ☐ unas camas   ☐ unos DVDs

Actividad 5 **Un mensaje para Teresa.** Vicente calls Teresa at work, but she is not there. Instead, he talks with Alejandro, Teresa's uncle. As you listen to their conversation, write the message that Vicente leaves.

MENSAJE TELEFÓNICO		
Para: *Teresa* _____		
Llamó: _____		
Teléfono: _____		
Mensaje: _____		
Recibido por: *tío Alejandro*	**Fecha:** *6 de septiembre*	**Hora:**

Actividad 6 **La operadora.** You will hear two telephone conversations. For each situation, select what happens.

1. ☐ tiene el número equivocado   ☐ no comprende a la persona
2. ☐ quiere el indicativo del país ☐ quiere el prefijo de la ciudad

Actividad 7 **Las excusas.** Two of Perla's friends call her to apologize for not having come to her party last night. They also explain why some others didn't show up. As you listen, match each person with his or her excuse for not going to the party. Before you listen, stop the recording and read the excuses. Notice that there are extra excuses.

Invitados

1. _____ Esteban
2. _____ Pilar
3. _____ Andrés
4. _____ Viviana

Excusas

a. Tuvo que estudiar.
b. No le gusta salir cuando llueve.
c. Conoció a una persona en la calle.
d. Se durmió en el sofá.
e. No pudo dejar a su hermano solo.
f. Se acostó temprano.

Nombre _____ Sección _____ Fecha _____

Actividad 8 **Aeropuerto Internacional, buenos días.** You will hear three people calling the airport to ask about arriving flights. As you listen to the conversations, fill in the missing information on the arrival board.

LLEGADAS INTERNACIONALES				
Línea aérea	Número de vuelo	Procedencia	Hora de llegada	Comentarios
Iberia		Lima		a tiempo
TACA	357		12:15	
LACSA		NY/México		

Actividad 9 **Las noticias.** As you hear the news report, complete the following chart indicating who the people are and what happened in each case.

	Quién es	Qué ocurrió
1. María Salinas	_____	_____
2. Mario Valori	_____	_____
3. Pablo Bravo	_____	_____
4. Sara Méndez	_____	_____

Actividad 10 **¿Cuánto tiempo hace que...?** You will listen to a set of personal questions. Pause the recording after you listen to each question, and write a complete answer.

1. _____
2. _____
3. _____
4. _____

Actividad 11 **Mi primer trabajo.** As you listen to Mariano tell about his first job, fill in each of the blanks in his story with one or more words. Pause the recording and read the paragraph before you listen to Mariano.

_____ cuando empecé mi primer trabajo.

_____ cuando llegué a la oficina el primer día. Allí conocí

a mis colegas. Todos eran muy simpáticos. Una persona estaba enferma, así que yo

_____ todo el santo día. _____ de la

mañana cuando terminé. Ése fue un día difícil pero feliz.

Actividad 12 **El horario de Nélida.** After you hear what Nélida did this evening, figure out when each event happened. You may want to listen more than once.

¿Qué hora era cuando pasaron estas cosas?

1. Nélida llegó a casa. _____

2. Alguien la llamó. _____

3. Entró en la bañera. _____

4. Comenzó "Los Simpson". _____

5. Se durmió. _____

Conversación: ¿En un "banco" de Segovia?
Conversación: Un día normal en el aeropuerto

Capítulo *8* La comida y los deportes

Mejora tu pronunciación

Diphthongs

In Spanish, vowels are classified as weak (**i, u**) or strong (**a, e, o**). A diphthong is a combination of two weak vowels or a strong and a weak vowel in the same syllable. When a strong and a weak vowel are combined in the same syllable, the strong vowel takes a slightly greater stress; for example, **vuelvo.** When two weak vowels are combined, the second one takes a slightly greater stress, as in the word **ciudad.** Sometimes the weak vowel in a strong-weak combination takes a written accent, and the diphthong is therefore dissolved and two separate syllables are created. Listen to the contrast between the endings of these two words: **farmacia, policía.**

Actividad *1* **Escucha y repite.** Listen and repeat the following words.

1. las habich**ue**las
2. el m**aí**z
3. los cub**ie**rtos
4. la zanahor**ia**
5. la v**ai**nilla
6. c**ui**dar

Actividad *2* **Escucha y repite.** Listen and repeat the following sentences from the textbook conversation between Vicente and his parents.

1. **Sie**mpre los echo de menos.
2. **Bue**no, ahora vamos a ir a Sarchí.
3. Ten**ía** tres años c**ua**ndo subí a la carreta del ab**ue**lo.
4. No me s**ie**nto b**ie**n.
5. **Quie**ren comprarle algo de artesan**ía** típica.

Actividad 3 **¿Diptongo o no?** Listen and mark whether the following words have a diphthong or not.

	Sí	No
1.	☐	☐
2.	☐	☐
3.	☐	☐
4.	☐	☐
5.	☐	☐
6.	☐	☐
7.	☐	☐

Mejora tu comprensión

Actividad 4 **¿Le molesta o le gusta?** As you listen to a series of statements, select the opinion of the speaker.

1. a. Las clases le parecieron fáciles.
   b. Las clases le parecieron difíciles.

2. a. Le encanta ir a la casa de sus padres.
   b. Le molesta ir a la casa de sus padres.

3. a. Le fascina la luz.
   b. Le molesta la luz.

4. a. A él le pareció interesante la película.
   b. A él le pareció aburrida la película.

Actividad 5 **Las compras.** Doña Emilia is going to send her son Ramón grocery shopping and is now figuring out what they need. As you listen to their conversation, select the items they have, those they need to buy, and those they are going to borrow from a neighbor.

	Tienen	Necesitan comprar	Van a pedir prestado (*borrow*)
1. aceite	☐	☐	☐
2. lechuga	☐	☐	☐
3. pan	☐	☐	☐
4. vino blanco	☐	☐	☐
5. pimienta	☐	☐	☐
6. vinagre	☐	☐	☐

Nombre _____ Sección _____ Fecha _____

Actividad 6 **En el restaurante.** A family is ordering in a restaurant. Listen to them place their order and select what each person wants.

MESA No. 8			CAMARERO: JUAN
Cliente No.			Menú
1 (mujer)	2 (hombre)	3 (niño)	
			Primer Plato
			Sopa de verduras
			Espárragos con mayonesa
			Tomate relleno con pollo
			Segundo Plato
			Ravioles
			Bistec de ternera
			Medio pollo al ajo
			Papas fritas
			Puré de papas
			Ensalada
			Mixta
			Zanahoria y huevo
			Espinacas, queso y tomate

Actividad 7 **Cómo poner la mesa.** You will hear a man on the radio describing how to set a place setting. As you listen to him, draw where each item should go on the place mat.

Actividad 8 **Los preparativos de la fiesta.** Mrs. Uriburu calls home to find out if her husband has already done some things for tonight's dinner. While you listen to Mrs. Uriburu's part of the phone conversation, choose from the list the correct answers her husband gives her.

1. a. Sí, ya la limpié.
   b. Sí, ya lo limpié.

2. a. No, no lo compró.
   b. No, no lo compré.

3. a. No tuviste tiempo.
   b. No tuve tiempo.

4. a. Sí, te la preparé.
   b. Sí, se la preparé.

5. a. Sí, se lo di.
   b. Sí, se los di.

6. a. No, no me llamó.
   b. No, no la llamé.

Actividad 9 **La dieta Kitakilos.**

A. Look at the drawings of María before and after Dr. Popoff's diet. Stop the recording and, under each drawing, write two adjectives that describe her. Also imagine and write two things she does now that she didn't use to do before.

Antes

Después

María era _____ y

_____ .

Ahora es _____ y

_____ .

Ahora puede _____ y

_____ .

B. Now listen to a radio ad on Dr. Popoff's diet and write two things María used to do before the diet and two things she does after the diet. It's not necessary to write all the activities she mentions.

Antes	Después
_____	_____
_____	_____

Actividad 10 **Los testimonios.** There was a bank robbery yesterday and a detective is questioning three witnesses. Listen to the descriptions the witnesses give and choose the correct drawing of the thief.

☐   ☐   ☐

Actividad 11 **Un mensaje telefónico.** The bank robber calls his boss at home and leaves her a very important message. Listen and write the message. When you finish, stop the recording and use the letters with numbers underneath them to decipher the secret message that the thief leaves his boss.

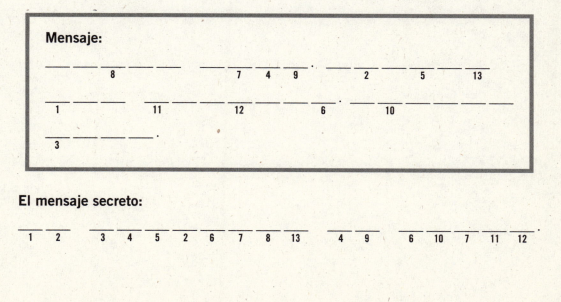

El mensaje secreto:

__ __ __ __ __ __ __ __ __ __ __ __ __ __ __ __ __ __ .
 1 2   3 4 5 2 6 7 8 13   4 9   6 10 7 11 12

Actividad 12 Los regalos. María and Pedro are at a sporting goods store that has many items on sale. Listen to their conversation and write what they are going to buy their children.

Le van a comprar a...

1. Miguel _____

2. Felipe _____

3. Ángeles _____

4. Patricia _____

Actividad 13 Diana en los Estados Unidos. Diana is talking to Teresa about her life in the U.S. Listen to their conversation and mark whether the following sentences about Diana are true or false.

	Cierto	Falso
1. Vivía en una ciudad pequeña.	☐	☐
2. Enseñaba inglés.	☐	☐
3. Hablaba español casi todo el día.	☐	☐
4. Se levantaba tarde.	☐	☐
5. Ella vivía con sus padres.	☐	☐
6. Estudiaba literatura española.	☐	☐

Conversación: ¡Feliz cumpleaños!
Conversación: Teresa, campeona de tenis

Capítulo **9** Cosas que ocurrieron

Mejora tu pronunciación

The consonants *c*, *s*, and *z*

In Hispanic America, the consonant **c** followed by an *e* or an *i*, and the consonants **s** and **z** are usually pronounced like the *s* in the English word *sin*. In Spain, on the other hand, the consonant **c** followed by an *e* or an *i*, and **z** are usually pronounced like the *th* in the English word *thin*.

Actividad 1 Escucha y repite.

A. Listen and repeat the following food-related words. Pay attention to the pronunciation of the consonant **c** followed by an *e* or an *i*, and the consonants **s** and **z**.

1. la taza
2. el vaso
3. el azúcar
4. el tocino
5. la cocina
6. la cerveza

B. Now listen to the same words again as they are pronounced by a speaker from Latin America and then by a speaker from Spain. Do not repeat the words.

Actividad 2 El accidente. Listen to a Spaniard as he describes an accident he had. Pay attention to the pronunciation of the consonant **c** followed by an *e* or an *i*, and the consonant **z**.

1. Iba a Barcelona, pero tuve un accidente horrible en Zaragoza.
2. Me torcí el tobillo.
3. Luego me corté un dedo y tuve una infección muy grave.
4. Gracias a Dios no me hicieron una operación.
5. Pero ahora tengo un dolor de cabeza muy grande.

Mejora tu comprensión

■■■

No me siento bien.

A. You will hear three conversations about people who have health problems. Listen and write in the chart the problem that each person has.

	Problema
El hombre	
La niña	
Adriana	

B. Now listen to the conversations again and write the solution to each person's problem in the chart below.

	Solución
El hombre	
La niña	
Adriana	

Actividad 4 **La conversación telefónica.** Clara is talking on the phone with a friend. She has the hiccups and can't finish some phrases. Listen to what Clara says and select a word to complete the idea that she is not able to finish each time her hiccups interrupt her. Number them from 1 to 4.

_____ hechos   _____ vestidos

_____ aburrido   _____ preocupada

_____ dormidos   _____ sentados

Actividad 5 **La fiesta inesperada.** Esteban decided to have a "come as you are" party yesterday and immediately called his friends to invite them over. Today, Esteban is talking to his mother about the party. Listen to the conversation and mark what the people were doing when Esteban called them.

_____ Ricardo   a. Estaba mirando televisión.

_____ María   b. Estaba vistiéndose.

_____ Héctor   c. Estaba bañándose.

_____ Claudia   d. Estaba afeitándose.

_____ Silvio   e. Estaba comiendo.

Nombre _____ Sección _____ Fecha _____

Actividad 6 El accidente automovilístico.

A. You will listen to a radio interview with a doctor who saw an accident between a truck and a school bus. Before listening, stop the recording and use your imagination to write what you think the people from the list were doing when the doctor arrived.

1. los niños _____

2. los paramédicos _____

3. la policía _____

4. los peatones (*pedestrians*) _____

B. Now listen to the interview and write what the people from the list were doing according to the doctor.

1. los niños _____

2. los paramédicos _____

3. la policía _____

4. los peatones _____

Actividad 7 **Problemas con el carro.** A man had a car accident and is on the phone talking to his car insurance agent about some of the problems his car has. Listen to the conversation and draw an X on the parts of the car that were damaged in the accident.

Actividad 8 **Quiero alquilar un carro.** Tomás is in Santiago, Chile, and wants to rent a car for a week to visit the country. Listen to the conversation and complete his notes.

Rent-a-carro: 698–6576

Por semana: $ _____

Día extra: $ _____

¿Seguro (*Insurance*) incluido? Sí / No   ¿Cuánto? $ _____

¿Depósito? Sí / No

¿Puedo devolver (*return*) el carro en otra ciudad? Sí / No

¿A qué hora debo devolverlo? _____

Actividad 9 **La novia de Juan.** Juan is talking to Laura about his girlfriend. Read the questions and then, while you listen to the conversation, answer the questions with complete sentences.

1. ¿Conocía Juan a su novia antes de empezar la universidad? _____
   _____

2. ¿Cuándo y dónde la conoció? _____
   _____

3. ¿Qué era algo que no sabía sobre ella cuando empezaron a salir? _____
   _____

4. ¿Cómo y cuándo lo supo? _____
   _____

5. ¿Qué piensa hacer Juan? _____
   _____

Conversación: De vacaciones y enfermo
Conversación: Si manejas, te juegas la vida

Capítulo *10* Mi casa es tu casa

Mejora tu pronunciación

The consonants *g* and *j*

As you saw in Chapter 6, the consonant **g,** when followed by the vowels *a, o,* or *u* or by the vowel combinations *ue* or *ui,* is pronounced a little softer than the *g* in the English word *guy;* for example, **gato, gordo, guerra. G** followed by *e* or *i* and **j** in all positions are both pronounced similarly to the *h* in the English word *hot,* as in the words **general** and **Jamaica.**

Actividad *1*   **Escucha y repite.** Escucha y repite las siguientes palabras. Presta atención a la pronunciación de las consonantes **g** y **j.**

1. ojo
2. Juan Carlos
3. trabajar
4. escoger
5. congelador
6. gigante

Actividad *2*   **Las asignaturas.** Escucha y repite la siguiente conversación del libro entre dos estudiantes. Presta atención a la pronunciación de las consonantes **g** y **j.**

ESTUDIANTE 1   ¿Qué asignatura vas a escoger?

ESTUDIANTE 2   Creo que psicología.

ESTUDIANTE 1   Pero es mejor geografía.

ESTUDIANTE 2   ¡Ay! Pero no traje el papel para inscribirme.

ESTUDIANTE 1   ¿El papel rojo?

ESTUDIANTE 2   No. El papel anaranjado.

Mejora tu comprensión

Actividad 3 **El crucigrama.** Usa las pistas (*clues*) que escuchas para completar el crucigrama sobre aparatos electrodomésticos (*electrical appliances*). Mira la lista de palabras y el crucigrama antes de empezar.

aspiradora	horno	lavaplatos	secadora
cafetera	lavadora	nevera	tostadora

Actividad 4 **En busca de apartamento.** Paulina ve el anuncio de un apartamento para alquilar y llama para averiguar más información. Escucha la conversación entre Paulina y el dueño del apartamento y completa sus apuntes.

Teléfono 986-4132

Apartamento: 1 dormitorio

¿Alquiler? $ _____   ¿Depósito? $ _____

¿Amueblado? _____   ¿Luz natural? _____

Baño: ¿bañera? _____ ¿bidé? _____

¿Dirección? San Martín _____ ¿Piso? _____

Actividad 5 **¿Dónde ponemos los muebles?** Paulina y su esposo van a vivir en un nuevo apartamento y ahora planean en qué parte de la habitación van a poner cada mueble. Mientras escuchas la conversación, indica dónde van a poner cada mueble. Pon el número de cada cosa en uno de los cuadrados (*squares*) del plano de la habitación.

1 alfombra   **3 cómoda**   **5 sillón**
2 cama   **4 mesa**   **6 televisor**

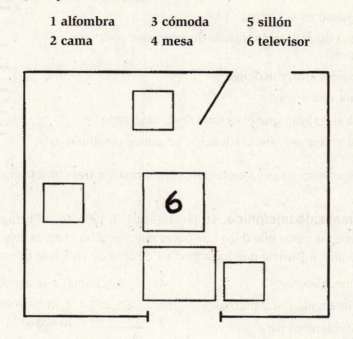

Actividad 6 **En el Rastro.** Vicente y Teresa van al Rastro (un mercado al aire libre en Madrid) para buscar unos estantes baratos. Escucha la conversación con el vendedor y, basándote en lo que escuchas, marca si las oraciones son ciertas o falsas.

	Cierto	Falso
1. Hay poca gente en este mercado.	☐	☐
2. Vicente ve unos estantes.	☐	☐
3. Los estantes son baratos.	☐	☐
4. Teresa regatea (*bargains*).	☐	☐
5. El comerciante no baja el precio.	☐	☐
6. Teresa compra dos estantes.	☐	☐

Actividad 7 **Radio consulta.**

A. Esperanza es la conductora del programa de radio "Problemas". Escucha la conversación entre Esperanza y una persona que la llama para contarle un problema y marca cuál es su problema.

1. ☐ La señora está deprimida (*depressed*).
2. ☐ La señora no sabe dónde está su animal.
3. ☐ La señora tiene un esposo que no se baña.
4. ☐ La señora tiene un hijo sucio (*dirty*).

Continúa en la página siguiente →

B. Antes de escuchar la respuesta de Esperanza, escoge y marca bajo "Tus consejos" qué consejos de la lista te gustaría darle a la persona.

	Tus consejos	Los consejos de Esperanza
1. Debe poner a su esposo en la bañera.	❑	❑
2. Debe hablar con un compañero de trabajo de su esposo para que él le hable a su esposo.	❑	❑
3. Debe llevar a su esposo a un psicólogo.	❑	❑
4. Ella debe hablar con una amiga.	❑	❑
5. Tiene que decirle a su esposo que él es muy desconsiderado.	❑	❑
6. Tiene que decirle a su esposo que la situación no puede continuar así.	❑	❑

C. Ahora escucha a Esperanza y marca en la última columna los tres consejos que ella le da.

Actividad 8 **El mensaje telefónico.** La jefa de Patricio salió de la oficina y le dejó un mensaje telefónico para recordarle las cosas que tiene que hacer hoy. Escucha el mensaje y escribe una **P** delante de las cosas que ella le pide a Patricio que haga y una **J** delante de las cosas que va a hacer la jefa.

1. _____ comprar una cafetera
2. _____ escribirle un email al Sr. Montero
3. _____ llamar al Sr. Montero para verificar su dirección de email

4. _____ llamar a la agencia de viajes
5. _____ ir a la agencia de viajes
6. _____ ir al banco
7. _____ pagar el pasaje

Actividad 9 **Busco un hombre/una mujer...**

A. Vas a escuchar un anuncio en la radio de una mujer que busca su compañero ideal. Antes de escuchar el anuncio, para la grabación (*recording*) y marca las características que buscas en un compañero o una compañera.

	tú	ella
Busco/Busca un hombre/una mujer...		
que sea inteligente	_____	_____
que tenga dinero	_____	_____
que tenga un trabajo estable (*stable*)	_____	_____
que salga por la noche	_____	_____
que sepa bailar	_____	_____
que sea guapo/a	_____	_____
que sea simpático/a	_____	_____

B. Ahora escucha el anuncio en la radio y marca en la lista de arriba las características que busca esta mujer en un hombre.

Conversación: En busca de apartamento
Conversación: Todos son expertos

Capítulo 11 El tiempo libre

Mejora tu pronunciación

The consonant *h*

The consonant **h** is always silent in Spanish. For example, the word *hotel* in English is **hotel** in Spanish.

Actividad 1 **Escucha y repite.** Escucha y repite las siguientes palabras relacionadas con la salud.

1. **h**emorragia
2. **h**ospital
3. **h**acer un análisis
4. **h**erida
5. alco**h**ol
6. **h**epatitis

Actividad 2 **La conversación.** Escucha y repite las siguientes oraciones de la conversación en el libro de texto entre Rosa y Raúl.

1. Es que los **h**ombres son más fuertes.
2. **H**ay algunas diferencias entre la Ka**h**lo y yo, empezando con mi **h**abilidad artística.
3. **H**acen falta las manos y no los músculos.
4. Tenían **h**ijos de menos de cinco años.

Mejora tu comprensión

Actividad 3 **¿Certeza o duda?** Vas a escuchar cuatro oraciones. Para cada una, indica si la persona expresa certeza o duda.

	Certeza	Duda
1.	☐	☐
2.	☐	☐
3.	☐	☐
4.	☐	☐

Actividad 4 **¿Quién las hace?** Escucha a cuatro personas e indica, en cada caso, si la persona expresa emoción por sus acciones o las acciones que hacen otras personas.

	Acciones de la persona que habla	Acciones de otra persona
1.	☐	☐
2.	☐	☐
3.	☐	☐
4.	☐	☐

Actividad 5 **Mañana es día de fiesta.** Silvia habla por teléfono con una amiga sobre sus planes para mañana. Mientras escuchas lo que dice, escribe cuatro oraciones sobre lo que quizás ocurra.

Mañana quizá / tal vez...

1. _____
2. _____
3. _____
4. _____

Actividad 6 **La receta de doña Petrona.** Vas a escuchar a doña Petrona mientras demuestra en su programa de televisión, **"Recetas exitosas",** cómo preparar una ensalada de papas. Mientras escuchas la descripción de cada paso, numera los dibujos en el orden apropiado. ¡Ojo! Hay algunos dibujos extras.

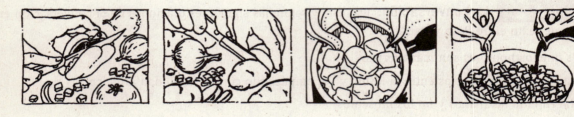

Actividad 7 **Un regalo poco común.** Antes de escuchar el siguiente anuncio de la radio, escribe un regalo poco común (*unusual*) que alguna vez le diste a un amigo o amiga. Luego lee la información que se presenta y escucha el anuncio para completarla.

regalo que diste: _____

1. tipo de regalo: _____

2. precio: _____

3. algo para beber: _____

4. dos cosas para comer: _____

5. otra cosa (no bebida o comida): _____

6. dónde comprar el regalo: _____

Actividad 8 **Un anuncio informativo.**

A. Antes de escuchar un anuncio informativo para padres, lee la siguiente lista de pasatiempos. Marca, en la columna que dice **tú,** qué actividades hacías tú cuando eras niño o niña.

	tú	el anuncio
1. coleccionar algo	_____	_____
2. hacer artesanías	_____	_____
3. hacer crucigramas	_____	_____
4. hacer rompecabezas	_____	_____
5. jugar al ajedrez	_____	_____
6. jugar con juegos electrónicos	_____	_____
7. jugar juegos de mesa	_____	_____
8. navegar por Internet	_____	_____
9. pescar	_____	_____
10. tejer	_____	_____

B. Ahora escucha el anuncio y marca en la lista de arriba las actividades que los padres les pueden enseñar a sus hijos según lo que dice el anuncio.

Actividad 9 **Cuando estudio mucho.**

A. Antes de escuchar una conversación entre tres amigos, escribe en español tres cosas que te gusta hacer cuando tienes tiempo libre.

1. _____

2. _____

3. _____

Continúa en la página siguiente →

B. Federico, Gustavo y Marisa están hablando de las cosas que les gusta hacer cuando tienen tiempo libre. Escucha la conversación y escribe oraciones para indicar qué actividad o actividades le gusta hacer a cada uno.

1. Federico: _____

   _____

2. Gustavo: _____

   _____

3. Marisa: _____

   _____

Actividad 10 **El viaje a Machu Picchu.** El Sr. López recibe una llamada. Antes de escuchar, lee las oraciones. Luego, escucha la conversación y marca si las siguientes oraciones son ciertas o falsas.

	Cierto	Falso
1. El señor López ganó un viaje a Ecuador.	☐	☐
2. La señora dice que una computadora escogió su número de teléfono.	☐	☐
3. La señora dice que él ganó pasajes para dos personas.	☐	☐
4. El señor López le da su número de tarjeta de crédito a la mujer.	☐	☐
5. El señor López cree que la mujer le dice la verdad.	☐	☐

Conversación: El trabajo y el tiempo libre
Conversación: Después de comer, nada mejor que la sobremesa

Capítulo *12* ¡Viva la música!

Mejora tu pronunciación

Linking

In normal conversation, you link words as you speak to provide a smooth transition from one word to the next. In Spanish, the last letter of a word can usually be linked to the first letter of the following word, for example, **mis_amigas, tú_y_yo.** When the last letter of a word is the same as the first letter of the following word, they are pronounced as one letter, for example, **las_sillas, te_encargo.** Remember that the *h* is silent in Spanish, so the link occurs as follows: **la_habilidad.**

Actividad *1* **Escucha y repite.** Escucha y repite las siguientes frases prestando atención al unir las palabras.

1. la_cartera
2. mandar_un_email
3. la_estampilla
4. caerse_el_servidor
5. el_enlace
6. no quiero_hacer_esa_cola

Actividad *2* **En el restaurante argentino.** Escucha y repite parte de la conversación entre Teresa y Vicente en el restaurante argentino.

VICENTE   Espero que_a la_experta de tenis le gusten la comida_y los tangos_argentinos con

bandoneón_y todo.

TERESA   Los tangos que cantaba Carlos Gardel me fascinan. El_otro día, bajé de_Internet

"Mi Buenos_Aires Querido" cuando yo te vuelva_a ver... Pero, dime Vicente, ¿cómo_encontraste_este restaurante?

VICENTE   Navegando por_Internet. Bajé_una lista de restaurantes_argentinos y_este tenía muy buenos

comentarios.

Mejora tu comprensión

Actividad 3 **Los instrumentos musicales.** Vas a escuchar cuatro instrumentos musicales. Numera cada instrumento que escuches.

_____ batería

_____ violín

_____ violonchelo

_____ trompeta

_____ flauta

Actividad 4 **Tengo correo electrónico.** Escucha la conversación telefónica entre Fernando y Betina y completa la tabla del manual.

Dirección de correo electrónico de Betina: _____

Sitio que recomienda Fernando: _____

Actividad 5 **¿De qué hablan?** Antes de escuchar, para la grabación y mira la siguiente lista. Luego, escucha cinco miniconversaciones e indica de qué o de quién se habla en cada caso.

_____ el buzón	_____ mandar un fax
_____ el/la cartero/a	_____ el paquete
_____ la estampilla	_____ el remite
_____ hacer la cola	_____ las tarjetas postales

Actividad 6 **La isla Pita Pita.** Escucha la descripción de la isla Pita Pita y usa los símbolos que se presentan y los nombres de los lugares para completar el mapa incompleto. Los nombres de los lugares que se mencionan son **Blanca Nieves**, **Hércules**, **Mala-Mala**, **Panamericana** y **Pata**.

Actividad 7 **Visite Venezuela.** ¿Sabes cuáles de los lugares de la lista forman parte de Venezuela y cuáles no? Escucha el anuncio comercial sobre Venezuela y marca solo los lugares que pertenecen a ese país.

_____ el salto Ángel   _____ las islas Los Roques

_____ las cataratas del Iguazú   _____ las playas de Punta del Este

_____ la Ciudad Bolívar   _____ la playa de La Guaira

_____ Mérida   _____ el volcán de Fuego

_____ las islas Galápagos

Actividad 8 **La dieta.**

A. La Sra. Kilomás necesita bajar de peso (*to lose weight*) y está en el consultorio hablando con el médico. Antes de escuchar, escribe tres cosas que crees que el médico le va a decir que no coma.

1. _____   2. _____   3. _____

B. Ahora escucha la conversación y escribe en la columna correcta las cosas que la Sra. Kilomás puede y no puede comer o beber.

Coma: **No coma:**

_____   _____

_____   _____

                                         _____

                                         _____

Beba: **No beba:**

_____   _____

_____

_____

Actividad 9 **La llamada anónima.** Unos hombres secuestraron (*kidnapped*) al Sr. Tomono, un diplomático, en Guayaquil, Ecuador, y quieren un millón de dólares. Llaman a la Sra. Tomono para decirle qué debe hacer con el dinero. Antes de escuchar, lee las oraciones que aparecen en el manual. Luego, escucha la conversación telefónica y marca si las siguientes oraciones son ciertas o falsas.

	Cierto	Falso
1. La Sra. Tomono debe poner el dinero en una mochila marrón.	☐	☐
2. Ella debe ir a la esquina (*corner*) de las calles Quito y Colón.	☐	☐
3. Tiene que hablar por un teléfono público.	☐	☐
4. Tiene que ir en taxi.	☐	☐

Pichicho. Sebastián le está mostrando a su amigo Ramón las cosas que su perro Pichicho puede hacer. Escucha a Sebastián y numera los dibujos según las órdenes. ¡Ojo! Hay dibujos de ocho órdenes pero Sebastián solo da seis.

Actividad 11 **Las tres casas.**

A. Llamas a una inmobiliaria (*real-estate agency*) para obtener información sobre tres casas y te contesta el contestador automático. Escucha la descripción de las casas y completa la tabla.

	Tamaño (m2)	Dormitorios	Año	Precio (dólares)
Casa 1	250			350.000
Casa 2		2		
Casa 3			2005	

B. Ahora mira la tabla y escucha las siguientes oraciones. Marca **C** si son ciertas o **F** si son falsas.

1. _____
2. _____
3. _____
4. _____
5. _____

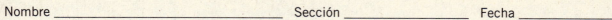

Actividad 12 **La peluquería.**

A. La Sra. López y la Sra. Díaz están en la peluquería hablando de sus hijos. Escucha la conversación y completa la información sobre sus hijos.

Hijo	Edad	Ocupación	Sueldo (*salary*)	Deportes
Alejandro López	_____	_____	_____	nadar
		_____		_____
Marcos Díaz	_____	abogado y	_____	_____
		_____		_____

B. Ahora escribe comparaciones sobre los dos chicos usando la información de la tabla y las palabras que aparecen en esta parte.

1. joven: _____

2. activo: _____

3. ganar dinero: _____

Conversación: ¡Qué música!
Conversación: La propuesta

Capítulo **13** **Turismo por América**

Mejora tu pronunciación

Intonation

Intonation in Spanish usually goes down in statements, information questions, and commands. For example, **Me llamo Susana. ¡Qué interesante! ¿Cómo te llamas? No fume.** On the other hand, intonation goes up in yes/no questions and tag questions, for example, **¿Estás casado? Estás casado, ¿no?**

Actividad 1 **¿Oración declarativa o pregunta?** Escucha las siguientes oraciones y marca si son oraciones declarativas (*statements*) o preguntas que se pueden contestar con sí o no.

	Oración declarativa	Pregunta con respuesta de *sí* o *no*
1.	❑	❑
2.	❑	❑
3.	❑	❑
4.	❑	❑
5.	❑	❑
6.	❑	❑
7.	❑	❑
8.	❑	❑

Actividad 2 **Escucha y repite.** Escucha y repite las siguientes oraciones de la conversación del libro de texto entre don Alejandro y los chicos. Presta atención a la entonación.

1. ¡Entren, entren, muchachos!

2. Igualmente, don Alejandro. ¿Cómo está?

3. Yo todavía no tengo planes.

4. ¿Pueden darme más detalles?

5. ¿De qué se trata?

6. Hasta luego.

7. ¡Me parece buenísimo!

Mejora tu comprensión

Actividad 3 **¿Con qué va a pagar?** Escucha las siguientes situaciones y marca con qué va a pagar la persona en cada caso.

	Efectivo	Tarjeta de crédito	Cheque	Cheque de viajero
1.	❑	❑	❑	❑
2.	❑	❑	❑	❑
3.	❑	❑	❑	❑

Actividad 4 **En la casa de cambio.** Un cliente está en una casa de cambio y necesita cambiar dinero. Escucha la conversación y contesta las preguntas.

1. ¿Qué moneda tiene el cliente? _____

2. ¿Qué moneda quiere? _____

3. ¿A cuánto está el cambio? _____

4. ¿Cuánto dinero quiere cambiar? _____

5. ¿Cuánto dinero recibe? _____

Actividad 5 **¿Qué le pasó?** Vas a escuchar cuatro situaciones de personas que están viajando. Numera las frases según la situación que describen.

____ Se le rompió el Pepto Bismol en la maleta.

____ Se le cayó un vaso.

____ Se le perdió el dinero.

____ Se le perdió la tarjeta de crédito.

____ Se le olvidó el nombre.

____ Se le olvidó la llave en el carro.

Actividad 6 Madrid y el D. F.

A. Vas a escuchar dos anuncios comerciales: uno sobre Madrid y otro sobre la Ciudad de México. Para cada uno, marca qué lugares se pueden visitar. ¡Ojo! A veces se puede visitar el mismo tipo de lugar en las dos ciudades.

	Madrid (excursión a Segovia)	Ciudad de México (excursión a Teotihuacán)
acuario	_____	_____
acueducto	_____	_____
castillo	_____	_____
catedral	_____	_____
palacio	_____	_____
parque	_____	_____
parque de atracciones	_____	_____
pirámide	_____	_____
ruinas	_____	_____
templo	_____	_____
torre	_____	_____
zoológico	_____	_____

B. Ahora escribe cuál de los dos lugares te gustaría visitar y por qué.

_____

_____

_____

_____

El Club Med. El Sr. Lobos está hablando con su secretaria sobre el tipo de persona que busca para el puesto (*job*) de director de actividades. Primero lee los dos avisos y luego escucha la conversación para elegir el aviso clasificado que prepara la secretaria después de la conversación.

1 CLUB MED BUSCA	**2 CLUB MED BUSCA**
Persona deportista y enérgica para ser **Director de actividades.** REQUISITOS: saber inglés, conocer un Club Med, tener experiencia con niños, saber jugar a algunos deportes.	Persona deportista y enérgica para ser **Director de actividades.** REQUISITOS: saber inglés y francés, conocer un Club Med, conocer la República Dominicana, tener experiencia con niños y adultos.

La secretaria escribe el aviso número _____.

Actividad 8 **El tour a Guatemala.**

A. Imagina que tienes la posibilidad de ir a Guatemala. Para la grabación y mira los siguientes tours para escribir cuál prefieres.

GUATEMALA SOL	**GUATEMALA CALOR**
Incluye: • Pasaje de ida y vuelta • 9 días en hoteles ★★★★ • Tours con guía a Antigua y Chichicastenango • Opcional: ruinas de Tikal	Incluye: • Pasaje de ida y vuelta • 9 días en hoteles ★★★ • Tours sin guía a Antigua y Chichicastenango • Opcional: ruinas de Tikal

Prefiero el tour _____.

B. Terencio llama a una agencia de viajes porque quiere hacer un tour por Guatemala. Escucha la conversación con el agente de viajes y luego indica qué tour de la parte **A** le va a ofrecer el agente de **viajes.**

El agente de viajes le va a ofrecer el tour _____.

Actividad 9 **El cuento de Hansel y Gretel.**

A. Antes de escuchar el cuento de Hansel y Gretel, para la grabación y mira las siguientes ideas para seleccionar la que crees que representa la idea del cuento.

Hansel y Gretel es un cuento sobre...

a. _____ dos niños que visitan un cementerio por la noche.

b. _____ dos niños que escapan de su casa para visitar un parque salvaje.

c. _____ dos niños que se pierden y duermen una noche en un jardín botánico mágico.

d. _____ unos padres que abandonan a los hijos en un bosque.

B. Para la grabación otra vez y lee las siguientes ideas del cuento para rellenar los espacios con el pretérito o el imperfecto de los verbos indicados. Después, escucha el cuento de Hansel y Gretel para marcar si las oraciones son ciertas (**C**) o falsas (**F**).

1. _____ Hansel y Gretel _____ con su padre y su madrastra. (vivir)

2. _____ La familia _____ en un castillo. (vivir)

3. _____ La madrastra _____ abandonar a los niños. (decidir)

4. _____ Un día la familia _____ al bosque. (ir)

5. _____ Antes de salir, Hansel y Gretel _____ chocolates. (recibir)

6. _____ Hansel _____ el camino, pero luego los pájaros (*birds*) _____ los chocolates. (marcar, comerse)

7. _____ Los niños _____ a una casa de chocolate donde vivía una bruja (*witch*). (llegar)

8. _____ La bruja _____ a Hansel en una habitación. (encerrar [*to lock*])

9. _____ Gretel _____ a la bruja dentro del armario. (empujar [*to push*])

10. _____ Los niños _____ a casa con piedras preciosas y perlas. (llegar)

Conversación: *La oferta de trabajo*

Conversación: *Impresiones de Miami*

Capítulo **14** **Derechos universales**

Mejora tu pronunciación

Review of Spanish *p, t,* [*k*], and *d*

Remember that Spanish **p, t,** and **[k]** are not aspirated, as in **papel, tomate, carta,** and that **d** can be hard as in **dónde** when in initial position or before *n* or *l*, or similar to the *th* in *Heather* when **d** is between two vowels as in **Adela.**

Actividad 1 Un dictado.

A. Escucha y completa la siguiente historia sobre Álvaro.

A Álvaro se le perdió el _____ y por eso ayer _____

que ir al _____ de España en la ciudad de México. Por suerte ya tenía una

_____ del pasaporte, pero _____ tuvo que llevar

_____ fotos y la _____ que hizo en la estación de

policía. _____ de ir al consulado, se fue al hotel otra vez a

_____ con Juan Carlos y el grupo para ir en el _____

de la ciudad.

B. Ahora escucha y repite cada idea de la historia.

Mejora tu comprensión

Actividad 2 **El crucigrama.** Escucha las pistas y completa el crucigrama con los animales de la lista presentada.

caballo	gallina	león	pájaro	pez	toro
elefante	gato	mono	perro	serpiente	vaca

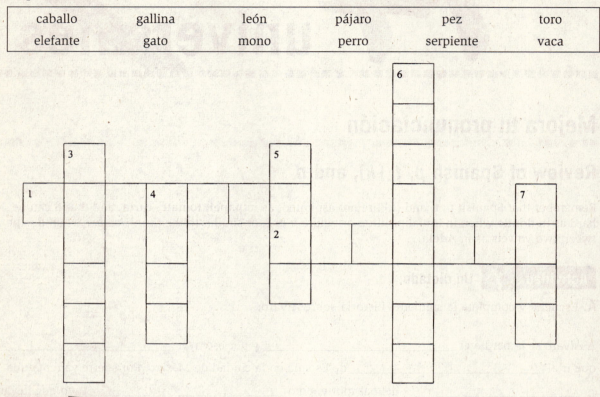

Actividad 3 **Los animales exóticos.**

A. Antes de escuchar a un comentarista de radio hablar en contra de tener animales exóticos en casa, para la grabación y escribe el nombre de tres animales exóticos que a veces tiene la gente en su casa.

1. _____

2. _____

3. _____

B. Ahora escucha al comentarista y escribe el nombre de los cinco animales exóticos que menciona.

1. _____

2. _____

3. _____

4. _____

5. _____

C. Escucha al comentarista otra vez y escribe las dos razones que él menciona por las que no se debe tener un animal exótico en casa.

1. _____

2. _____

Actividad **4** **El perro rebelde.** Alejandro tiene un perro muy rebelde y ahora le habla a una amiga sobre su perro. Escucha la conversación y marca las cosas que hace o no hace el perro de Alejandro. Recuerda leer la lista antes de escuchar la conversación.

El perro de Alejandro:

1. subirse al sofá ❑

2. subirse a la cama ❑

3. comerle los zapatos ❑

4. comerle las medias ❑

5. no traerle los juguetes ❑

6. no traerle el periódico ❑

7. ladrar (*bark*) todo el día ❑

8. hacer pis en el baño ❑

9. hacer pis en la cocina ❑

Actividad **5** **En la oficina de turismo.** Hay algunos turistas en una oficina de turismo. Escucha las conversaciones entre un empleado y diferentes turistas y completa el mapa con los nombres de los lugares adonde quieren ir los turistas: **el correo, una iglesia** y **el Hotel Aurora.** Antes de empezar, busca en el mapa la oficina de turismo.

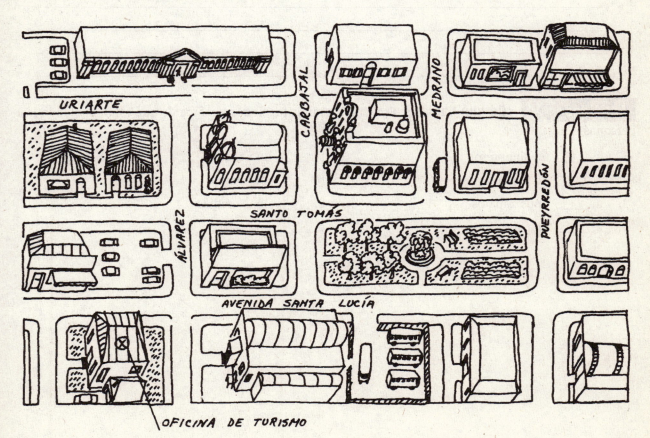

Actividad 6 ¿Pide o pregunta?
Estás en la calle y oyes varias conversaciones. Marca qué pregunta o pide la persona en cada caso.

La persona pregunta...

1. a. _____ dónde está la entrada al metro.
2. a. _____ si es tarde.
3. a. _____ si sabe dónde está el auto.
4. a. _____ cómo está el tráfico.

La persona pide que...

b. _____ cruce la calle.
b. _____ lo lleve a la estación.
b. _____ le dé su móvil.
b. _____ la ayude a cruzar la calle.

Actividad 7 Sr. Peatón.

A. Vas a escuchar un anuncio informativo sobre qué debe hacer un peatón. Primero para la grabación y escribe tres cosas que hace un buen peatón.

1. _____
2. _____
3. _____

B. Ahora escucha el anuncio público y escribe las cinco cosas que hace un buen peatón o una persona que toma el metro o el autobús.

1. _____
2. _____
3. _____
4. _____
5. _____

Actividad 8 ¿De qué hablan?
Escucha las minisituaciones y marca de qué están hablando las personas.

1. a. _____ un sombrero
2. a. _____ un restaurante
3. a. _____ unos zapatos
4. a. _____ una cerveza

b. _____ una camisa
b. _____ un hombre
b. _____ unas medias
b. _____ una clase

Actividad *9* **La peluquería.** La Sra. López y la Sra. Díaz están en la peluquería hablando de sus hijos. Escucha la conversación y completa la información sobre sus hijos.

Hijo	Edad	Ocupación	Sueldo	Deportes
Alejandro López				nadar
Marcos Díaz		abogado y		

Conversación: *En México y con problemas*

Conversación: *En Yucatán*

Lab Manual ■■■ Capítulo **14**   **345**

Capítulo

15 El medio ambiente

Mejora tu pronunciación

Rhythm of sentences in Spanish

Rhythm in Spanish differs from rhythm in English. In English, the length of syllables can vary within a word. For example, in the word *information*, the third syllable is longer than the others. In Spanish, all syllables are of equal length, as in **información.** In Chapters 15 through 17, you will practice rhythm in sentences.

Actividad 1 El ritmo de las oraciones. Primero escucha la siguiente conversación. Luego, escucha y repite las oraciones prestando atención al ritmo.

CARLOS	¿Qué pasa? Dímelo.
SONIA	No, no puedo.
CARLOS	¿Qué tienes? Cuéntame.
SONIA	No, no quiero.
CARLOS	Vamos. Vamos. No seas así. ¿Es por Miguel?
SONIA	Me cae la mar de mal.

Mejora tu comprensión

Actividad 2 ¿Cuándo ocurre? Vas a escuchar cuatro minisituaciones. Marca si la persona en cada caso habla del pasado o del futuro.

	Pasado	Futuro
1.	❑	❑
2.	❑	❑
3.	❑	❑
4.	❑	❑

Actividad 3 **De regreso a casa.**

A. Imagina que eres soldado y vas a regresar a tu casa después de un año de estar en la guerra. Para la grabación y escribe lo primero que vas a hacer cuando llegues a tu casa.

Voy a _____ .

B. Simón Colón y Alberto Donnes son dos soldados que van a regresar a su casa después de un año de estar en la guerra. Ahora están hablando de las cosas que van a hacer cuando lleguen a su casa. Escucha y marca quién va a hacer qué cosa.

Cuando llegue a su casa...	Simón	Alberto
1. va a ver a su novia.	❑	❑
2. va a estar solo.	❑	❑
3. va a caminar.	❑	❑
4. va a comer su comida favorita.	❑	❑
5. va a estar con su familia.	❑	❑

Actividad 4 **¿Cómo es en realidad?**

A. **Este es Rubén.** ¿Cómo crees tú que sea él? Para la grabación y escribe tres adjetivos de la siguiente lista que lo describan.

agresivo	ambicioso	cobarde	ignorante	mentiroso	perezoso
amable	chismoso	honrado	impulsivo	orgulloso	sensible

1. _____ 2. _____ 3. _____

B. Ahora vas a escuchar a Julia y a Sandro hablando de Rubén. Escucha la conversación y escribe los adjetivos que cada persona usa para describir a Rubén.

1. Julia dice que Rubén es _____, _____ y

   _____ .

2. Sandro dice que Rubén es agresivo, _____, _____ y

   _____ .

Actividad **5** **¿Características negativas?**

A. Una psicóloga habla en un programa de radio sobre algunas características de la personalidad que se consideran negativas. Escucha a la psicóloga y numera las tres características que ella define, pero que no menciona.

_____ agresivo   _____ cobarde   _____ mentiroso

_____ arrogante   _____ creído   _____ testarudo

_____ chismoso   _____ insoportable

B. Escucha a la psicóloga otra vez y escribe al lado de cada característica de la personalidad de la parte **A** lo que ella dice para explicar por qué la persona es así (*that way*).

La persona es así porque...

1. _____   a.   escucha un comentario y lo toma como crítica.

2. _____   b.   sabe cuál es la mejor manera de hacer las cosas.

3. _____   c.   tiene información importante.

              d.   cree que los otros son más interesantes.

              e.   quiere que los otros la acepten.

              f.   teme que los otros no puedan aceptar lo que escuchan.

Actividad **6** **La fiesta de Alejandro.** Cuando Alejandro celebró su cumpleaños el sábado pasado, sacaron fotos en la fiesta. Escucha las siguientes oraciones y marca si es cierto o falso que las cosas mencionadas habían ocurrido antes de que se sacara esta foto.

	Cierto	**Falso**
1.	❏	❏
2.	❏	❏
3.	❏	❏
4.	❏	❏
5.	❏	❏

Actividad 7 **¿De qué están hablando?** Un padre y su hija se divierten con un juego de palabras sobre el tema de la ecología. Escucha la conversación y cada vez que oigas el tono (*beep*), numera la palabra a la que se refieren.

_____ la destrucción

_____ el petróleo

_____ la extinción

_____ los periódicos

_____ la contaminación

_____ reciclar

Actividad 8 **Proteja el medio ambiente.** La asociación Paz Verde está haciendo una campaña publicitaria para proteger el medio ambiente. Escucha el anuncio y marca solo las cosas que se mencionan.

1. _____ reciclar

2. _____ no tirar papeles en la calle

3. _____ no usar insecticidas

4. _____ no fumar

5. _____ comprar carros que usen biocombustibles

6. _____ ahorrar (*save*) agua y electricidad

Conversación: Pasándolo muy bien en Guatemala

Anuncio: *Sí, mi capitana*

Capítulo *16* # La universidad y el trabajo

Mejora tu pronunciación

Actividad *1* **El ritmo de las oraciones.** Primero escucha el siguiente monólogo. Luego, escucha y repite las oraciones prestando atención al ritmo.

Sin amigos no podría vivir.

Sin dinero sería feliz.

Sin inteligencia no podría pensar

en qué hacer para triunfar.

Mejora tu comprensión

Actividad *2* **Un crucigrama.** Escucha las pistas y completa el crucigrama con ocupaciones de la lista.

artesano	científico
bibliotecario	consultor juez
bombero	psiquiatra
carpintero	veterinario
chef	

Actividad 3 **¿Cuál es el problema?** Escucha las siguientes miniconversaciones y marca cuál es el problema que tiene el o la estudiante en cada caso.

1. _____
2. _____
3. _____
4. _____

a. Estaba en la luna.
b. Está estresado/a.
c. Dejó algo para último momento.
d. Pasó la noche en vela.
e. Hizo un mínimo esfuerzo.
f. Tiene flojera.
g. Va a repetir el curso.
h. Se le olvidó matricularse.

Actividad 4 **¿Qué harías tú?**

A. Susana llama a su amigo Marcos para contarle un problema que tiene. Escucha la conversación y marca cuál es el problema.

a. _____ Alguien copió de su examen.

b. _____ Ella copió en un examen y el profesor la vio.

c. _____ Alguien copió su monografía.

d. _____ No aprobó un examen.

e. _____ Se le olvidó escribir la monografía para hoy.

B. Ahora escucha otra vez lo que dice Susana. Luego para la grabación y escribe qué harías tú en esa situación.

¿Qué harías tú?

_____

_____

C. Ahora escucha y escribe las dos cosas que Marcos haría en esa situación.

¿Qué haría Marcos?

1. _____

_____

2. _____

_____

Actividad **5** **Vivir en Caracas.** Juan Carlos está en Caracas hablando con Simón, un venezolano, sobre lo bueno y lo malo de vivir en esa ciudad. Escucha la conversación y escribe las ideas mencionadas bajo la columna correspondiente.

Lo bueno	Lo malo
_____	_____
_____	_____
_____	_____
_____	_____

Actividad **6** **La candidata para presidenta.**

A. Cuando los candidatos para la presidencia le hablan al pueblo, siempre prometen (*promise*) cosas. Para la grabación y escribe tres promesas (*promises*) típicas de los candidatos.

1. _____

2. _____

3. _____

B. Una candidata a presidenta está dando un discurso antes de las elecciones. Escucha y marca solo las cosas que ella promete hacer.

1. ❑ Reduciré los impuestos.

2. ❑ El sistema educativo (*educational system*) será mejor.

3. ❑ Habrá hospitales gratis.

4. ❑ Habrá más empleos.

5. ❑ El sistema de transporte será mejor.

6. ❑ Aumentaré el sueldo mínimo.

7. ❑ Escogeré mujeres para el gobierno.

Actividad **7** **El año 2025.**

A. Escribe oraciones para describir tres cosas que crees que serán diferentes en el año 2025.

1. _____

2. _____

3. _____

B. Ahora vas a escuchar a dos amigos, Armando y Victoria, haciendo dos predicciones cada uno para el año 2025. Marca quién hace cada predicción.

	Armando	Victoria
1. Los carros no usarán gasolina.	☐	☐
2. La comida vendrá en pastillas.	☐	☐
3. La ropa no se lavará.	☐	☐
4. No habrá más libros.	☐	☐
5. No existirán las llaves.	☐	☐
6. No se usará la energía solar.	☐	☐

Actividad 8 **Entrevista de trabajo.** Miguel ve el siguiente aviso y llama por teléfono para obtener más información. Escucha la conversación y completa los apuntes que toma Miguel.

> **¿Quieres ganar** $100 por semana trabajando en tu tiempo libre mientras estudias en la universidad? Entonces llama al 4 809-4657.

¿Qué tipo de trabajo?

¿Cuántas horas por día?

¿Puedo trabajar por las noches?

¿Dónde es el trabajo?

¿Cuál es el sueldo?

¿Necesito un currículum?

Conversación: Ya nos vamos…

Conversación: ¿A trabajar en la Patagonia?

Capítulo 17 Mirar un cuadro

Mejora tu pronunciación

Actividad 1 **El ritmo de las oraciones.** Primero escucha la siguiente conversación entre padre e hija. Luego, escucha y repite la conversación, prestando atención al ritmo.

PADRE   Quería que vinieras.

HIJA   Disculpa. No pude.

PADRE   Te pedí que fueras.

HIJA   Lo siento. Me olvidé.

PADRE   Te prohibí que fumaras.

HIJA   Es que tenía muchas ganas.

PADRE   Te aconsejé que trabajaras.

HIJA   Basta, por favor. ¡Basta!

Mejora tu comprensión

Actividad 2 **El crucigrama.**
Escucha las pistas y completa el crucigrama sobre el arte con las palabras que aparecen en la siguiente lista.

autorretrato	original
bodegón	paisaje
escultor	pintura
estatua	retrato
obra maestra	

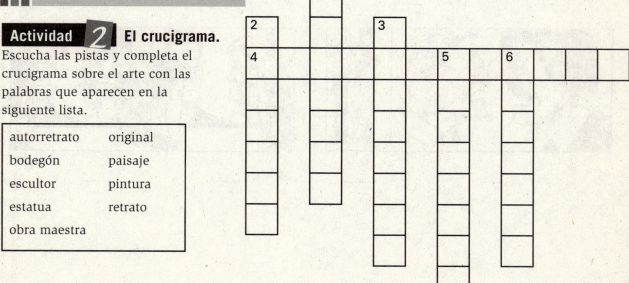

Actividad 3 **No veo la hora.** Vas a escuchar cuatro situaciones. Para cada caso escoge qué espera la persona que pase lo antes posible. Pon la letra de la situación correspondiente.

1. _____
2. _____
3. _____
4. _____

a. No ve la hora de que terminen las clases.

b. No ve la hora de que llegue la primavera.

c. No ve la hora de tener un hijo.

d. No ve la hora de que termine la película.

e. No ve la hora de que se vayan los invitados.

Actividad 4 **Si fuera...** Vas a escuchar cuatro frases que están incompletas. Escoge un final apropiado para cada frase.

1. _____
2. _____
3. _____
4. _____

a. haría dieta.

b. trabajaría seis horas.

c. tendría una moto.

d. lo llamaría por teléfono ahora mismo.

e. me casaría con ella.

Actividad 5 **¿Recíproco o no?** Escucha las siguientes descripciones y marca el dibujo apropiado.

1. _____

2. _____ _____

3. _____ _____

4. _____ _____

Actividad 6 Yo llevaría...

A. Imagina que tuvieras que vivir en una cueva (*cave*) por seis meses. Para la grabación y escribe tres cosas que llevarías contigo.

1. _____ 2. _____ 3. _____

B. Escucha ahora a Rolando y a Blanca hablar de lo que ellos llevarían si tuvieran que vivir en una cueva durante seis meses. Marca qué cosas llevaría cada uno.

	Rolando	Blanca
1. comida	❑	❑
2. televisor	❑	❑
3. libro	❑	❑
4. cuchillo	❑	❑
5. cama	❑	❑
6. radio	❑	❑

Actividad 7 Un conflicto de pareja.

A. Sebastián habla por teléfono con su amigo Agustín sobre un problema que tiene con su novia. Escucha la conversación y marca qué problema tiene.

a. _____ Su novia está celosa de otra chica.

b. _____ Su novia está celosa de su mejor amigo.

c. _____ Su novia tuvo una aventura amorosa con otro.

d. _____ Rompió con su novia.

B. Antes de escuchar qué haría Agustín, para la grabación y escribe qué harías tú si fueras Sebastián.

¿Qué harías tú?

_____

_____

C. Ahora escucha y escribe las dos cosas que haría Agustín.

¿Qué haría Agustín?

1. _____
2. _____

Actividad 8 Mi hija.

A. Un padre está hablando de cómo quería él que fuera su hija. Escucha lo que dice y marca las cosas que él quería.

Él quería que su hija...

1. _____ fuera doctora.

2. _____ trabajara en una clínica privada.

3. _____ trabajara en un consultorio con un médico.

4. _____ se casara con un profesional.

5. _____ se casara joven.

6. _____ tuviera muchos hijos.

7. _____ viajara y conociera varios países.

B. Ahora escucha la conversación otra vez y escribe qué expectativa (*expectation*) del padre se hizo realidad (*came true*).

_____

Actividad **9** **Guernica.**

A. Mira el cuadro y para la grabación para contestar las preguntas en el manual de laboratorio.

1. ¿Cuántas personas ves en el cuadro? _____

2. ¿Qué animales ves en el cuadro? _____

3. ¿Cuáles son los colores del cuadro? _____

4. ¿Es un cuadro violento? ¿pacífico? ¿romántico? ¿dramático? _____

   _____

   _____

B. Ahora imagina que estás en Madrid en el Centro de Arte Reina Sofía y escuchas una grabación (*recording*) que te explica la historia del cuadro. Escucha y marca las siguientes oraciones con **C** si son ciertas o con **F** si son falsas.

1. _____ Guernica es un pueblo de España.

2. _____ Franco era el dictador de España en 1937.

3. _____ Los aviones japoneses bombardearon (*bombed*) Guernica.

4. _____ Picasso pintó este cuadro antes del ataque a Guernica.

5. _____ La flor que tiene el hombre en el cuadro indica la esperanza.

6. _____ El cuadro estuvo en el Museo de Arte Moderno de Nueva York desde 1939 hasta 1981.

Conversación: El arte escondido

Conversación: La pregunta inesperada

Capítulo *18* La despedida

Mejora tu comprensión

Actividad 1 **Las expresiones.** Escucha las siguientes situaciones y selecciona una de las expresiones para responder a cada pregunta que oigas. Pon el número de la situación al lado de la expresión correspondiente.

_____ darle las gracias a alguien

_____ llevarle la contraria a la mujer

_____ cada loco con su tema

_____ ¡Que vivan los novios!

Actividad 2 **La obra de teatro.**

A. En clase leíste la obra de teatro *Estudio en blanco y negro*. Para la grabación y escribe brevemente si te gustó la obra o no y por qué.

_____

_____

_____

_____

_____

B. Ahora vas a escuchar a Juan Carlos y a Claudia dar su opinión sobre la obra. Anota si les gustó o no y escribe tres razones para cada uno de por qué les gustó o no.

Juan Carlos	Claudia

A. Para la grabación y escribe tres cosas que vas a hacer cuando termines tus estudios.

1. _____

2. _____

3. _____

B. Ramón está hablando con Cecilia sobre lo que va a hacer cuando termine sus estudios universitarios. Escucha la conversación y completa la oración.

Cuando Ramón termine sus estudios universitarios, él _____

_____

_____

_____

_____

Conversación: *El brindis*